HR THREE-PILLAR
MODEL TRANSITION
New Logic of Human Resource Management

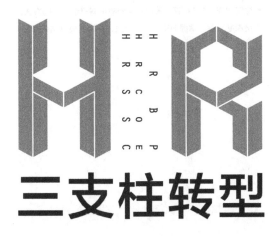

HRBP
HRCOE
HRSSC

# 三支柱转型

人·力·资·源·管·理·的·新·逻·辑

张正堂 著

U0361787

机械工业出版社
CHINA MACHINE PRESS

## 图书在版编目（CIP）数据

HR 三支柱转型：人力资源管理的新逻辑 / 张正堂著 . —北京：机械工业出版社，2018.10（2023.8 重印）

ISBN 978-7-111-60957-5

I. H… II. 张… III. 人力资源管理－研究 IV. F243

中国版本图书馆 CIP 数据核字（2018）第 217041 号

　　HR 三支柱转型是当前人力资源管理领域的热点。不同于单纯"讲故事"或以"讲故事"为主的同类书籍，本书在展现企业案例故事的同时，更强调从诸多名企实践案例、相关实践研究中总结提炼 HR 三支柱转型管理的架构、内容、做法等，以形成 HR 三支柱的运作管理体系。本书还提出了 HR 三支柱转型的不同模式，并对我国企业 HR 三支柱转型面临的挑战给出了建议。

　　通过"从案例故事中提炼管理规律""把管理规律和案例故事有机结合"的方式，本书深度诠释了 HR 三支柱转型，帮助企业相关人员深度了解、掌握 HR 三支柱转型，并为其提供实践指导。

## HR 三支柱转型：人力资源管理的新逻辑

出版发行：机械工业出版社（北京市西城区百万庄大街 22 号　邮政编码：100037）

责任编辑：孙润月　鲜梦思　　　　　　　责任校对：殷　虹

印　　刷：北京建宏印刷有限公司　　　　版　　次：2023 年 8 月第 1 版第 4 次印刷

开　　本：170mm×242mm　1/16　　　　印　　张：17.75

书　　号：ISBN 978-7-111-60957-5　　　定　　价：59.00 元

客服电话：（010）88361066　68326294

# 为自己证言，人力资源管理一直在变革

人力资源管理就是对组织内部的人力资源进行科学的管理，即根据人力资源的特点，运用科学的方法，充分挖掘人力资源的潜力并合理配置，力求做到人尽其才，实现劳动投入和经济产出的高效率。人力资源管理活动的起源可以追溯到非常久远的年代。中国历史上有许多知人善任的事例，体现了事在人为的理念。不过，人力资源管理的概念是一个舶来品，根据美国学者的看法，我们将人力资源管理产生和发展的过程划分为手工艺制度、科学管理、人际关系运动、组织科学 – 人力资源方法和战略人力资源管理 5 个阶段。<sup>⊖</sup>

人力资源管理不同发展阶段演进的背后，是每个阶段的人力资源管理理念、方法等面临着种种挑战，并通过自身变革完成"救赎"，尽管这些理念、方法曾经发挥了积极的作用。例如，从科学管理阶段到人际关系运动阶段的转变。在 19 世纪末和 20 世纪初，欧洲经济社会发生了工业革命，导致劳动专业化水平和生产率的提高，与之相适应的技术进步也得以加快。这些变化使得早期的手工艺制度无法满足工业革命时期人员管理

⊖ 张一弛、张正堂. 人力资源管理教程［M］. 2 版. 北京：北京大学出版社，2010.

的需求，迫使人事管理方式发生新的变革，从而产生了科学管理。科学管理阶段人员管理的最大特征在于通过标准化和规范化强化对员工的技能要求，极大地推进了员工甄选、培训和公司绩效管理的发展。但是这种新的人员管理方式在运行了一段时间之后，又面临着新的挑战——它忽视了员工的心理状态，把人作为机器的附属品。这个新挑战又推动了人力资源管理的人际关系运动。不断的变革和演化，使人力资源管理的理念、方法更适应社会和企业对人员管理的需要，人力资源管理一直在变革的路上！

在理念上，人力资源管理的重要性毋庸置疑。但是在实践上，人力资源管理是否被重视还要看人员管理的实际需要。一般而言，随着组织人员规模的增加、组织岗位和人员的复杂性的增加，人力资源管理实践才能得到真正的重视。自彼得·德鲁克提出"人力资源"概念以来，每隔几年就会出现类似"人力资源管理部门应不应该取消""人力资源管理部门能不能创造价值"的质疑。因此，观念上的重视和实践上的质疑是人力资源管理在发展过程中一直存在的问题。

《周易·系辞》云："变则通，通则久。是以自天佑之，吉无不利。"事物只有不断变革才能通达，只有通达、流畅的事物，才能吉无不利、长盛不衰。人力资源管理亦是如此。对人力资源管理实践价值的每次争论和质疑，都会带来人力资源管理理论和实践的新发展。

最典型的质疑莫过于担任《哈佛商业评论》总编的托马斯·斯图尔特（Thomas A. Stewart）1996 年发表的《炸掉你的人力资源部》的文章⊖，已引起了广泛的关注和争论。文章指出："在你的公司中存在着一个暖洋洋的、昏昏欲睡的，就像是克里奥帕特拉⊜胸脯上的毒蛇一样的东西，这个东西就是你公司中的一个部门。这个部门所属雇员 80％ 的时间

---

⊖　Thomas A Stewart. Taking on the Last Bureaucracy People Need People—But Do They Need Personnel? It's Time for Human Resources Departments to Put up or Shut up[J]. Fortune, 1996, 133(1): 105-110.

⊜　古埃及艳后，用毒蛇自杀。

都用在了日常性的行政管理事务上。该部门几乎所有的职能都可以让其他部门用更少的时间更为熟练地去完成。更要命的是该部门的领导人无法描述他们对公司的价值增值所做的具体贡献,而只能用一些流行的、无法量化的和苍白无力的语言来为自己辩解——然而,正如毒蛇不会受到自己的毒液感染一样,这个部门竟然还常常向其他部门提建议,告诉它们如何精简那些不会给公司带来价值增值的工作。不仅如此,从招聘广告上看,在这个部门中工作的专业人员的平均薪资水平在上一年竟然上升了30%。我所描述的当然就是你们公司的人力资源管理部门,因此我想给你一个小小的建议是,为什么不把你们的人力资源管理部门炸掉算了?"[一]斯图尔特的文章一石激起千层浪,争论异常激烈、一片混乱。时任GE公司群策群力专家团队的核心成员戴维·尤里奇(Dave Ulrich)[二]指出,是否废除人力资源部门这样的问题是个坏问题:如果有价值,当然就不废除;如果没有价值,当然应该废除。他提出了一个更有现实价值的问题:人力资源部到底该如何创造价值?他认为,人力资源部门不应该再关注活动本身,它不应该关注做了什么,而应该关注产出是什么。

这场人力资源管理发展史上的经典争论,也推动了人力资源管理的新发展,带来了人力资源管理的再转型。尤里奇发展出HR角色与贡献四象限模型,对人力资源实践产生了深远的影响,被很多优秀的企业采用。随后,HR三支柱模型的提出,则更成为国内人力资源领域近年来最热门的话题。无论是企业招聘的人力资源类岗位设置、培训界的培训课程,还是咨询界的HR咨询项目,HR三支柱都是避不开的热词。我把这种热度概括为,作为一名人力资源管理的从业者,无论你是理论工作者还是实践

---

[一] Thomas A Stewart. Taking on the Last Bureaucracy People Need People—But Do They Need Personnel? It's Time for Human Resources Departments to put up or Shut up[J], Fortune, 1996, 133(1): 105-110.

[二] 戴维·尤里奇,美国密歇根大学罗斯商学院教授,人力资源领域的管理大师,被誉为人力资源管理的开拓者。他曾在美国《人力资源管理》杂志做过10年主编,是4个其他专业期刊编辑委员会委员,出版了12本著作,发表了100多篇文章。

者，不懂三支柱模型，都不好意思说自己是人力资源从业者（HRer）。

相应地，HR三支柱架构也成为许多大企业人力资源管理的转型方向。但是面对三支柱转型，企业在实践过程中还是有很多困惑。

第一，一些企业接触了人力资源界热议的HR三支柱模型之后，会蠢蠢欲动，尝试通过这种转型来提升自身的人力资源管理效能。但是，它们不知道自己适不适合做这种变革的尝试。

第二，HR三支柱模式在中国目前的实践中可以参考的成功案例并不多。虽然一些企业也进行了早期转型的探索，但大家都在摸着石头过河。国内现有的相关书籍大多以讲故事为主，缺乏学理性的提升和思考，三支柱模型涉及的内容，是不是都需要企业照搬实现，还是可以做更多的变形？如何才能根据本企业的情况推行HR三支柱转型？这些都是企业面临的困惑。

因此，要不要进行HR三支柱转型，如何转型、发展、落地，都是企业需要思考的问题。总体而言，关于HR三支柱转型还有很多问题值得探讨、总结和实践。从我个人参加HR实践圈子的读书会、沙龙、培训会和实践案例调研来看，对于这一新的人力资源管理转型，企业实践、培训界还有一些错误的认识和理解。正是基于这样的背景，我萌生了撰写本书的想法，根本的出发点有以下几个方面。

一是系统总结国外学者在实践中对三支柱转型的研究观点和实践经验。HR三支柱转型并不是一种简单的新的人力资源管理方法或技术。这种模式的提出、研究和实践，在西方国家已经有相当长的时间，也曾于20世纪90年代传入中国，但是当时并没有引起我国企业实践界的关注。相对而言，这种转型在国外有着较为成熟的理论和实践，需要我们从人力资源管理发展的高度看待三支柱转型，对西方学者与企业有关的三支柱模型的研究和实践经验进行总结、学习及借鉴。

二是近年来我国境内的大型企业（包括外资企业和本土企业）也开

始对三支柱模型进行实践，提供了一些经验和教训。因此，我们也有必要对这些经验和教训进行总结与提炼。我收集了企业三支柱转型实践的二手案例资料，并且对我国一些典型企业展开调研。通过对这些企业（涉及百思买集团、博世、IBM 公司、辉瑞公司、英特尔公司、福特公司、法国液化空气集团、美的集团、施耐德公司、西门子公司、DHL 公司、华为、腾讯、阿里巴巴、联想集团、ABB 公司、宝钢集团、中兴通讯、孩子王公司、协鑫集团等）人力资源三支柱转型实践的介绍、总结和分析，总结 HR 三支柱转型运作管理的构架、内容和方法等，以期能够帮助更多企业更好地进行 HR 三支柱转型。

面对人力资源实践界对 HR 三支柱的热议，我于 2015 年 7 月着手构思本书。随后，开始收集相关的一手和二手资料。在写作过程中，我得到了业界诸多 HR 同行的支持。他们是美的集团原人力资源总监刘巨峰、三胞集团原助理总裁兼人力资源管理中心总经理吕晓峰、华为公司南部非洲地区部人力资源部 HR 质量运营负责人汪洋、三胞生物医疗产业集团人力企管中心总经理卢国华、默沙东中国公司中区人力资源业务合作伙伴（HRBP）刘小萱、协鑫集团人力资源共享服务中心运营高级经理李勤奋和苏州人力资源共享中心原主任董立、奇瑞汽车股份有限公司人力资源部原人事副总监孙红和人事高级经理程俐娟、福特公司南京汽车工程研究院 HRBP 华蓉、奇瑞捷豹路虎汽车有限公司人事制造部门经理金文军、联想集团人力资源高级经理朱玛和陈颉、博世（中国）投资有限公司苏州分公司人才甄选经理朱鹏等。非常感谢这些资深 HR 的支持和经验分享。

感谢国家自然科学基金项目（编号：71332002，71372028）、中国特色社会主义经济建设协同创新中心对本研究的资助！

张正堂

2018 年 8 月

# 人力资源管理的变革

## 1.1　人力资源管理职能角色与组织架构的变化

传统教科书或理论大多是从人力资源管理职能变化的角度来总结和划分人力资源管理的发展阶段的。比如，传统上认为人力资源管理的发展可分为人事管理、人力资源管理和战略人力资源管理阶段，也有一些咨询公司将其分为人事管理、人力资源管理、战略人力资源管理和人力资本阶段。但是，从企业实践出发，这种单一视角总结的人力资源管理的演变并不完善。事实上，在企业人力资源管理实践上，我们可以从两个不同的路径来探寻人力资源管理的演变轨迹。

一是人力资源管理职能角色的变化。从根本上说，这个路径就是不断地在回答"人力资源管理到底应该做些什么"，主要表现在随着组织发展，对人员管理的要求越来越高，人力资源管理职能不断得到丰富。

二是人力资源管理组织架构的变化。从根本上说，这个路径就是在回答"谁来完成人力资源管理的工作"，主要反映在人力资源管理组织架构的变化和角色分工上。

当然，两个路径之间是有一定关联性的，特别是人力资源管理职能角色的变化往往会对 HR 组织架构提出要求。如果两者中的任何一个不能满足组织对人员管理的需求，就会引起人力资源管理的新发展或变革。

### 1.1.1 HRM 到底做什么

一般认为，人力资源管理的发展经历了人事管理、人力资源管理到战略人力资源管理三个阶段。三者在管理理念、管理地位和管理目标等方面存在较大的差异性。表 1-1 对三者的特点进行了比较分析。

表 1-1 人力资源管理三个发展阶段的特点比较

| | 人事管理 | 人力资源管理 | 战略人力资源管理 |
|---|---|---|---|
| 理念 | 人是一种工具性资源，服务于其他资源 | 人是组织的一种重要资源 | 人是组织的战略资源，是最重要的资产 |
| 地位 | 局限于日常事务，基本不涉及组织的战略决策<br>与战略规划的关系是一种行政关系或单向执行关系，是单一的执行者和行政者 | 是组织战略决策的信息提供者<br>与战略规划的关系是一种双向的关系，是战略的执行者和辅助者 | 是组织战略决策的重要参与者、制定者<br>与战略规划是一体化关系，是战略决策制定的参与者、推动者和执行者 |
| 职能 | 参谋职能；行政事务性职能；被动的工作方式 | 直线职能；战略实施与行政事务性职能；灵活的工作方式 | 直线职能；战略决策者、实施者，几乎没有行政事务性职能；主动的工作方式 |
| 主要工作内容 | 关注的是劳动协议的条款与条件，提供 HR 服务以及保证法规遵从性，主要从事薪酬结算、养老金管理、出勤监控、员工招聘等，强调 HR 的行政事务性工作 | 强调 HR 在人才搜寻、报酬与奖励、学习、沟通等方面进行的创新实践设计，包括 HR 的六大模块，强调 HR 六大模块的运作及有机结合 | 将 HR 工作与企业的战略或业务目标关联起来，并扩展 HR 实践的关注点，除了最基础的"人才"方面外，还包括"对企业文化与领导力的贡献"。强调人才、文化和领导力都为企业战略服务 |
| 目标 | 部门绩效导向；短期绩效导向 | 部门与组织绩效导向；较长期导向 | 组织绩效导向；长期绩效和竞争优势导向 |
| HR 效能体现 | 效率的提升，即以更少的资源完成更多的事务，通过完美无瑕的事务处理能力建立起 HR 的信誉 | HR 实践的创新和整合；HR 的信誉来自他们提供的最佳实践 | 能够在企业战略与 HR 的行动之间建立起清晰的关联路径；HR 的信誉来自战略制定过程中的参与及贡献 |

资料来源：本书作者根据有关资料整理。

伴随着人力资源管理职能的变化，企业对人力资源管理方法、工具和架构的要求也越来越高。但是总体而言，企业对人力资源管理职能、方法、工具等方面要求的高低取决于企业规模的大小。这里的企业规模更多地表现为企业人数规模。人数规模越大，组织对人力资源管理的要求越高。相反，当企业人数很少时，传统的经验式人力资源管理就能够满足大多数企业人员管理的需要。传统观点往往认为，企业规模较小的时候（比如只有百十个人规模的小企业），其员工管理水平大多处于人事管理阶段。而随着企业规模的扩大（比如一个大型集团或者跨国公司），人员管理的难度和要求会越来越高，企业员工管理逐渐发展到人力资源管理阶段，进而达到战略人力资源管理阶段。

### 1.1.2　谁来做 HRM

#### 1. HRM 组织架构的专业化和水平分工

相比于人力资源管理职能活动的差异，实践者最容易观察到的是企业中人力资源管理岗位的设置和组织架构的搭建。人力资源管理岗位的设置名称、编制多少，以及这些岗位设定在什么样的部门里，在一定程度上都能反映出企业人力资源管理的发展阶段。总体而言，公司人力资源管理的完整性、工具方法等都和企业的人数规模有着非常大的关联性。企业人数规模越大，对人力资源管理的要求往往越高，人力资源管理的体系和架构也会更完整、更系统，采用的工具、方法也更规范。随着企业规模的扩大和员工管理水平要求的提升，企业人力资源管理的组织结构也会发生变化，其发展的基本路线如下所述。

（1）综合办公室。这个阶段，组织的规模往往很小（比如百十个人及以下的企业），没有设置专门的人事岗位。人事相关的事务往往和综合办公室放在一起，由相关人员兼职完成。

（2）行政人事办公室（人事行政办公室）。随着组织规模的扩大，相关的人事工作量也会增加，组织往往开始设置人事专员岗位，仍以人事方面的事务性工作为主，通常和行政办公室合并办公。总体而言，公司里已经出现了独立的人事岗位。"人事"职能被纳入到组织部门的名称里。

（3）人事部。随着公司规模的再扩大，一两个人事专员岗位已经很难完成全公司的员工管理事务，公司设立独立的人事部，设置多个人事岗位，并开始有一些基本的专业分工，但总体的职能仍然偏向于人事管理。

（4）人力资源部。企业规模的扩展，对员工管理提出更高的要求，人事部演化为人力资源部，职能分工更加专业化。人力资源部的进一步演化，具体表现为内部分工的变化：从最开始的人力资源部内部不做具体的分工或模糊分工，要求相关人员在一定程度上是 HRM 的"全才"，到人力资源管理逐步按照相关的业务模块分工，设立人力资源部长或总监职位，下设招聘专员、培训专员、薪酬专员、绩效专员、人事专员、员工关系专员等。如果企业规模进一步发展，公司配置的 HR 岗位更多，则会演变为每个职能模块的专员岗位人数增加，形成不同的专业职级，比如培训经理、高级培训专员、培训专员等，体现在不同的岗位对培训角色的分工上。

组织人力资源管理岗位和架构设置的变化，背后是组织对完成人力资源管理职能的主体设定的改变。从人力资源管理角色实施的主体来看，管理人力资源的实质是创造一个责任共享体系，高层管理者、人力资源工作者、直线经理共同承担人力资源管理的角色。一般认为，三者的角色分工如表 1-2 所示。

表 1-2　三个不同责任主体对人力资源管理的分工

| 企业人员 | 对人力资源管理的责任分担 | 角色定位 |
|---|---|---|
| 高层管理者 | 高层从战略着眼把握人力资源发展的方向，倡导各级管理者都关心人力资源问题，承担人力资源管理责任 | 人力资源战略的倡导者和政策的制定者、领导团队的建设者、人力资源政策导向的把握者、自我管理者 |
| 人力资源工作者 | 从权力机构转变为专业化职能、咨询服务机构，对企业人力资源决策起支持作用 | 人力资源开发与管理方案的制订者、人力资源政策和制度执行的监督者及人力资源管理人员的专业化 |
| 直线经理 | 在现有直线职能管理体制下，各中心、部门主管是人力资源管理和企业文化最直接的体现者，应承担起相应的职责 | 人力资源政策和制度的执行者、人力资源具体措施的制订者、人力资源管理氛围的营造者 |

在这种背景下，人力资源管理面临的主要管理问题之一就是两个方面的水平分工，即 HR 与直线经理的分工、不同 HR 模块之间的分工。我们把上述公司内 HRM 在直线经理和 HR 部门之间，以及 HR 部门内部不同岗位之间的分工，统称为人力资源管理的水平分工（或横向分工）。所谓水平分工，是说明总体上这些分工主体的职级差异不大——从直观上，直线经理和人力资源经理是水平级的，而人力资源部内部不同分工的专业岗位也是水平的。

我们可以将上述直线经理和人力资源经理的人力资源管理职责的区别总结于表 1-3 中。

表 1-3　直线经理与人力资源经理在人力资源管理中的分工

| 职能 | 直线经理责任 | HR 经理责任 |
|---|---|---|
| 录用 | 提供工作分析、工作说明和最低合格要求的资料，使各个部门的人事计划与战略计划相一致。对工作申请人进行面试，综合人事部门收集的资料，做最终的录用决定 | 工作分析、人力资源计划、招聘、准备申请表、组织笔试、核查背景情况和推荐资料、身体检查 |
| 保持 | 公平对待员工、沟通、当面解决抱怨和争端、提倡协作、尊重人格、按照贡献评奖 | 薪酬和福利政策、劳工关系、健康安全和员工服务 |
| 发展 | 在职培训、工作丰富化、应用激励方法、给员工反馈信息 | 技术培训、管理发展与组织发展、职业前程规划、咨询服务、人力资源管理研究 |
| 调整 | 执行纪律、解雇、提升、调动 | 员工抱怨调查、下岗再就业服务、退休政策咨询 |

此外，如前所说，随着企业规模的扩大，人力资源管理专业人员之间也出现了分工，从而有了公司常见的人力资源管理专业岗位的设置，如人力资源经理、培训主管、绩效主管、薪酬主管、招聘主管、员工关系主管等，这些 HR 部门内部不同的岗位共同完成人力资源管理部所承接的工作。这种分工也是我们常见的人力资源管理教材中强调的。这里不再赘述。

### 2. HRM 组织架构的垂直分工

当企业进一步发展形成多体公司时（见图 1-1），HRM 主体就不仅仅局限于上述分工了，还存在人力资源管理的垂直分工。这种纵向分工反映在垂直层面上，多体公司不同层级的人力资源管理主体之间责任和权利的分配。比如，多体公司中母公司、子公司甚至孙公司分别承担什么样的招聘工作，纵向层面上三个不同的层级在人才培养上是怎样的分工。HRM 的垂直分工，本质上就是人力资源管控体系的设计。

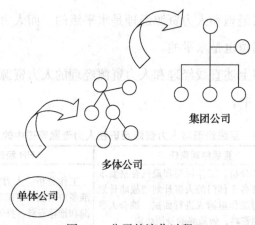

图 1-1　公司的演化过程

（1）公司管控模式的三种类型与特征。企业发展总是从单体公司开始，随着规模的扩大演化为多体公司、集团公司。管控体系设计是多体公司（包括集团公司）管理体系设计中的重要方面，也是人力资源管控体系设计的前提之一。通过多体公司（集团公司）的管控体系设计，至少在一个或多个方面发生化学反应并能够实现 1+1 ＞ 2 的企业群。这也是多体公司（集团公司）存在的逻辑前提之一。

根据不同的管控紧密程度，主流观点认为多体公司一般有以下三种典型的管控模式：

1）财务管控型。财务管控型是指多体公司总部对下属子公司的管理控制主要通过财务手段来实现。多体公司总部对下属子公司的具体经营运作管理基本不加干涉，也不会对下属公司的战略发展方向进行限定，而是主要关注财务目标的实现，并根据业务发展状况增持股份或适时退出。二者之间是十分松散的投资者与被投资者的关系。这种模式可以形象地表述为"有头有脑，但没手脚"。财务管控型的管控模式是最为分权的管控模式，强调结果控制是这种管控模式的明显特点。

2）战略管控型。在战略管控型模式下，多体公司总部负责整体战略规划、财务和资产运营，从而保证多体公司整体利益和下属企业利益的最大化。各下属企业同时提出与战略规划相匹配的经营计划和预算方案，制定本业务单位的战略规划，由总部负责审批后给予有附加价值的建议，同时批准其预算再交由下属企业负责执行。这种模式可以形象地表述为"上有头脑，下有头脑"。战略管控型模式的突出特点是强调程序控制，这是一种集权与分权相结合、相平衡的管控模式。

3）操作管控型。操作管控型模式主要由总部设置具体管理部门，对下属公司相关业务进行对口管理，将控股下属公司的人力资源、技术、营销等日常经营归口至总部相关业务部门进行直接管理。这种模式由多体公司总部制定统一的政策与制度并在下属企业贯彻实施，强调了经营行为的统一性。这种模式的特点可以形象地表述为"上是头脑，下是手脚"。操作管控型模式的鲜明特点是强调过程控制，它也是集权度最高的管控模式。

操作管控型和财务管控型分别是集权和分权的两个极端，而战略管控型则处于中间。

在这三种模式的基础上，还可以衍生出财务战略型和战略操作型两种混合模式。其中，财务战略型介于财务管控型和战略管控型之间，而战略操作型介于战略管控型和操作管控型之间。三种典型管控模式的主要特征如图 1-2 所示。它们在总部功能上也表现出较大的差异。

| | 财务管控型模式 | 战略管控型模式 | 操作管控型模式 |
|---|---|---|---|
| | 分权 | | 集权 |
| 集团与下属公司的关系 | • 以财务指标进行管理和考核<br>• 总部无业务管理部门 | • 以战略规划进行管理和考核<br>• 总部一般无具体业务管理部门 | • 通过总部的业务管理部门对下属企业的日常运营进行管理 |
| 发展目标 | • 投资回报<br>• 通过投资业务组织实现结构优化<br>• 追求公司价值最大化 | • 公司组织的协调发展<br>• 投资业务的战略优化和协调<br>• 战略协同效应的培育 | • 各分公司经营行为的统一与优化，公司整体协调成长<br>• 对业务成功因素集中控制与管理 |
| 总部功能 | • 财务/资产<br>• 集团规划<br>• 监控/投资管理<br>• 收购、兼并<br>• 总部组织机构的管理 | • 财务/资产<br>• 集团规划/SUB战略<br>• 监控/投资管理<br>• 收购、兼并<br>• 人力资源管理<br>• 信息系统管理<br>• 审计<br>• 集团文化建设<br>• 总部组织机构的管理<br>• 过渡功能 | • 财务/资产<br>• 集团规划/SUB战略<br>• 监控/投资管理<br>• 收购、兼并<br>• 审计<br>• 集团市场开拓与品牌管理<br>• R&D<br>• 集团文化建设<br>• 内部交易与协调<br>• 人力资源管理<br>• 总部组织结构的管理<br>• 过渡功能 |
| 子公司功能 | • 战略决策与管理<br>• 人力资源管理<br>• 信息系统管理<br>• 市场开拓与品牌管理<br>• R&D<br>• 内部交易与协调<br>• 集团文化建设<br>• 生产经营运作<br>• 过渡功能 | • R&D<br>• 市场开拓与品牌管理<br>• 内部交易与协调<br>• 生产经营运作<br>• 过渡功能 | • 生产经营运作<br>• 过渡功能 |
| 应用方式 | • 多种不相关产业的投资运作 | • 相关产业或单一产业领域内的发展 | • 单一产业领域内的运作，但有地域局限性 |

图 1-2 三种典型管控模式的主要特征

（2）人力资源管控体系设计的基本逻辑框架。人力资源管控是多体公司的人力资源管理区别于单体公司人力资源管理最重要的特征之一。人力资源是多体公司中相对分散（分布在各个单位）和相对多样的资源，如何充分发挥多体公司在人力资源管理方面的整体优势是企业需要思考的管理问题，也是人力资源管理管控的出发点。与多体公司管控模式相对应，多体公司人力资源管理的功能定位也有三种模式，分别适用于不同的管控模式，如图 1-3 所示。

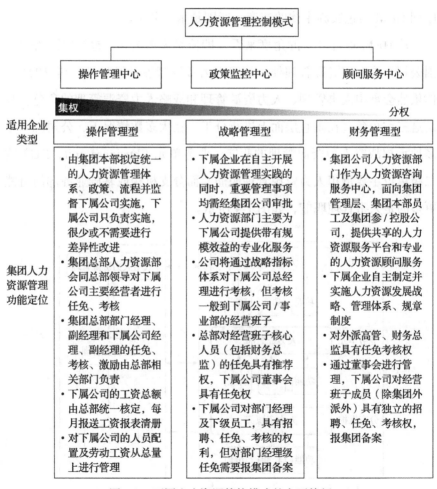

图 1-3　不同人力资源管控模式的主要特征

### 1.1.3　重新定位人力资源部门：三支柱架构

#### 1. 角色分工对 HRM 职能实现的影响以及带来的问题

人力资源管理的发展经过了人事管理、人力资源管理和战略人力资源管理等不同阶段，并且人们认为小企业的人员管理往往处于人事管理阶段。随着企业规模的扩大，人力资源管理水平也在提升，大型公司或者跨国公司的管理更有可能为战略人力资源管理。这种观点更多是从人力资源管理职能重心转变的角度来看待 HRM 的演变与发展，并没有考虑到 HRM 角色实施主体的演变，特别是垂直分工。

从 HRM 垂直分工的角度来看，即使是大型公司（包括国际著名跨国公司）的人力资源管理处于战略人力资源管理发展阶段，其 HRM 工作依然会承担人事管理、人力资源管理和战略人力资源管理的角色，只是这三重角色会在垂直层面上进行分工。在大多数情况下，公司总部更多地承担战略人力资源管理的职能，业务单元（business unit，BU）或二级单位主要承担人力资源管理职能，而分支机构或基础业务部门可能更多的是人事管理职能，如图 1-4 所示。

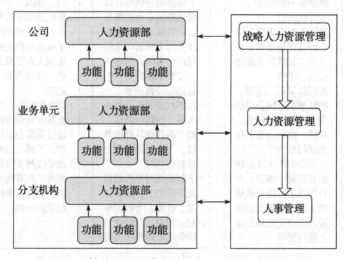

图 1-4　多体公司人力资源管理的组织架构与垂直分工

　　这种垂直分工表现出的最大特点是：集团公司总部及各二级、三级机构均设置人力资源机构；各级人力资源管理机构均处理人力资源管理的战略规划、职能开发、业务管理、实务操作、政策解答等工作。总体而言，在垂直层面上，不同层级的人力资源管理职能定位和内部岗位设置是有较大差异的，正如前文中总结的人力资源管理演变的两条路径所显示的。

　　以适度分权的人力资源管控公司为例：在集团总部层面，人员管理的功能更强调战略人力资源管理角色，他们负责整个公司的人力资源管理架构、制度和流程设计，是人力资源产品的设计师，而且内部的分工可能比较细，岗位设置也较多。在基层的分支机构中，人员管理的功能更多的是人事管理角色，他们负责所辖范围的人事管理、执行上级的人力资源管理政策和流程。基础分支机构中人力资源部门的设置会随着分支机构的规模大小而表现出一定的差异性，如前文所述，综合办公室、行政人事办公室、人事办公室、人力资源部的称谓皆有可能出现。

　　这种分工也必然会带来当前大企业常面临的 HRM 问题，主要体现在以下几个方面。

　　（1）HRM 与现场业务需求的脱节。随着市场需求的多样化，为了紧贴市场趋势，许多企业的组织结构设计更多地采取了战略业务单元（strategic business unit，SBU）或者事业部的模式。这在客观上也需要 HR 提供差异化、个性化、快速化的支持。集团统一的 HR 管理职能往往不能很好地提供这种 HR 支持。目前大多数大型企业人力资源部的运作模式是按功能块划分的（如薪酬、培训等）——每个功能块分别负责政策制定、政策执行以及事务性支持（如发薪、入职手续）。人力资源工作者的状态往往都是想尽办法完善自己模块内的工作，让自己所覆盖的模块更加系统化、专业化。此外，在总体上，集团公司的大多数人力资源管理制度、政策来源于公司总部的 HR 部门。在这种模式下，公司发展越来越大，HR 却高高在上，离业务现场越来越远，对企业现场的实践需求掌握不准确或不及时。统一的政策也会使制定的 HRM 政策容易脱离现场的实际需求，遭到现场业务人员的不满和抱怨。中基层业务主管和员工需要 HR 支持，却很难得到支持；HR 往往只对上不对下，政策缺乏业务所需的针对性和灵活性，业务主管更多地感受到的不是价值而是管控。而基层 HR 虽然了解现场的实际需求，但是其工作更多的是被人事事务缠身，大量时间聚焦在事务性工作上，没有足够的时间和精力投入到帮助业务部门解决更多的 HR 现实问题。而且，基层 HR 从业者的专业能力往往有限，不能对业务主管进行有针对性的辅导，不能提供业务需要的客户化、集成的 HR 解决方案，从事的员工管理工作对组织的贡献也很少。这也是当前企业界对 HR 实际贡献和价值争议的根本原因所在。

（2）人事成本较高。当公司规模很大（如跨国公司）、分支机构繁多时，几乎每个基层分支机构都需要配备人力资源管理相关的岗位。管理跨度大，机构庞大臃肿，每家分支机构的 HR 岗位员工从事的事务有一定的类似性，但是由于配备的人员很多，人事成本也急剧地增加。作为一个成本中心，人力资源部有责任为公司节约成本。

（3）不利于人力资源管控。由于 HR 机构的分散和重复设置，一方面 HRM 无法形成合力；另一方面各人力资源机构工作标准不一致，服务标准不统一，也不利于公司的人力资源管控。

因此，垂直分工不恰当可能会在增加人力成本的同时降低人力资源运营效率，带来组织管控不力，不利于有效地支撑公司发展和提升核心竞争力。这些问题带来的结果，就是我们听到最多的是对人力资源管理的质疑，认为人力资源管理对业务没有什么贡献，甚至出现了是否应该"炸掉你的人力资源部"的争论。

2. 三支柱架构是如何形成的

职能导向的人力资源管理组织模式的好处是，它可以把每一份 HR

工作做得特别精细，但是相应的缺点就是服务功能比较弱化，工作内容对外无法形成价值。人力资源从业者更多地从自己的职能模块或专业来考虑本职工作，而不是为内部客户提供解决方案。面对人力资源部门的低效率，公司管理层会质疑人力资源部的产品是什么，能为组织和业务部门提供什么样的贡献。

面对质疑和挑战，企业都想从业务发展的角度思考人力资源管理的问题，为业务部门提供最为有效的人力资源管理支持，成为业务部门真正的合作伙伴。让人力资源部门的专业人才摆脱烦琐的事务性工作，从而有更多的精力思考业务部门对人力资源管理的需要，为业务发展提供贡献和支持。由此，人力资源业务伙伴（HR business partner，HRBP）应运而生。许多企业将 HR 的职能分散到各个业务单元，使 HR 从后台走向前台，以便贴近业务、了解业务，及时保证满足业务部门的要求，让 HRBP 能够更好地在业务部门支持相关的工作，提供高效率、高质量的服务。显然，满足客户定制化需求的难度最大，而这又能最大程度地反映 HRM 管理的价值。HRBP 角色的产生正是为了满足这个需求，目的在于针对内部客户需求，贴近业务，提供咨询服务和解决方案，做他们的业务伙伴。

HRBP 的提出是一种创新，而且这种创新在很大程度上就是由 HR 在企业中遇到的挑战带来的。比如，微软亚太研发集团发现原有的人力资源管理模式无法满足业务部门对人力资源管理者提出的服务要求。为了解决业务部门的特殊化需求，该公司大胆地尝试将人力资源从业者下放到业务部门开展工作，以解决公司面临的人力资源管理需求。几次试点完善后带来的显著效果也得到了业务部门的好评。试点成功后，该公司根据需要对各个业务部门进行了 HRBP 的配置。

为业务部门提供解决方案意味着需要同时精通业务及 HR 各领域的知识，这对 HR 专业人才的能力有了更高的要求。寻找一批样样精通的人才是很难的，于是就出现了 HR 专业的再细分。

一方面，产生了人力资源专家中心（HR center of expertise, HRCOE）。HRCOE 作为领域专家，借助其精深的专业技能和对领先实践的掌握，负责设计整个公司业务导向、创新的 HR 政策、流程和方案，并为 HRBP 提供技术支持和服务。

另一方面，要让 HRBP 和 HRCOE 聚焦在战略性、咨询性的工作上，就必须把他们从事务性的工作中解脱出来。而公司员工的很多需求是相对同质的，存在标准化、规模化的可能。于是，出现了人力资源共享服务中心（HR shared service csenter, HRSSC），它作为 HR 标准服务的提供者，负责解答管理者和员工的问询，帮助 HRBP 和 HRCOE 从事务性工作解脱出来，并对客户的满意度和卓越运营负责。

因此，正是由于人力资源部门受到业务部门的质疑和挑战，才促使人力资源部组织模式从职能导向向解决方案导向转变。直观上，我们把以前的人力资源部门分割成 HRCOE、HRBP 和 HRSSC 三条线。新的分工表现在实施中就是：HRBP 通过整理业务部门的需求，提请解决方案和整改机制，提交到 HRCOE 进行专业论述和技术支持指导；HRBP 再和 HRSSC 达成一致，推行服务方案，更好地支持业务部门的基础工作。通过 HRM 组织的再分工，HR 职能完成从服务型向战略型、从职能驱动向业务驱动、从同质化向定制化的转型，从而有可能发挥更多的战略功能。

•名企实践•

## DHL 公司的人力资源转型背景⊖

DHL 公司是世界物流行业的领导者——德国邮政敦豪的一部分，旗下包含：快递业务、DHL 全球货运和运输业务、供应链业务、邮递

---

⊖ 根据相关资料整理，主要参考梁淑巍. DHL 公司人力资源共享服务中心建立研究 [D]. 长春：吉林大学.2012。具体的转型内容和步骤请参考本书第 4 章的 DHL 案例。

业务四个集团。1986 年进入中国后，DHL 公司与中国对外贸易运输集团总公司各注资一半，成立了合资公司。DHL 中国公司的组织架构采用总部、区域和分公司三层结构，设立了北方区（北京）、东方区（上海）和南方区（广州）三个区域中心，采用对应的三层人力资源管理结构，如图 1-5 所示。根据上一年营业收入的规模，中国公司把分公司分为五个类型并实施不同的人力资源人员配置，如表 1-4 所示。

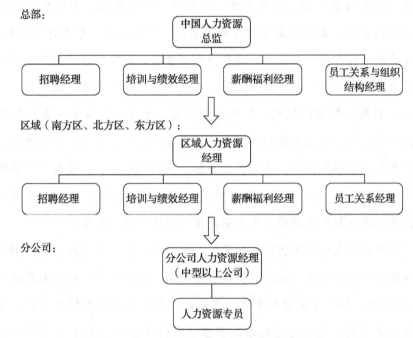

图 1-5 DHL 中国公司的人力资源管理架构

表 1-4 DHL 中国公司的人力资源配置

| 公司规模 | 人力资源经理 | 人力资源专员 | 汇报关系 |
| --- | --- | --- | --- |
| Mini 公司 | — | 1 | |
| 小型公司 | — | 1 | 分公司 HR 负责人直接向分 |
| 中型公司 | 1 | — | 公司总经理汇报，间接向区域 |
| 大型公司 | 1 | 1 | HR 经理汇报 |
| 超大型公司 | 1 | 2 | |

⊖ 资料来源：DHL 官网 http://www.cn.dhl.com/zh.html。

总体而言，分公司 HR 人员主要从事一些事务性、流程化的工作，包括：①在招聘方面，收集招聘需求，选择招聘渠道，发布招聘广告，收集和筛选简历，组织面试和复试，以及新员工入职、转岗安排，离职人员面谈、分析。②在培训方面，调查培训需求，制订年度培训计划，选择外部培训机构，讲授培训通用课程（如新员工入职培训），存档培训记录，评估培训效果，以及分公司兼职培训师队伍建设、培训费用管理等。③在绩效方面，传达总部、区域绩效考核政策，协助部门经理设立考核目标，督促月度绩效考评及面谈，收集月度、年度评估结果。④在薪酬福利方面，负责月度考勤及年假管理，岗位奖金、薪资的计算与发放，社保人员增减申报、计算、缴纳和报销，个人所得税申报，月度人工费财务报表的提供，年度薪资调整，年度社保基数变革计算申报，当地薪资、福利政策的收集、申请。⑤在员工关系方面，开展员工生日和节日祝福等活动，组织员工旅游、分公司年会，以及员工关系费用管理等。⑥在人事方面，开展员工劳动合同的签订、终止、续签管理，员工内外部档案管理，人力资源员工信息系统维护等。

公司进行人力资源转型的背景可以概括为：①战略发展需要。DHL公司实施"优先中国"战略，扩大在华网络，加大投资，分公司数量达到70多家。每个分公司都要建立相应的人力资源职能部门，导致人力资源成本不断增加。总部也难以管控诸多的分公司。DHL公司希望寻求人力资源转型，以适应公司未来业务的发展。②人力资源体系提升的需要。公司组织机构庞大，地域跨度大。各分支机构相对独立，不利于总部政策的贯彻和执行。人力资源在公司内作为后勤支持管理部门，极少参与战略决策。总部对分支机构人力资源无法实时控制，监管滞后。各分支机构人力资源职责重复，信息处理分散，不利于资源的有效利用，无法实现资源共享。各分支机构人力资源从业人员的素质不同，服务水平参差不齐，尤其在小公司以行政事务为主，专业水平不高。

• 名企实践 •

# 宝钢集团的 HR 三支柱转型背景

在与武钢重组之前，宝钢集团<sup>○</sup>是国资委直管大型国企，是国内最大的钢铁联合企业。截至 2013 年年底，宝钢集团员工总数为 130 962 人。集团拥有一级子公司 13 个，二级子公司 106 个，三级子公司 85 个。<sup>○</sup>

## 1. 宝钢集团人力资源组织体系的设置

宝钢集团的人力资源管理包括 16 个主要职能模块：组织机构管理、岗位管理、员工信息管理、组织及党员信息管理、人力资源规划、招聘管理、员工配置管理、劳动合同管理、核心人员管理、培训管理、员工发展管理、绩效管理、时间管理、薪酬管理、社保福利管理和档案管理。

公司在总部和各级子公司设立的人力资源管理机构共 205 个。集团总部人力资源部负责管辖整体的人力资源战略规划，并通过统一的人力资源政策、制度和流程对各分子公司的人力资源实施整体管控。一级子公司均设立人力资源部（共 13 个），其职责为：执行集团总部人力资源管理的政策、制度和流程，负责公司辖内的人力资源战略规划分解方案，以及对下属机构的人力资源管理实施管控。部分二级子公司人力资源管理职能并入人事行政部或综合管理部（共 106 个），三级子公司部分设立派驻站、组织人事室等机构（共 85 个）。二三级子公司 HRM 机构为区域派驻，属于一级子公司的管辖范围，人员被派驻到一级子公司下属的业务单元驻点服务，主要为一线员工提供人力资源事务性服务。不同层级的人力资源机构，其工作重点都有区别，其中：总部以战略规划与全辖管控为主；子公司的战略规划要遵循集团总部的统一要求，战

---

○　2016 年 9 月 22 日，国资委同意宝钢集团与武汉钢铁（集团）实施联合重组。根据公告，宝钢集团有限公司更名为中国宝武钢铁集团有限公司，作为重组后的母公司，武汉钢铁（集团）公司整体无偿划入，成为其全资子公司。
○　根据相关资料整理，主要参考杨雁 .S 公司人力资源共享服务模式研究［D］. 上海：华东理工大学 .2012。

略规划与管控工作量与执行操作的工作量基本相当；区域派驻以执行操作为主。

### 2. 宝钢集团人力资源管理问题综述

（1）人力资源管理角色主要负责事务性工作。按照工作性质，宝钢集团将其人力资源工作者区分为四类，分别为：管理决策人员、专业管理人员、子公司下属的区域派驻人员，以及各个层级都有的从事具体事务性工作的人事服务人员。数据显示，宝钢集团的人力资源工作者大多从事职能专业管理、区域派驻管理和人事服务的实务操作，而在支撑企业战略发展方面的 HR 管理决策人员的比例相对较少，如表 1-5 所示。

表 1-5　2011 年年底公司人力资源从业人员的职能分类数据

| 职能分类 | 管理决策 | 专业管理 | 子公司下属的区域派驻 | 人事服务 | 总计 |
| --- | --- | --- | --- | --- | --- |
| 人数（人） | 74 | 312 | 208 | 271 | 865 |
| 占比（%） | 8.6 | 36 | 24 | 31.4 | — |

（2）人力资源管控多于支持。从各级人力资源的管理职责来看，看似高度管控的格局实际上存在弊端，尤其是集团总部制定政策，分子公司、区域派驻多为执行与操作，分子公司容易感觉到 HR 离业务太远，基层主管也往往很难获取 HR 的支持，形成"管控多于价值"的局面。

（3）人力资源配置效率不均衡。以 13 家一级子公司为例，宝钢人力资源从业人员服务幅度平均值为 122 人，子公司中人力资源从业人员服务幅度高的达到 303 人，低的仅 34 人。没有一个共享的业务支撑平台，使得各子公司员工无法获得标准一致的人力资源服务。

（4）人力资源从业者能力不均衡。宝钢分布在各个子公司内的人力资源从业人员专业从事人力资源工作的年限分布不均，专业化程度不高，专业经验不足，对子公司人力资源相关职能管理的经验值贡献度也不均，不利于宝钢人力资源整体水平的提升。

（5）人力资源信息系统缺乏有效支撑。宝钢的 E-HR 信息系统还不足以支撑人力资源共享服务，各级人力资源工作者都被重复性的、繁杂的实务操作工作缠身，没有足够的时间和精力投入到战略规划、功能开发等更为重要的职能上，运营效率低下。

## 1.2　三支柱转型下的人力资源管理

戴维·尤里奇提出，HR 部门应当像企业一样运营，人力资源管理的角色应该进行分工：有人负责客户管理，有人负责专业技术，有人负责服务交付。在《人力资源最佳实务》（*Human Resource Champions: The Next Agenda for Adding Value and Delivering Results*）中，尤里奇最先提出了 HR 部门的组织架构再设计框架[⊖]，几经完善，变成今天大型企业中流行的三支柱模型。

### 1.2.1　HR 三支柱：HRBP、HRCOE 和 HRSSC

三支柱模型本质上就是基于互联网技术，改变多体公司传统的垂直分工。三支柱模型（见图 1-6）的三个支柱分别是人力资源业务伙伴（HR business partner，HRBP）、人力资源专家中心（HR center of expertise，HRCOE）和共享服务中心（HR shared service center，HRSSC）。三支柱模型也被称为 3D 模型，这是因为 HRBP 扮演的是 discovery（即挖掘业务部门需求）的角色，COE 和 SSC 的职能分别是 design（设计方案）和 deliver（交付 / 执行）。简单来看，就是把最贴近现场的人事管理者手中的人事事务集中为 HRSSC，而通过能力的提升把他们自己转换为 HRBP，把总部的战略人力资源管理角色转换为 HRCOE。当然，三支柱模型的内涵比这个简单的转变要更复杂、更充实。

---

⊖　Ulrich D. Human Resource Champions: The Next Agenda for Adding Value and Delivering Results［M］. Boston: Harvard Business School Press, 1997.

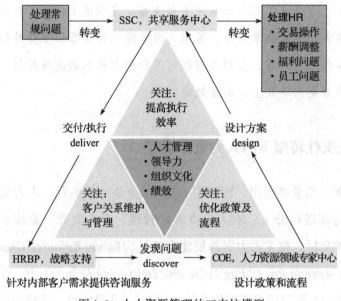

图 1-6　人力资源管理的三支柱模型

三支柱分工如下所述。

（1）HRBP 提供符合业务需要的人力资源支持。作为人力资源部门和业务部门沟通联系的桥梁，HRBP 是进驻业务部门的人力资源管理者。他们通过深入到业务部门调研，与业务部门的同事一起工作。HRBP 处理各业务单元中日常出现的较简单的 HR 问题，做到将 HR 职能和业务需要吻合起来，协助业务经理更好地使用各种人力资源管理制度和工具管理员工；从 HR 视角出发参与业务部门管理工作，向业务部门提供个性化的人力资本服务，将人力资源管理和本业务部门的人才吸引、保留、激励工作结合起来，制订出符合本部门的人才方案；强化 HRSSC 与服务对象的沟通与协调，与 HRCOE 和 HRSSC 合作，在能力范围内推进人力资源管理的实务工作。

一般而言，HRBP 的定位主要是"HR 的业务伙伴"：确保业务导向，贴近业务现实，一方面提供统一的服务界面，提供端到端的 HR 解决方案，另一方面为公司核心价值观的传承和政策落地提供组织保障。

（2）HRSSC 提供服务平台。基于共享服务的思想，HRSSC 借助现代化信息技术的平台，整合人力资源流程，将企业不同地域或业务单位中的与人力资源管理有关的基础性、操作类行政工作合并。比如，HRSSC 把员工招聘、薪酬福利核算与发放、社会保险管理、人事档案、人事信息服务管理、劳动合同管理、新员工培训、员工投诉与建议处理、入职离职、差旅报销、咨询服务等集中起来，建立一个服务中心来统一进行处理。它是直接面对顾客提供服务的操作层，可以帮助公司更有效地管理人力资本，为员工和经理提供更为便捷的人事信息获取方式，解决了日常工作中反映的常规操作性和事务性问题，以提升 HR 组织核心运营效率。HRSSC 通过集中化操作、简单化的工作以便企业获取规模效应，通过标准化的规范操作提升运营效率，比如利用交互语音系统和互联网技术通过在线知识数据库与人力资源管理数据库来服务顾客，如政策的查询、工资的查询。

一般而言，HRSSC 的定位主要是"HR 标准服务的提供者"：确保服务交付的一致性，提供标准化、流程化的服务，使主管和 HR 从操作性事务中释放出来，解决重复性的人事问题，提升 HR 整体服务效率。

（3）HRCOE 发挥专业才华。HRCOE 根据公司整体的战略目标，基于需求或问题出发，通过战略、策略、政策、机制的构建，为公司的人力资源领域或领域内的细分项进行整体方案的设计。HRCOE 的主要职责是为各业务单元提供人力资源方面的专业咨询；根据公司整体的战略目标，为公司制定出整体的人力资源管理政策，包括人力资源规划、招聘与人事测评、培训发展、薪酬福利、企业文化、在职与离职管理、员工关系管理、企业工会、高潜质人才管理、职业健康管理、企业并购支持、高管薪酬等专业性较强的工作。HRCOE 是三支柱转型的战略层，帮助 HRBP 解决在业务单元中遇到的人力资源管理方面的专业性较强的难题，并从专业角度协助企业制定和完善 HR 方面的各项管理规定；指导 HRSSC 开展服务活动等，相当于 HRSSC 的"指挥中心"。

一般而言，HRCOE 的定位主要是"HR 领域的专家"：确保设计一致性，建立 HR 专业能力，提升公司人力资源政策、流程和方案的有效性，并为 HRBP 服务业务提供技术支持，为 HRSSC 提供流程服务规范。

● 名企实践 ●

## 腾讯公司 HR 三支柱的转型

腾讯公司成立于 1998 年，发展至今已经成为拥有七大事业群、中国领先的互联网增值服务提供商。2016 年，公司全年总收入为人民币 1519.38 亿元（219.03 亿美元），拥有员工近 3 万人，其平均年龄只有 27 岁左右。随着腾讯的规模扩张和业务的多样化发展，腾讯的人力资源管理经历了三个不同的阶段：第一阶段，以人力资源部建立为标志的人力资源管理建立期（1998～2003 年）；第二阶段，以企业文化管理委员会和腾讯学院的建立为标志的人力资源管理发展转型期（2003～2009 年）；第三阶段：以三支柱为标志的人力资源管理新型组织结构的建立期（2009 年至今）。近年来，随着企业规模的扩大，公司业务和员工对人力资源管理的需求日益多元化和差异化。公司期望 HR 体系能够支持业务的发展，既符合大公司的特点，又能够灵活应对不同事业群的需求；不仅能快速响应业务，还能快速制订方案，深入挖掘 HR 的附加价值。腾讯 HR 的总体改革思路遵循了三支柱模型（见图 1-7），强调 HR 运作模式从业务需求出发，衡量 HR 的价值定位。

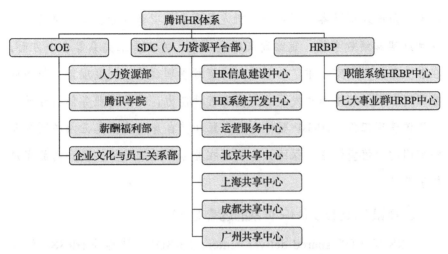

图 1-7 腾讯人力资源管理的三支柱架构体系

## 1. 腾讯 HRCOE（HRM 的研发设计）

HRCOE 负责前瞻性的研究，确保 HR 与公司战略发展紧密相连，研发出未来更适合腾讯的模式；参与并解读公司战略，对接企业战略；规划人力资源战略；制定人力资源制度和政策；作为智囊团，提供人力资源专家支持。下设各 HR 专业管理模块，主要负责该模块的规划发展、制度建设、政策制定、流程梳理和建设。在战略、制度层面上，提高人力资源管理的价值，提升内部客户的满意度。

## 2. 腾讯 HRBP（满足现场的业务需求）

腾讯在总部职能系统、事业群中设置了 HRBP，其主要职责是负责深入各业务部门，诊断业务发展，管理好业务现场的不同需求，给出个性化的解决方案与项目管控意见，提供人力资源的专业分析和支持；协助各业务部门负责人及其他管理干部在员工发展、梳理需求、发掘人才、整合资源、培养能力等方面的工作。公司要求 HRBP 不能被动地等待内部客户提出人力资源要求，而是积极主动地发挥人力资源的专业价值，针对不同事业群业务部门的个性化需求，提供专业的解决方案，从专家角度来帮助各个事业群分析人员需求、招聘计划、培训要求，以及帮助实施绩效考核、贯彻薪酬福利政策、关注员工关系等各个方面，在各业务部门落实与推广公司的人力资源管理政策、制度规范，帮助业务部门各级干部培养和发展人力资源管理能力，并协助业务部门开展人力资源管理工作。HRBP 要把人力资源和其自身的价值真正内嵌到各业务部门的价值模块中，保障人力资源在业务单元的工作，提升内部客户的满意度。

### 3. 腾讯 HRSDC（HR 体系的运营支撑）

HRSDC（HR shared deliver center，HRSDC）被称为 HRSSC 的升级版，目标是实现"资源共享、团队共享、能力共享、信息共享"。通过高效的 EHR 信息系统，为各部门提供一站式 HR 服务，在不同的区域实现 HR 操作流程规范化、标准化，并提高 HR 工作效率。其主要职责是负责人力资源管理的日常职能性工作；承接并落实 HRCOE 要贯彻的人力资源战略；在各个事业群的 HRBP 对其人力资源需求进行分析后，人力资源平台部要交付招聘、培训、员工关系等人力资源需求。

总体上，HRCOE 作为 HR 专业领域专家，负责 HR 战略与政策制定、方法论和工具研究及指导、公司级 HR 项目策划和主导。HRSDC 是 HR 共享交付平台，负责区域 HR 管理的共享业务平台、HR 信息化建设的 IT 支撑平台、HR 运营管理的共享服务平台。HRBP 负责业务部门专业 HR 顾问、业务部门个性化 HR 需求的满足。

### 1.2.2 HRBP、HRCOE 和 HRSSC 之间的分工与协作

人力资源部从混合模式向三支柱转型，其本质就是重新定位人力资源部门，将 HR 的角色一分为三，以提升 HR 的效率和效能。与传统人力资源管理的水平分工和垂直分工有所不同的是，HR 三支柱模型通过

人力资源管理组织架构以及不同主体之间分工的调整，试图更好地实现人力资源管理的价值。三支柱的 HRBP、HRSSC 和 HRCOE 三者之间虽然有分工，但更多的是协作。概括地看，在三支柱中，HRBP 的职能类似"市场部"，负责了解业务，掌握客户的需求，与业务单元保持良好的沟通，及时把业务单元的需求传递，宣传和推动人力资源管理政策、企业文化的落地。HRCOE 的职能类似"咨询服务"，是智囊机构，为业务单元提供专业咨询服务，帮助业务单元完善管理，改善流程。HRSSC 则是人事行政服务机构，负责对政策、制度的落实，以执行和服务为主。这三个部分并不是独立运作的，而是相互配合和沟通、层层递进的关系。

HRSSC 为顾客提供传统的人力资源行政性的咨询与服务。当遇到部门性人事问题时，如业务部门的业务发展、职业生涯等，可以直接与 HRBP 洽谈，HRBP 进行沟通、调研，针对具体问题制订合理化、个性化的解决方案。若在制订方案的过程中，仍有不能解决的问题，则可以把方案提交给 HRCOE，就专门的问题与人力资源专家团队合作解决，向人力资源专家寻求帮助。最后，制订出的具体方案再交由 HRSSC 来执行；反之，当 HRC0E 制定出与整个公司战略目标相匹配的人力资源战略目标时，也会通过 HRBP 来制定分目标，再由 HRSSC 来操作。

HRBP 的主要工作内容有：主动跟进业务部门的发展需要，了解、调研各级人员的需求；针对问题进行分析，并与 COE 进行沟通，在 COE 界定的政策、机制等约束下，拟定合理化的执行方案；与 COE 沟通合作解决问题方案，并交由 SSC 去执行方案。HRBP 更加注重 HR 管理实务，并具备敏锐的嗅觉从而发现问题。作为 HRBP，应该十分注意与 COE、SSC、业务单元的沟通，这是 SSC 唯一设立在业务单元现场的工作人员，承担了大量的协调工作。下面对三者之间的关系进行了详细的分析。

### 1. HRBP 与 HRCOE 的互动关系

概括而言，HRBP 与 HRCOE 的关系是：HRBP 向 HRCOE 反馈业务部门的需求，寻求专业指导；HRCOE 指导 HRBP 开展工作。

具体地说：① HRCOE 制定的公司人力资源政策，需要业务现场的 HRBP 落实和推进，从而使自上而下的整个人力资源管理体系保持一致；② HRBP 贴近业务现场，在工作中遇到自己无法处理的情况或需要公司人力资源管理制度支持时，可以向 HRCOE 反馈。HRCOE 一方面提供给 HRBP 个性化的咨询和指导，另一方面把公司诸多 HRBP 反馈的问题汇集起来，研究、设计并提供新的人力资源管理解决方案，通过优化制度来解决业务现场普遍存在的问题，尽量规范管理制度，提高工作的统一度和标准化，从而提高整体的人力资源管理效率。这里也包括，HRBP 需要提出并将发现的人力资源管理方面的问题交付给 HRCOE，以便其设计出更加合理的工作流程交付给 HRSSC。③在制度推广中，HRBP 通过员工的反馈，了解制度的可行性及可操作性，发现制度的不足和问题，提出制度和流程的优化建议并反馈给 HRCOE，帮助 HRCOE 完善公司的 HR 政策制度。

总结 HRBP 与 HRCOE 的互动关系，如图 1-8 所示。

图 1-8　HRBP 与 HRCOE 的互动关系

### 2. HRBP 与 HRSSC 的互动关系

概括而言，HRBP 与 HRSSC 的关系是：HRBP 向 HRSSC 反馈业务部门的人事工作需求，寻求 HRSSC 的服务支持；HRSSC 提供服务，分担 HRBP 的人事工作任务。

具体地说，HRBP 可以把自己面临的人事工作分为以下几种类型，采取不同的方式来分担处理。

- 对于已经可以纳入到 HRSSC 的重复性人事工作，要求纳入 HRSSC 的分担范围。
- 对于有重复性事务，但是 HRSSC 目前不能够支持的，可以通过 HRCOE 反馈，由 HRCOE 对事务进行判断分析，按照业务需求制定出服务标准，交给 HRSSC 分担。
- 对于 HRBP 自己可以便利处理的人事工作，可以通过 HRSSC 授权后自己处理。
- 余下的人事工作，HRBP 自己承担。

总结 HRBP 与 HRSSC 的互动关系，如图 1-9 所示。

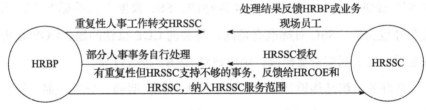

图 1-9　HRBP 与 HRSSC 的互动关系

### 3. HRSSC 与 HRCOE 的互动关系

概括而言，HRSSC 与 HRCOE 的关系是：HRSSC 执行公司的 HR 服务，并寻求 HRCOE 的专业指导。

互动关系具体包括：① HRCOE 和 HRSSC 制定的公司人力资源服务标准和流程，需要 HRSSC 落实和推进，从而保持整个人力资源服务标准和流程从上到下的一致性；② HRSSC 把 HRBP 反馈的以及自己发现的需要纳入共享服务中心的 HR 服务，向 HRCOE 反馈，通过和 HRCOE 合作，制定新的服务范围和标准，并纳入共享服务中心；③在

HR 服务过程中，HRSSC 通过员工的反馈，了解 HR 服务标准和流程的可行性及可操作性，发现不足和问题，提出服务和标准的优化建议并反馈给 HRCOE，帮助 HRCOE 完善公司的 HR 服务标准和流程。

总结 HRSSC 与 HRCOE 的互动关系，如图 1-10 所示。

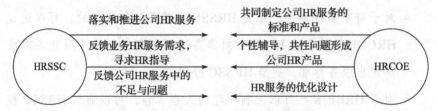

图 1-10　HRSSC 与 HRCOE 的互动关系

当然，很多时候三者之间并不是两两互动的关系，更多的是三者之间的分工协作。例如，HRBP 在向 HRCOE 反馈工作的过程中，对制度和 SSC 提出需求，COE 通过分析，给 HRBP 中心提供制度支持。若需要 SSC 提供支持，则需要提供处理标准，SSC 根据提供的标准进行系统和外包支持。SSC 对标准有疑问，将会向 COE 反馈问题，COE 分析问题后，若对制度需要修改，则应该对 HRBP 进行宣导。

合理的组织结构设计保障了三个板块的权责明确、分工合理、相互作用、相互优化、协调发展，从战略到制度实施都形成闭环运作。每个环节发现问题，都可以通过其他环节的统一优化调整。三者共同确保人力资源管理工作的顺利开展，不仅体现了客户价值导向，有效地支持了内部客户对人力资源管理的需求，而且共同形成了完整高效的人力资源管理组织结构的作用机制。

• 名企实践 •

## 腾讯公司 HR 三支柱之间的关系

腾讯公司构建了 HR 三支柱后，也逐渐形成了三支柱之间的分工和协同关系，如图 1-11 所示。

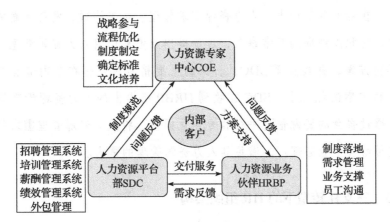

图 1-11　腾讯公司三支柱的关系

（1）COE 与 SDC 之间的关系。COE 制定的战略、制度、政策是 SDC 进行系统优化、外包管理的依据和准则，而且随后的具体工作需要 SDC 进行落实和细化。SDC 在执行政策、标准并将其系统化、流程化、精细化的过程中，要积极地把发现的问题反馈给 COE，以便其及时修正和提升人力资源管理制度与政策，优化政策、流程，提升人力资源管理的效率。

（2）COE 与 HRBP 之间的关系。COE 基于公司战略并根据内部客户制定人力资源管理战略后，需要 HRBP 推广落实到内部客户。在人力资源管理制度政策传导、政策落地的过程中，HRBP 根据本业务部门的特点进行优化细化，使其更加符合本部门情况，促进员工对人力资源管理方针政策的理解和认同，提高政策的可行性。同时 HRBP 在帮助业务部门梳理政策、挖掘需求的过程中，当发现人力资源产品并不符合内部客户的需要或者业务部门需求有变化时，需要向 COE 积极反馈，促进 COE 的优化和改进。两者的配合，使得人力资源管理既能处于尽量规范化的框架内，又能确保制度的弹性，能更好地满足业务部门的个性化需求。

（3）HRBP 与 SDC 之间的关系。HRBP 作为人力资源管理的一线人员，在对业务部门进行人力资源需求管理、员工沟通、发现问题的过程中，跳脱出烦琐的日常事务，负责提出业务部门对人力资源管理需求的解决方案，并提交至 SDC，自身的主要精力应发挥在与内部客户的接洽和方案的优化上。SDC 在收到 HRBP 所提出的人力资源管理需求后，通过自身的资源信息平台和专业化操作，将人力资源管理需求的产品交付给各个业务部门，满足其人力资源管理的需求。

### 1.2.3　三支柱转型下的 HR 组织架构

传统意义上的 HR 组织架构是按职能根据人力资源管理工作的过程链条划分的，比如按六大模块，招聘、学习发展、薪资福利、员工关系等划分为不同的职能板块。三支柱本质上是对人力资源管理的业务流程、组织和管控模式的创新，意味着人力资源管理职能角色和人力资源管理组织架构的变化。此外，HRM 承担着横向分工和纵向分工的调整，如图 1-12 所示。在图 1-12 中，公司总部的 HR 部门划分为三个角色群体，即 HRSSC、事业部 / 分公司 HRBP、专业 HR 职能顾问（HRCOE）。强调结果并不代表 HR 三支柱推翻了传统的人力资源管理职能模块，而是以 HR 职能作为工具，按照三支柱的分工能更好地进行 HRM 活动。职能模块嵌入到 HR 三支柱模式的某个支柱里，即每个支柱内部依然会从事与 HR 职能相关的招聘、培训、开发、薪酬、绩效、员工关系等工作，只是每个支柱在不同的 HR 职能上工作侧重点不同而已。一般而言，COE 内部仍然按照 HR 职能模块分工，属于人力资源专才；SSC 通过把 HR 事务标准化和流程化，在一定程度上降低了 HR 专业能力的要求，其工作人员如何分工往往取决于共享中心的规模大小；HRBP 则通常是人力资源通才，全权负责所辖业务单元的 HR 工作。

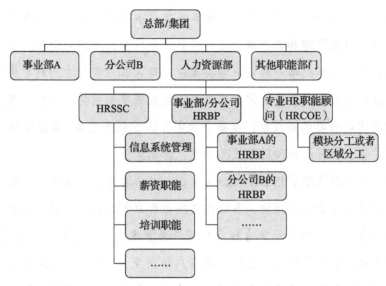

图 1-12　三支柱转型下人力资源组织架构的典型范例

# 华为公司 HR 三支柱的架构

　　华为公司是全球领先的信息与通信技术（ICT）解决方案供应商，专注于 ICT 领域，在电信运营商、企业、终端和云计算等领域构筑了端到端的解决方案优势，为运营商客户、企业客户和消费者提供有竞争力的 ICT 解决方案、产品和服务，并致力于使能未来信息社会、构建更美好的全联接世界。目前，华为约有 18 万名员工，业务遍及全球 170 多个国家和地区，服务全世界三分之一以上的人口。2016 年华为公司销售额达到 5 215.73 亿元人民币，净利润 370 亿元人民币。<sup>⊖</sup>公司的整体组织架构如图 1-13 所示。垂直层面上可以分为三个大的层级：

　　（1）上层三会分工。在华为内部，股东会作为公司权力机构，对公

---

　　⊖　资料来源：华为公司官网 http://www.huawei.com/cn/about-huawei。

司增资、利润分配、选举董事/监事等重大事项做出决策；董事会是公司战略、经营管理和客户满意度的最高责任机构，承担带领公司前进的使命，行使公司战略与经营管理决策权，确保客户与股东的利益得到维护。公司董事会及董事会常务委员会由轮值董事长主持，轮值董事长在当值期间是公司最高领袖；监事会的主要职责包括董事/高级管理人员履职监督、公司经营和财务状况监督、合规监督。

（2）业务纬度组织 BG（business group）。华为基于客户、产品和区域三个纬度设立组织架构，各组织共同为客户创造价值，对公司的财务绩效有效增长、市场竞争力提升和客户满意度负责。其中，运营商 BG 和企业 BG 是公司分别面向运营商客户和企业/行业客户的解决方案营销、销售和服务的管理与支撑组织，针对不同客户的业务特点和经营规律提供创新、差异化、领先的解决方案，并不断提升公司的行业竞争力和客户满意度；消费者 BG 是公司面向终端产品用户的端到端经营组织，对经营结果、风险、市场竞争力和客户满意度负责。2017 年新成立的 Cloud BU 组织是云服务产业端到端管理的经营单元，负责构建云服务竞争力，对云服务的客户满意度和商业成功负责。产品与解决方案是公司面向运营商及企业/行业客户提供 ICT 融合解决方案的组织，负责产品的规划、开发交付和产品竞争力构建，创造更好的用户体验，支持商业成功。

（3）区域组织与平台职能组织。区域组织是公司的区域经营中心，负责区域的各项资源、能力的建设和有效利用，并负责公司战略在所辖区域的落地。公司持续优化区域组织，加大、加快向一线组织授权，指挥权、现场决策权逐渐前移至代表处，目前已在部分国家试行"合同在代表处审结"，以进一步提高效率，更快响应客户需求。区域组织在与客户建立更紧密的联系和伙伴关系、帮助客户实现商业成功的同时，进一步支撑公司健康、可持续的有效增长。集团职能平台是聚焦业务的支撑、服务和监管的平台，向前方提供及时准确有效的服务，在充分向前方授权的同时，加强监管。

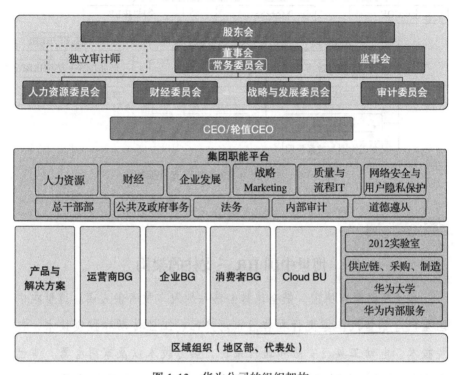

图 1-13　华为公司的组织架构

华为 2008 年正式提出 HRBP 运作模式实践，2009 年开始落地推动三支柱模型，2013 年基本完成人力资源转型。有研究提到，华为是国内最早提出 HRBP 思路的公司（宋晓波，2012）。[一]华为基于三支柱的人力资源管理组织架构如图 1-14 所示，其中 COE 是按照业务模块再分工的，而 SSC 是按照地域再分工的，HRBP 则是按照业务部门绩效再分工的。根据华为公司最新的《人力资源管理纲要 2.0》，公司对人力资源管理提出了更高的要求，将持续激发组织活力作为第一要务，华为 HR 正向第四阶段迈进。

---

　　○ 宋晓波 .HRBP 人力资源管理新模式案例研究［D］.广州：广东工业大学，2012.

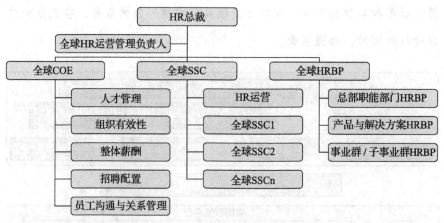

图 1-14　华为公司 HRM 的三支柱架构<sup>⊖</sup>

## 博世中国 HR 三支柱的架构

博世集团源自德国，是全球排名第一的汽车技术供应商。博世在中国生产与销售汽车零配件和售后市场产品、工业传动和控制技术、包装技术、电动工具、安防和通信系统、热力技术以及家用电器。博世在 1909 年进入中国市场。博世 2016 年在中国经营着 62 家公司，22 个技术中心，合并销售额达到 915 亿元人民币。截至 2016 年 12 月 31 日，公司在华员工人数达 59 000 名。<sup>⊖</sup>2013 ~ 2014 年是博世 HR 转型的时间段，其整个 HR 的组织结构都发生了非常大的变化。目前，博世中国 HRM 采取的三支柱架构由 HRBP、COE、SSC 三个团队共同组成。

（1）HRBP 团队：每家子公司都有自己的 HR，目前大多数公司的当地 HR 直接承担着 HRBP 的功能，负责当地各项业务的 HR 工作。

（2）SSC 团队：自 2013 年开始成立的 SSC 已经支持着全国各地

⊖　马海刚，彭剑锋，西楠. HR+三支柱：人力资源管理转型升级与实践创新［M］. 北京：中国人民大学出版社，2017.
⊖　资料来源：博世集团官网 https://www.bosch.com.cn/our-company/bosch-in-china/。

30 000 名员工的工作。SSC 提供的都是相对标准化的人力资源解决方案，包括招聘的执行、培训的组织、国际员工的派遣、薪资发放、福利的维护、员工的入职和报告、HR 的 IT 管理系统。SSC 还通过其设立的全国呼叫中心，通过网络、电话途径解决员工的问题。

（3）COE 团队：COE 团队建立在上海总部，下设四个团队——负责整体招聘、雇主品牌、招聘渠道管理的人才招募团队；负责薪酬福利、员工关系、政府关系等政策制定的薪酬与福利团队；主要负责组织发展和领导力提升方面工作的 OD（organization development）与 LD（leadership development）团队；服务全国培训的培训团队。

### 1.2.4　三支柱转型的价值

企业人力资源管理进行三支柱转型，有助于提升 HRM 的价值。

（1）HRM 从专业导向到业务导向。HRM 从来都强调以提升业务效率和企业绩效为导向，但是实践中的专业分工导致很多 HR 工作者习惯于从 HR 自身职能出发，关注 HRM 能提供什么而不是业务部门需要什么。HR 三支柱转型则更突出 HRBP 的角色和作用，强调以业务部门的需求为导向，倡导业务部门需要什么，HR 就要去满足和提供相应的支撑。传统的模式强调职能模式，层层复制，上下对齐，总部的想法靠发一个文件强推下去。三支柱模式其实就是 HR 工作的专业分工。

（2）HRM 工作的重心从事务型 HR 到策略型 HR。HR 三支柱模式提倡人力资源管理和服务职能有效分离，把可流程化实施的事务性服务职能交给 SSC 或外包，把复杂程度高的技术性职能交给 COE，而 HRBP 只需聚焦业务部门动态的需求变化，匹配相应的解决方案。共享服务中心的出现让 HRBP 和 HRCOE 得以从事务性工作中解脱出来，从而让 HR 团队整体在主要时间里从事增值性工作，真正实现战略伙伴的目标定位。

因此，HR 三支柱转型可以通过 HRBP 和 HRCOE 提升 HR 效能，通过 HRSSC 提升 HR 效率。通过深入业务现场的 HRBP，HR 三支柱转型一方面为公司核心价值观的传承和政策落地提供组织保障，另一方面贴近业务，提供端到端的解决方案；通过建立 HRCOE 专业能力，提升公司人力资源政策、流程和方案的有效性；通过 HRSSC 提供标准化、流程化的服务，使主管和 HR 从操作性事务中释放出来，提升 HR 整体服务效率。三支柱通过对 HR 工作的重新分工，实现了专业化和规模效应。

• 名企实践 •

## 宝钢集团 HR 三支柱转型与价值

基于宝钢集团现有 HR 体系中存在的问题，宝钢推动了人力资源管理从"面向事务的管理"向"专业管理+客户服务"的模式转型。转型的目标是充分发挥战略性人力资源管理的功能，更好地扮演战略业务伙伴、变革助推者的角色，通过精简的配置和高绩效团队实现高运作效率、低运营成本。集团引入"共享服务中心"的概念，对集团的人力资源管理机构重新进行了组织设计和分工，如表 1-6 所示。集团于 2009 年成立了人力资源共享中心，与集团人力资源部平级。整个共享服务模式在宝钢集团总部、宝钢资源和宝钢化工进行试点，形成了较为完备的共享服务覆盖方案，然后在宝钢集团范围内逐步推广实施。

表 1-6　宝钢集团的人力资源管理三支柱

| 三支柱角色 | 承担的主体 | 目标 | 关键职能 |
|---|---|---|---|
| HRCOE | 集团 HR 部门 | 最适方案 | 全集团范围的 HRM，HRM 战略的设计规划、HRM 工具的开发、HR 制度的制定优化 |
| HRBP | 子公司 HR 部门 | 客户满意 | 子公司/事业部/地区公司的内部咨询、HRM 流程、招聘、培训、组织发展 |
| HRSSC | 集团 HR 共享服务中心 | 运作效率 | 通过统一、标准模式，基于"一站式"服务、自助服务、咨询服务等实施 HR 业务服务，如招聘入职、薪资发放、保险福利等事务工作 |

（1）集团 HRSSC（业务重点在"服务"）。从原有的人力资源管理

职能中剥离出事务性工作，执行工作流程，实施统一、标准模式的人力资源业务，完成基本的咨询业务；研究"一站式服务"、员工自助管理系统等优化项目，为宝钢的子公司提供人力资源服务。

（2）HRBP（业务重点在"发掘需求"和"促进客户满意"）。其承载主体是子公司的人力资源管理部，主要职责包括：推行上级人力资源管理的政策、制度、方案和流程；深度发掘子公司的人力资源管理需求，为子公司提供具有子公司业务特点的内部咨询并落实相关政策的具体实施。

（3）集团COE（业务重点在"规划设计"）。总部人力资源管理部门将腾出精力，专门从事全集团范围的人力资源战略规划、管理工具研究，以及人力资源相关政策、制度、方案和流程的设计与优化。

总体上，HRCOE和HRBP属于"专业层"，强调人力资源专业能力、专业领域的产品研发、人力资源管控，以及面向子公司的个性化咨询解决方案；HRSSC属于"服务层"，强调基于E-HR信息系统为员工提供标准化的共享服务，为各级人力资源部门提供基础数据、信息分析等HR管理支撑业务。

宝钢引进三支柱模型中的HRSSC、HRBP、COE，这样的新业务角色给宝钢带来的价值有四个方面。

- 效能方面，可以真正发挥企业战略伙伴的作用，显著提升宝钢的高层管理人员对人力资源价值体现的感知和员工对人力资源服务的满意度。
- 效率方面，可以显著提升各级人力资源多层面的服务效率。
- 成本方面，根据规模效应理论，通过共享服务业务一般可以降低25%～40%的人力资源运营成本。
- 一致性方面，可以为宝钢树立一致的服务体验和雇主品牌形象，提升合规性并降低风险。

## 1.3  人力资源管理的第四次转型

### 1.3.1  由外而内的 HR 转型

HR 作为业务伙伴、职能专家和共享服务中心的"三驾马车"的模式被提出。这种 HR 三支柱转型强调"由外而内"，要求 HR 跳出组织，从客户和投资者等外部视角审视 HR 的工作。以往企业中关注客户的可能更多是销售部门，但在本次 HR 转型中，要求 HR 充分担当起业务伙伴的角色朝外看，主动发现市场和客户的需求、业务和发展的机会，从人力角度参与经营，更为直接有效地为企业创造价值。HRBP 主要的存在价值是它面向客户，因此，人力资源管理的这次变革是人力资源管理历史上的第四次转型，被称为"由外而内的 HR"（HR from the outside in）阶段（见图 1-15）。

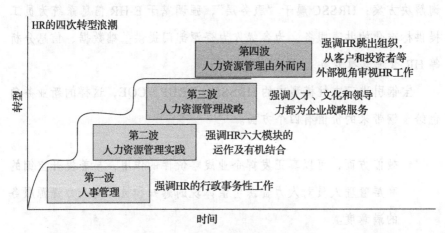

图 1-15  人力资源管理的四次转型

戴维·尤里奇指出，在当今日益变革的环境中，HR 要以一种由外而内的视角，为企业利益相关者创造价值。如果人力资源部门在企业内部所做的事情不能为企业外部的利益群体创造价值，不能提高企业吸引、服务、留住消费者和投资者的能力，那么也就失去了其存在的意义。由外而内的 HR 视角，需要我们不断反思：我们的企业是客户期望的雇员首选雇主吗？我们是否会请客户参与设计、参加和讲授学习与发展项目？我们对绩效的标准与客户的期望是否相符？我们是否会让客户、供应商或投资者参与利益的分配？我们的沟通工具是否连接员工与客户？我们塑造的领导力品牌是否能与客户的期望紧密联系起来？我们的组织文化是否有正确的实践、模式和特性？

"由外而内"的 HR 比战略型 HR 走得更远，他们会根据企业的商业环境、利益相关者需求来调整自身的工作，将眼光投向组织之外的客户、投资者和社区，以他们的视角来定义成功的 HR。

### 1.3.2　人力资源管理职能的再演进：四角色模型

戴维·尤里奇 1997 年提出了人力资源的四个新角色⊖：战略伙伴（strategic partner）、行政专家（administrative expert）、员工后盾（employee champion）、变革推动者（change agent）。美国公司执行委员会（Corporate Executive Board，CEB）⊜也提出了人力资源需要扮演的四个角色，包括：业务部门战略伙伴（strategic partner）、HR 执行经理（operations manager）、员工关系协调者（employee mediator）、紧急事件处理者（emergency responder）。两个观点有一定的类似性。尤里奇和 CEB 的两个模型描述的都是人力资源管理的新角色，区别于传统意义上的人力资源工作。这两个模型都将"成为业务部门的战略伙伴"视为人力资源管理最重要的工作，认为其对组织的贡献超过了另外三个角色贡献的总和。

图 1-16 描述了 HR 人员作为业务伙伴所必须扮演的 4 个关键角色。

---

⊖ Ulrich D. Human Resource Champions: The Next Agenda for Adding Value and Delivering Results, Harvard Business School Press, 1997: 32-34.

⊜ 该公司是纽约交易所上市公司，87% 的《财富》500 强企业都是其客户，客户总数量超过 1 万家。

图中的两轴分别代表 HR 人员的关注点与活动：纵轴是 HR 人员的关注
点，范围涵盖了从长期/战略性到短期/运营性关注点；横轴是 HR 工
作的活动范围，涵盖了从流程（人力资源工具与系统）到人员管理活
动。这两条轴线描绘出了 4 个主要的人力资源角色：战略性人力资源管
理、基础事务流程管理、员工贡献管理、转型与变革管理。每个角色的
成果/产出、比喻和对应的活动如表 1-7 所示。<sup>⊖</sup>

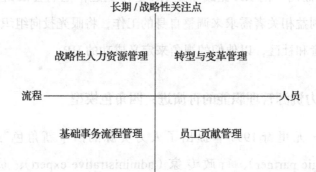

图 1-16　在建立高竞争力组织的过程中 HR 扮演的角色

表 1-7　HRM 各角色的成果/产出、比喻和对应的活动

| 角色 | 成果/产出 | 比喻 | 对应的活动 |
| --- | --- | --- | --- |
| 战略性人力资源管理 | 执行公司战略 | 战略伙伴（strategic partner） | 使人力资源策略与业务战略保持一致；组织诊断，根据业务部门发展，调整人力资源策略 |
| 基础事务流程管理 | 设计高效率的基础事务流程 | HR 效率专家（HR administrative expert） | 组织流程再造，提升人力资源相关基础性工作的效率；共享服务 |
| 员工贡献管理 | 提高员工的能力 | 员工支持者（employee champion） | 倾听员工声音并向其反馈，平衡组织要求与员工需求，提高员工贡献度；为员工提供资源 |
| 转型与变革管理 | 创造新的组织 | 变革推动者（change agent） | 管理转型与变革，推动业务变动所带来的组织变革和文化转型；确保变革的能力 |

⊖　Ulrich D. Human Resource Champions: The Next Agenda for Adding Value and Delivering Results, Harvard Business School Press,1997: 24-25.

• 名企实践 •

# 惠普公司应用四角色模型

惠普公司 HR 的角色源于整个组织、员工及直线经理等"客户"的需求。图 1-17 总结了惠普公司的人力资源角色、职能以及承担的主体分工。

长期 / 战略性

主要角色：**战略性人力资源管理**
客户需求：有效的业务战略与人力资源策略
HR职能：匹配
承担主体：直线经理85%、HR15%
主要能力：业务知识+人力资源策略制定+
影响力
主要活动：设计与业务目标保持一致的HR
战略；对组织价值观、使命及商业规划的
形成提供咨询；是企业决策团队的成员；
参与业务专项工作组；负责人力资源规划、
技能评估、继任计划以及人才保留等方面的
工作；促进系统思考和聚焦质量

主要角色：**变革推动者**
客户需求：组织效能
HR职能：变革管理
承担主体：直线经理51%、HR49%
主要能力：变革管理能力+咨询、促进、
教练+系统分析能力
主要活动：促进变革管理，为组织效能的
提高提供咨询，组织设计，重新设计体系
与流程，重组 / 再造；能力分析，团队及管
理层的长期发展

流程 ←　　　　　　　　　　　　　　　　　　　　　　→ 人员

主要角色：**职能经理**
客户需求：基础事务流程效率
HR职能：服务提供
承担主体：直线经理5%、HR95%
主要能力：充足的知识+流程改进+信息技术+
客户关系+服务需求评估
主要活动：工资调查；人才搜寻与面试；福
利政策与实行；重新定级与晋升；数据库维
护与流程处理；数据的汇报与分析；提供培
训课程；后勤人员访谈

主要角色：**员工支持者**
客户需求：员工承诺
HR职能：管理支持
承担主体：直线经理98%、HR2%
主要能力：工作环境评估+员工发展+绩效管理
主要活动：推广惠普模式；加强员工调查；
促进工作环境包容性；推进工作生活的平衡；
管理教练；与员工交谈；调查工作开放日相
关问题；绩效评估回顾；与员工及经理开展
纠错活动

日常 / 运营性

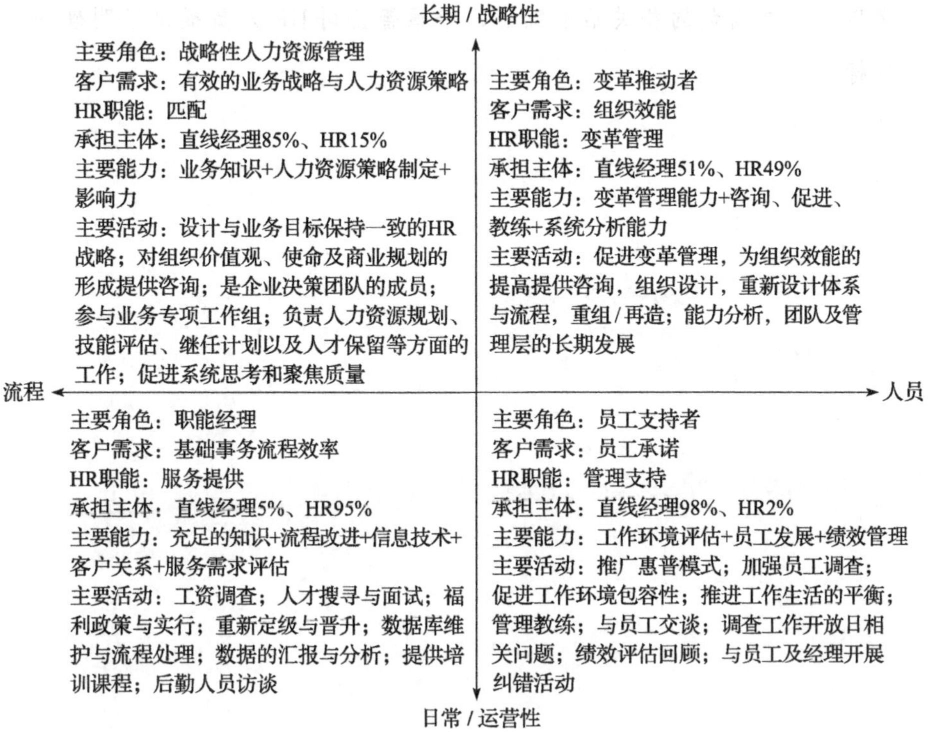

图 1-17　惠普公司的人力资源角色、职能以及承担的主体分工<sup>⊖</sup>

惠普公司赋予直线经理战略性人力资源管理和员工贡献管理的主要权限，还赋予直线经理和人力资源团队共同管理转型与变革的权限，而惠普公司基础事务流程管理的权限则被分配给了人力资源团队。特别地，惠普公司还进一步明确了 HR 工作的主要角色以及这些角色需要的

---

⊖　根据相关内容进行整理总结。Ulrich D. Human Resource Champions: The Next
　　Agenda for Adding Value and Delivering Results ［M］. Boston：Harvard Business
　　School Press, 1997: 32-34.

能力。图 1-17 中也呈现了惠普 HR 职能聚焦于满足客户需求、确保业务成果、实施责任分配的愿景，并定义了实现愿景所需的人力资源能力。公司明确界定了承担这些角色的 HR 人员的具体活动，对这四种角色的关注赋予了所有 HR 人员合理地位。每个角色的职责都包括强调促使直线经理积极参与人力资源的相关工作。通过对 HRM 的角色定义以及这些角色的相关活动描述，给惠普公司 HR 人员提供了明确的目标。

图 1-17

# HRBP 的角色定位与实现

## 2.1 HR 的三类事务与 HRBP 的角色定位

### 2.1.1 HR 的三类事务

人力资源部面临的事务类型繁多，可以从不同的角度进行划分。

从 HRM 服务的目标客户来看，包括高层管理人员、中层管理人员和普通员工。三类群体的 HR 需求有较大的差异性：①高层管理人员需要 HR 部门成为组织变革的推动者，其需求主要围绕在战略执行所需的组织、人才、文化及变革管理等方面的支持上；②中层管理人员需要 HR 发挥咨询功能，其需求主要围绕在员工管理所需的咨询、辅导及工具、数据支持上；③普通员工的需求，主要围绕在解答政策方面的疑问，并提供便捷的服务上，如劳动合同、入职手续、薪资发放等，需要 HR 做事务性的服务支持工作。相对而言，高层管理人员的需求高度定制化，需要专家水平的 HR 的支持；普通员工的需求高度标准化，对 HR 专业能力要求不高；中层管理人员的需求相对灵活多变，介于以上二者之间。

从 HR 活动的性质来看，HR 部门有三类工作，即事务性的、策略性的和战略性的。

（1）事务性的工作，主要是基础性管理工作，重点是识别和满足个体层次的需求。例如，帮助员工办理社保，维护员工的数据信息，响应现场岗位空缺引发的招聘需求，辅导管理者对绩效不佳的员工进行绩效反馈面谈。HR 人员需要耗费大量时间和精力，尽可能地满足现场这些事务性需求。事务性工作的完成能确保公司正常运行，却并不能驱动组织的竞争优势，但是处理不好会导致组织的竞争劣势。

（2）策略性的工作，主要是根据公司或者业务部门具体工作目标的需要，HR 展开项目性的活动安排，本质上是识别并满足一个工作群体的需要。例如，制定多种多样的招聘活动，设计培训项目，制订部门重组方案等，继任者规划过程设计，提出可能提升业绩和对业务产生积极影响的解决方案。

（3）战略性的工作，通常是直接与组织目标相关联，并对组织长远发展有重要影响的工作，关注的是整个组织的整体需求，而不是某一个人具体的、单个的需求。这种工作往往需要多种解决方案或策略才能取得战略性的既定结果。例如，与客户共同制定业务战略和规划，将业务战略和目标转化为人员绩效要求，帮助寻找所有可能提高绩效和对业务产生积极影响的解决方案，为业务计划的实施提供全面的人力资源支持。战略性工作的价值是对组织的战略能力产生影响。

总体来说，事务性工作服务于个体，策略性工作服务于员工的工作群体，战略性工作服务于业务单元甚至整个企业，如表 2-1 所示。传统上，事务性工作占 HR 人员工作的 60% 左右。不过，企业通过采取外包手段、共享服务中心或者员工 / 经理自助系统（把事务性工作都搬到系统和网络），就会大大便利 HR 的工作。例如，IBM 公司通过人力资源信息系统（HRIS）和管理转型，把 HR 事务性的工作比例从 65% 降低到 20%。

表 2-1　HR 三类工作的比较

|  | 事务性工作 | 策略性工作 | 战略性工作 |
|---|---|---|---|
| 服务层次 | 满足个体需求 | 满足群体需求 | 满足业务单元 / 企业需求 |
| 工作目标 | 支持业务发展 | 引导业务发展 | 驱动业务发展 |
| 工作产出 | 单一活动成果 | 项目 / 解决方案 | 人力资源战略一致性 |
| 工作时态 | 存在过去：按照既定计划和资源高效完成单一任务 | 活在当下：基于目标，提出一揽子解决方案 | 思考未来：着眼于未来两三年的确定性 |
| 核心能力 | 响应能力、快速执行能力 | 协同能力、平衡能力 | 前瞻性思考、领导力 |

　　吉利集团公司把人力资源业务分为三类，其中事务类包括员工档案、考勤管理、劳工派遣、社保管理、新员工入职和调动管理等，对集团战略 / 改革的贡献程度低；咨询服务类包括招聘与选拔、薪酬管理、全员培训与发展、职业发展咨询、岗位管理、人力资源信息化等，对集团战略 / 改革的贡献程度适中；战略伙伴类包括人力资源规划、组织管理、长期激励、绩效管理、领导力开发和核心人才管理等，对集团战略 / 改革的贡献程度高。而集团战略转型需要人力资源角色转化为：

- 加强战略伙伴关系，为企业战略转型提供有力支持和贡献；
- 加强咨询服务角色，为业务部门提供人力资源咨询服务，设计体系与项目；
- 减少行政事务角色，利用信息化手段整合常规的人力行政业务。

## 2.1.2　HRBP 的角色和职责

　　企业推行 HRBP 首先要从角色认知开始，只有帮助任职者及业务主管理解 BP 的角色定位和职责要求，才能保证日后所有的努力走在正确的轨道上。明确 HRBP 本身的定位和职能就成为发挥其功效的前提。

　　总体来说，HRBP 的定位是业务伙伴。HRBP 是人力资源部门与业务部门的桥梁，负责公司战略目标在业务端的实施和推进，帮助业务部门设定人力资源的工作目标和计划，并树立对业务部门的内部客户服务意识，为它们提供专业的人力资源解决方案。因此，他们需要深刻理解业务需求，整合周围的 HR 资源，将业务需求转化为 HR 解决方案，确保业务绩效有效达成。特别强调的是，HRBP 的定位是"伙伴"不是"伙计"，其时间应该聚焦在战略性、咨询性的工作，通常认为事务性工作占比不应该超过 20%。

HRBP 的角色包括：①战略伙伴，即配合业务战略，推行人力资源战略，将业务需求转换为人力资源解决方案，提升组织业绩；② HR 日历管理者：在业务线推行 HRM 工作，为业务主管提供咨询服务，有效地支撑人员管理决策，代表业务部门对 HR 政策、流程、方案和服务提供输入；③变革推动者，即扮演业务现场的变革催化剂和变革推动者的角色；④关系管理者，即解决在执行业务计划中的政治顾虑，建立员工与经理的桥梁，提升员工的敬业度。

相应地，HRBP 完成角色任务的关键活动可以概括为：①盯住业务团队的"业绩目标"，例如人均产出、人均利润、人工成本，发现差距，主动从中去分解出具体的人力资源指标，形成清晰具体的人力资源行动方案；②梳理业务团队的"最佳实践"，总结业务团队的经验，结合母公司的文化，形成视觉化、可复制化的子文化，打造属于业务团队的"软实力"；③洞察员工的"个性需求"，员工共性需求可以通过系统性政策解决，而个性需求需要 HRBP 一对一去解决，既能够让员工享受到优质的人力资源服务，也能够让员工体验到优质的人力资源咨询服务。

成功的 HRBP 善于用业务语言描述 HR 问题，把 HR 专业知识和业务知识结合，进而发现并解决企业内部的问题，关注并支撑业务绩效的提升。业务伙伴的整体工作职责范围应该包括但不限于以下几个方面。

- 执行公司 HRM 政策，把业务端 HR 现状反馈给公司，并为公司 HR 项目提供专业支持，负责落实跟进业务端的项目执行进度。

- 从 HR 视角出发参与业务部门管理工作，主动了解业务部门发展需要及员工的需求，建立所在业务部门特色化的人力资源管理体系和工作计划，并能够根据业务部门的需要及时调整，以应对外界变化，帮助业务绩效的提升。

- 理解业务部门发展对人才的需求，确立各类人才的培养储备计划、人员配备的方案。

- 与员工沟通公司文化、政策以及工作流程，支持企业文化变革并参与变革行动，确保 HR 的项目和公司文化保持一致，评估追踪所负责业务端员工的工作态度，提供员工关怀服务。

- 调节管理层之间、管理层和员工之间的矛盾，处理应对紧急事件并处理各种投诉，能对业务经理甚至员工提出的问题，迅速给予回应或提供解决方案。

在实际工作中，需要根据不同公司、不同部门的 HR 战略优先级来调整 HRBP 的工作重点。和传统 HR 相比，HRBP 的角色和职责发生了以下变化。

（1）从模块管理到通盘介入。传统的人力资源工作专注于完成招聘、培训、绩效考核、薪酬激励等模块的职能，不同模块的 HRer 更多地关注本模块的工作。HRBP 作为业务部门的伙伴，应当具备一定的全局观和系统思考能力，充分理解公司战略、企业目标、业务发展规划，对公司年度需要完成的净利润、营业收入等指标烂熟于心，对公司领导提出的年度工作思路、目标实现路径了如指掌。在达成公司战略目标的过程中，HRBP 需要提供全方位的支持，从而将人力资源和公司使命、业务绩效联系起来，充分整合资源，主动参与管理，为公司业务提供人力资源保障，着眼于提升公司整体绩效。

（2）从提供服务到提供咨询。传统的人力资源工作侧重于提供服务。在很多企业中，无论主动还是被动，很多属于业务部门的人力工作都被纳入人力资源部。甚至现场会有凡是和员工管理有关的都是人力资源部的工作的现象。现在，HRBP 则与业务部门并肩作战，把管理本部门员工的权利交还给业务部门，并向业务部门提供 HR 管理的工具和方法。HRBP 必须具备提供咨询的能力，根据业务部门面临的问题，提供一套为其量身定制的人力资源解决方案。

（3）从各自为政到相互渗透。传统的人力资源工作和业务部门工作之间可能存在较明显的界限，业务部门不关心 HR 的职能和绩效，HR 部门也不太关心业务部门的单子、项目甚至绩效，双方在一定程度上各自为政。HRBP 则需要对业务保持敏感，对业务部门的经营业绩（如净利润、销售额）和业务发展规划要有深入的了解，与业务部门保持同步思维，定期参加业务部门的重要会议，急业务之所急，想业务之所想。钻研业务数据、走访业务一线、跟随拜访客户，与业务部门进行深度沟通，掌握业务痛点，寻求对业务的 HR 支持方法，都是 HRBP 的重要工作。

（4）从关注 HR 产出到专注业务绩效。传统的 HR 工作更看重各项职能工作的结果，比如招聘成本、招聘及时率、培训开展次数、薪酬满意度等。HRBP 拥有专注业务部门绩效思维，其工作绩效不再局限于 HR 的绩效，业务部门的整体绩效也开始是其绩效的重要内容。他们关注的是业务部门现在的产出在哪里，未来的绩效要冲到哪里，绩效提升的痛点在哪里以及 HRM 如何克服这些痛点帮助业务绩效提升。

• 名企实践 •

## 华为 HRBP 角色模型及项目 HRBP 的角色定位

### 1. 华为公司的 HRBP 角色模型

华为的 HRBP 角色模型，包括战略伙伴（strategic partner）、HR 解

决方案集成者（HR solution integrator）、HR 流程运作者（HR process operator）、关系管理者（relationship manager）、变革推动者（change agent）、核心价值观传承的驱动者（core value）。提取六角色核心单词，模型也叫作 V-CROSS 模型，如表 2-2 所示。

表 2-2　华为公司 HRBP 角色

| 角色 | 角色描述 |
| --- | --- |
| 战略伙伴 | 理解业务战略，参与战略规划，连接业务与人力资源战略，组织落地实施 |
| HR 解决方案集成者 | 理解业务需求和问题痛点，整合人力资源专家智慧，制订人力资源解决方案，连接业务诉求与人力资源解决方案，组织落地实施 |
| HR 流程运作者 | 合理规划并有效运作人力资源工作，提升人力资源工作质量与效率 |
| 关系管理者 | 有效管理员工关系，提升员工敬业度，合法合规用工，营造和谐积极的组织氛围与工作环境 |
| 变革推动者 | 理解变革需求，有效识别风险和沟通利益相关者，推动变革成功实施 |
| 核心价值观传承者 | 通过绩效管理、干部管理、激励管理和持续沟通等措施，强化和传承公司价值观 |

## 2. 项目 HRBP 角色定位

在华为 HRBP 的分类中，传统意义上国家 HRD（人力资源发展）、BG（基群）HRBP、项目 HRBP 都被纳入 HRBP 的范畴。但总体上最大人数的是基础作战单元的项目 HRBP。任正非在内部讲话中明确提出未来的管理战略重点转向项目一线，"以项目管理为基础，输出能担当并愿意担当的人才"。于是，项目 HRBP 应运而生。项目是华为最基层、最核心的业务单元，是"班长的战争"。为了从"班长的战争"转型，实现任务式指挥，华为需要一种整体性改变（包括责任/权力/组织/资源/能力/流程/IT 等方面），项目 HRBP 的产生正是此目标在 HR 领域的具体需求体现。图 2-1 是华为代表处 HR 标准的组织架构。代表处（国家）的人力资源部分为三个模块：作战模块、经营模块和运营模块。其中作战模块完全由 HRBP 管理（部）和项目 HRBP 组成，负责项目责权管理、项目资源管理、项目人员评价/激励管理。除个别 HR 人员保证经营、日常运营外，大部分人员的精力投入作战，在与业务的联结中体现价值。公司设有多少标准项目，就有多少 BP（允许兼几个项目或项目群）。

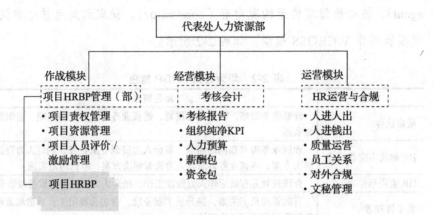

图 2-1　华为代表处 HR 标准的组织架构

项目 HRBP 在项目中承担着以下几种角色。

第一，关系管理者。包括：①建立项目组沟通机制，理顺项目组内外关键沟通关系，建立畅通的沟通渠道；建立项目组成员之间的沟通平台，加强交流与理解，认真处理好建议或投诉。②关注项目员工健康与安全，提前识别风险人群，持续跟踪；对紧急事件快速响应，组织制订应急方案，妥善处理。③项目组组织氛围建设，识别项目组组织氛围改进及提升机会，组织开展多样化的活动，敦促核心成员对项目组氛围的重视并投入建设，营造富有活力的项目组组织氛围。这种关系管理的角色，需要项目 HRBP 有相应的关系管理能力，找准核心的利益相关者。一般来说，售前项目为：PD（project director）、代表处 HRD、系统部长、代表处相关 BG 业务部长；售后的项目为：PD、代表处 HRD、系统部长、代表处相关 BG 业务部长、代表处交付副代表。

第二，流程运作者。包括：①理解 HR 政策与流程要求，熟悉并正确解读公司的 HR 政策流程，掌握公司 HR 政策流程的关键控制节点。②结合实际进行项目适配，结合项目流程有效地梳理与之匹配的人力资源政策，制定符合项目情况的落地措施。③身体力行保证流程落地，在项目人力资源解决方案制订及执行中，坚持公司的政策导向和流程要求，确保项目目标的达成。

第三，HR 解决方案集成者。包括：①理解项目目标。参与项目业务目标及计划的制订，识别项目人力资源管理的需求及关键业务场景。②制订 HR 方案。组织 COE、代表处 HRD 等制订与项目匹配的人力资源解决方案，确保项目目标的有效达成。③组织执行落地。组织项目经理及项目核心成员执行落地，衡量解决方案的有效性。

第四，合规环境建设者。包括：①了解并遵从公司合规管理要求。了解、学习公司关于合规运营的政策要求及平台支撑，提升技能，确保内部遵从。②做好外部沟通，合法用工。了解、研究当地劳工法规，遵从代表处的合规要求，确保项目相关人力资源政策及活动合规，防范用工风险。③协同应对，不断优化。在出现合规问题征兆或者发生合规问题时，及时与代表处及机关平台沟通，迅速采取行动，降低对项目的影响并维护公司形象。

表 2-3 为华为终端交付项目 HRBP 的职位描述，从中我们可以看出华为 HRBP 的角色定位。

**表 2-3　华为终端交付项目 HRBP 的职位描述**

| 职位描述 | • 制订并执行人才供应集成解决方案，含项目人力资源需求预测（项目人力预算）、内部人才获取、外部人才招聘、员工培训、资源分配与资源调配机制、资源释放机制、人力资源成本核算等<br>• 组织运作规则设计与执行，如会议制度、财务权签制度、差旅管理及费用报销制度、签证管理制度等<br>• 目标绩效管理与考评方案制订及执行，如核心成员个人业务承诺计划（personal business commitment，PBC）制订及签署、考核关系树建立、绩效考评赋能、组织半年度/年度 PBC 考核等<br>• 即时激励方案设计与执行（项目奖），如项目里程碑奖、项目冲刺奖、优秀团队奖、优秀员工奖等<br>• 薪酬管理，结合项目组需求设计调薪方案，组织年度/半年度及特殊调薪<br>• 学习发展与员工关系管理，如宣传任职资格标准及 HR 政策、组织专场任职资格答辩、合同续签/终止管理、提拔晋升、人岗匹配、员工投诉处理、重大事项保障等；考勤管理、行政后勤支撑、组织筹备项目组大会，积极宣传项目组先进事迹 |
| --- | --- |

（续）

| | |
|---|---|
| 职位要求 | • 本科及以上学历，人力资源、通信类、管理类等相关专业<br>• 三年及以上工作经验，有人力资源（招聘调配、薪酬管理、学习发展、绩效管理、员工关系）工作经验或项目管理、团队管理等人员管理相关经验者优先<br>• 有较强的人际沟通能力、组织协调能力和工作推动力<br>• 能以英语为工作语言<br>• 能够适应频繁海外出差或常驻海外工作 |
| 其他说明 | • 岗位定位：项目 HRBP 是项目组的"指导员"、项目经理的"左膀右臂"，是项目核心团队成员之一<br>• 管理规模大：项目规模一般超过 400 人，部分项目达到 1 000 人，规模相当于一个大中型代表处，是机遇也是挑战管理高难度<br>• 项目人员类型：含中方外派、本地招聘、全球资源中心支持、租赁、外包 |

• 名企实践 •

## ABB 公司的 HRBP 角色

ABB 公司是一家全球电气产品、机器人及运动控制、工业自动化和电网领域的技术领导企业，它致力于帮助电力、工业、交通和基础设施等行业客户提高业绩。已有超过 125 年历史的 ABB 集团总部位于瑞士苏黎世，在苏黎世、斯德哥尔摩和纽约证券交易所上市交易。ABB 集团业务遍布全球 100 多个国家和地区，雇员达 13.2 万名。ABB 在中国有研发、制造、销售和工程服务等全方位的业务活动，40 家本地企业，1.7 万名员工遍布于 139 个城市，线上和线下渠道覆盖全国 300 多个城市。[⊖]ABB 公司 HRBP 的角色定位如图 2-2 所示，包括四个具体角色。

### 2.1.3 HRBP 的不同类型

虽然 HRBP 必须从业务合作伙伴的需求出发来理解业务并发挥自身专业功能，但是，实践中不同企业的 HRBP 的功能导向、管理作用还是有区别的。因此，根据 HRBP 的重心职责，我们可以将其分为以"事"为逻辑、强调对经营需求快速响应和支撑的业务型 HRBP，以"人与组织"为

---

⊖ 资料来源：ABB 公司官网 http://new.abb.com/cn/about/abb-in-china。

逻辑、强调团队凝聚力建设的文化型 HRBP（丛龙峰，王金杰，2013）。<sup>⊖</sup>

| 战略伙伴 | 运作管理者 |
| --- | --- |
| ・根据业务变化调整HR战略<br>・发展未来领导者<br>・识别关键HR指标库<br>・识别新的业务战略<br>・先于业务发现人才发展问题<br>・制定HR需求的优先级<br>・根据战略目标重新调整架构<br>・理解业务对人才的需求 | ・评估员工的意见<br>・与员工沟通组织文化<br>・与员工沟通政策和流程<br>・确保HR政策与公司文化保持一致<br>・保持业务人员时刻了解HR的动态<br>・跟踪员工的行为变化趋势 |
| 紧急事件响应者 | 员工调停者 |
| ・制订不同场景的不同解决方案<br>・快速处理抱怨、投诉<br>・快速解答业务管理者的疑问<br>・响应员工的需求<br>・响应管理者的需求 | ・处理组织中的员工矛盾<br>・处理员工之间的冲突<br>・处理管理者之间的矛盾<br>・响应组织的变革<br>・解决执行业务计划时的政策问题 |

图 2-2　ABB 公司的 HRBP 的角色定位

### 1. 业务型 HRBP

业务型 HRBP 把对业务现场的需求放在首位，以人才供应链的思维及时满足业务部门的用人需求。HRBP 通过提供咨询和支持帮助执行业务战略；使用业务知识在业务单元层面推广人力资源方案；关注团队人才梯队建设，包括高潜力员工的识别和发展、核心员工的保留等，对专业领域如人才管理、人力规划、变革管理等提供支持等。

强调配置业务型 HRBP，其业务单元可能处于高速成长的行业或者是业务发展迅猛的公司。业务线负责人可能因为业绩出色而被提拔，却缺少人员管理的能力。业务线负责人关心的是业绩指标、销售和利润、经营方向。因而 HRBP 需要从人的角度，具有前瞻性地看业务的问题和趋势，及早地与业务部门负责人进行沟通，完成支持业务发展的各种

---

⊖ 丛龙峰，王金杰 . 人力资源业务合作伙伴的四种典型模式［J］. 中国人资源开发，2013，17：34-38，43.

人力资源政策设计，例如是否提前储备人才、团队人员能力的提升等。因此，业务型 HRBP 必须对业务及业务战略有更深的理解，为业务经理提供咨询、建议、工具、方法等，培养他，并帮助他做正确的决定。正因为此，业界也有观点认为，BP 也可以称作 PB（part of business）。对于业务型 HRBP 而言，需要注意的是不能过分偏向于业务部门，忽略了整个公司的大局和政策、流程的一致性与公平性。

### 2. 文化型 HRBP

与业务型 HRBP 的人才供应链思维相对的是，文化型 HRBP 最重要的思维是团队思维，即通过文化管理使各业务单元的所有人成为一个整体，进而使整个公司成为一个整体。这和中国人强调团队文化的本土情景是有关的。通常这种公司特别强调公司文化的建设和执行，通过公司文化使得整个企业形成内部凝聚力和行为规范化，因此 HRBP 最重要的角色就是保障公司文化在各个下属业务现场的落地，做好业务现场的沟通并及时向上反馈。HRBP 需要深入了解并评估员工的工作态度，跟踪员工在工作行为上的变化趋势，保证人力资源部门发起的各个项目都与组织文化保持一致。

• 名企实践 •

### 典型的文化型 HRBP：阿里巴巴政委的角色

"政委体系"的创意来源于马云。2005 年《历史的天空》和《亮剑》，引起了马云的极大兴趣。2011 年年底，阿里集团的 HR 部门被扁平化，分公司不再有 HR 职能部门，只保留 HRG（HR generalist，HR 多面手）。HR 都深入一线转型做政委了，即外部所说的 HRBP，实质是公司派驻到各业务线的人力资源管理者和价值观管理者，与业务经理一起做好所在团队的组织管理、员工发展、人才培养等工作。设立政委的初衷是保证企业长远发展、避免业务经理基于短期业绩压力（季度、年度目标）采取短期的做法，还要看业务部门一两年以后的潜力以及文化传承和干部培养的整体性问题。阿里巴巴政委（简称政委）体系强调向军队学管理，认为人是资本而不是成本。

阿里巴巴政委体系包括小政委和大政委：小政委分布在具体的城市区域，与区域经理搭档；大政委直接与事业部总经理搭档，独立于运营管理体系。政委的使命是，通过卓有成效的人力资源工作创建健康、简明的组织氛围，打造丰富、优秀的人才梯队，从而为阿里巴巴达成使命做出贡献。政委在价值观传播、团队建设、干部选拔和培养、激励等层面起到了二把手的作用，是区域／部门的大管家、数据分析家，敢于对业务经理说不。政委的核心目标是懂业务，提效能，促人才，推文化。其角色包括：①业务部门的合作伙伴，招聘；新人存活；薪酬福利；成为区域经理的最佳搭档；员工异动管理。②人力资源的开发和增值，培训与成长；绩效管理；干部梯队建设；主管的辅导和推动。③公司与员工之间的"同心结"和桥梁，员工关系管理。④文化的倡导者、贯彻者和诠释者，员工沟通；公司制度的宣导；墙面文化；高管沟通信息传递；案例收集、学习、分享；典型员工、典型事件的树立与包装；以身作则；团建活动融入文化、精神；推手作用。总结如图 2-3 所示。

阿里巴巴政委就是典型的文化型 HRBP。阿里巴巴当前的价值观被阿里巴巴人称为"六脉神剑"：客户第一、团队合作、拥抱变化、诚信、激情、敬业。价值观在阿里巴巴人才管理中得到了充分的体现。

（1）在选人过程中，强调招聘具有共同价值观的人才，公司通过问卷、情景面试等方式确认候选人的价值观与阿里巴巴是否相符。

（2）在育人过程中，进行价值观培训，以避免文化的稀释。在入职 1 ~ 3 个月的师傅带徒弟和 HR 关怀期里，师傅的言传身教，再加上 HR 对新员工的特殊关怀，帮助他们熟悉并融入公司的价值观和企业文化；入职 6 ~ 12 个月可以选择回炉接受再培训，对认同公司价值观但能力不足的员工给予机会再培养。

| 一、业务部门的合作伙伴 | 二、人力资源的开发与增值 |
|---|---|
| 1. 招聘 | 1. 培训与成长 |
| 2. 新人存活 | 2. 绩效管理 |
| 3. 薪酬福利 | 3. 干部梯队建设 |
| 4. 成为区域经理的最佳搭档 | 4. 主管的辅导和推动 |
| 5. 员工异动管理 | |
| 三、公司与员工之间的"同心结"和桥梁 | 四、文化的倡导者 / 贯彻着 / 诠释者 |
| 员工关系管理 | 1. 员工沟通 |
| | 2. 公司制度的宣导 |
| | 3. 墙面文化 |
| | 4. 高管沟通信息传递 |
| | 5. 案例收集、学习、分享 |
| | 6. 典型员工、典型事件的树立与包装 |
| | 7. 以身作则 |
| | 8. 团建活动融入文化、精神 |
| | 9. 推手作用（业务主管、经理多讲）|

图 2-3　阿里巴巴政委的人力资源角色

（3）从用人上，将价值观纳入绩效考核体系。绩效考核中业绩占 50%，价值观占 50%，价值观考核不合格，则绩效考核不合格；针对每条价值观，通过 5 条指标将其分解为具体的行为和精神层面的要求，同时也突出业绩导向；根据不同岗位，6 大价值观每个都有 5 个表现形式，每个形式 1 分，从最低的开始，通关制打分（如果第一条没有通过，第二条、第三条做到也无济于事），5 分制打分（绩效等级按 2-7-1 强制）；为了保证打分的公平性，主管给予员工价值观考核成绩在 3 分以上或 0.5 分以下的，都需要用实际案例来说明。

（4）从留人上，价值观是公司进行人才激励和保留的关键因素之一：认同公司价值观并且业绩优异的员工，给予及时激励和不断提拔；不认同公司价值观并且动摇公司核心价值观的员工必须走人。

随着业务发展、人员膨胀，公司价值观必然被稀释，要靠政委体系来弥补。公司政委是从一线团队中派出的既懂业务又代表公司政策且担负价值观宣导职责的人力资源专员。虽然政委也要理解和支持业务，但政委更重要的职能偏向于公司文化传承，确保业务线的做法符合公司道德和价值观。推动公司核心价值观和文化的传承，是政委的主要职责之一。将这种价值观管理落实到具体的绩效考核中，也是政委工作的重点之一。政委在价值观管理中的主要工作包括：每周参加对应业务部门的例会或阅读周报，以跟进了解业务部门的工作，不定期与员工沟通，了解员工的思想动态；每季度都参加所负责部门的考核沟通会，与被考核员工、直接上级三方一起讨论并最终评定被考核员工的业绩。在每个季度的全员考核中，价值观打分将占到总分值的50%，与薪酬调整、职位晋升等直接挂钩，而政委的日常任务就是观察员工的状态如何，团队沟通是否到位，并在价值观考核中确保评判标准、打分情况的公正客观。

阿里巴巴政委在所有的业务部门都是二把手，被赋予相当大的权力，在某些文化、团队发展方面的决策上具有否决权。按照马云的说法，就是各个业务部门的 2 号人物，在文化建设和组织保证方面具有很大的话语权和决策权。准确地说，各个业务部门的个性化运作方式，就是由各自的 1 号人物与政委一起决定的。政委是业务部门的合作伙伴，使命就是保证道德大方向、传承价值观、建设好负责的队伍。对于所有大的业务决策，业务经理都会事先与 HR 政委沟通，征求政委的意见。阿里公司内部有一条不成文的规矩，就是想要晋升必须当过政委，想要承担更大的责任必须在 HR 体系里稳定工作一段时间并且取得成绩。这些背景政策确保了 HRBP 在公司的地位、受认可度及工作态度。

## 2.2　HRBP 角色实现的三步曲

作为企业派驻到各个业务部门或事业部的人力资源管理者，HRBP 的主要工作内容是负责公司的人力资源管理政策体系、制度规范在各业务单元的推行落实，协助业务单元完善人力资源管理工作（如绩效提升、员工发展、人才发掘、能力培养等），并帮助培养和发展业务单元各级干部的人力资源管理能力。如何有效实现 HRBP 的角色，是每家 HR 三支柱转型企业面临的最重要问题。真正发挥和实现 HRBP 的重要作用，需要切实针对业务部门的特殊战略要求，提供独特的人力资源解决方案，将人力资源管理的价值真正内嵌到各业务单元的价值模块中。

通过企业实践案例的调研和分析，我们提出了具有相互循环促进作用的 HRBP 角色实现的三步曲，如图 2-4 所示。

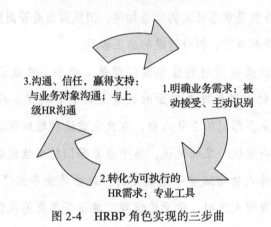

图 2-4　HRBP 角色实现的三步曲

### 2.2.1　明确 HRBP 面临的业务需求

人力资源部门需要像业务部门一样运作，明确自己的客户和需求。HRBP 的运作要服务于客户需求。HRBP 的角色定位要求人力资源管理者必须了解业务部门的需求，针对这些需求给出可选择的和专业的 HR 解决方案。HRBP 与业务部门接触得最密切，其实是业务部门的一个窗口，如果员工有什么需求，希望他第一时间会想到的是 HRBP。即使 HRBP 不一定能直接把员工的需求解决掉，也可以引导员工找到相关负责人去完成。

### 1. 业务现场的四类需求

HRBP 所做的工作是和客户合作，从业务战略和业务目标出发，一起定义业务单位三个层面需求并紧密围绕这四种需求开展工作（见图 2-5）。<sup></sup>

（1）绩效需求。按照上级组织的要求，通常每个业务单元都承担着不同的绩效目标，这就构成了业务现场的绩效需求，也是业务现场的最高需求。绩效

图 2-5　业务现场的四类需求

需求通常是可以量化衡量的，是某个整体，例如团队、部门、分支机构甚至整个公司的需求，能够清楚地指明业务运营的重点。例如，增加市场份额，提高盈利能力，减少生产浪费，降低运营成本，提高工厂安全性，提高客户满意度等。

（2）行为需求。满足业务部门绩效需求的关键是识别出哪个员工群体应当具备哪些具体的行为。因此，从业务现场的绩效需求派生出行为需求，是指员工应当履行哪些岗位职责或者应当表现出哪些行为 / 行动，必须在哪些方面做得更多、更好，才能成功地实现业务需求。行为需求针对一个或多个具体的员工群体。所谓员工群体，是指那些工作内容、角色相同，为实现某一绩效需求直接做贡献的群体，如客户代表、客服代表、工厂经理等。

（3）工作环境需求和能力需求。要想让员工群体表现出某种特定的行为，就要对组织的工作环境和员工的能力提出相应的要求，这构成了业务现场的新需求。工作环境需求是指构成员工生存的组织基础性架构，由组织中的工作程序、信息的传递过程、报酬与认可体系以及目标预期

⊖　Robinson D G,Robinson J C. Strategic Business Partner: Aligning People Strategies with Business Goals［M］.San Francisco: Berrett-Koehler Publishers, 2005:109.

体系构成。能力需求是指员工有效地开展工作时所必需的能力和知识。

业务现场的这四种需求在一定程度上构成了因果关系链。组织的发展对业务部门的绩效表现提出的要求构成了现场的绩效需求，而绩效需求的实现需要员工群体表现出特定的行为。只有员工具有符合要求的能力并在合适的工作环境中，才更有助于表现出组织所需要的行为。

2. HRBP 如何了解真实的业务需求

人力资源管理的根本职责一定是与"人"相关的。深入理解业务部门对人才和人力资源管理的真实需求，能够帮助业务部门解决在人员方面的问题，这是 HRBP 最关键工作的内容。优秀的 HRBP 人员，要努力掌握足够的业务流程方面的知识，通过和业务部门的密切沟通，真正理解业务部门对员工的要求，帮助业务部门解决因人才制约而影响业务发展的问题。此外，HRBP 人员还要通过越来越熟练的专业技巧，提前发现可能会影响业务的人才问题，避免人才流失的各种风险。这样可以让业务部门直观地看到 HRBP 的价值，对人力资源部门产生信赖感，遇到事情时会主动寻求人力资源部门的帮助。

（1）走进业务部门，与业务现场建立联系，了解并理解业务。作为业务伙伴，HRBP 要实现对业务部门的价值贡献，理解业务是最重要的前提。如果 HRBP 不懂业务，不知道业务部门在想什么、想做什么、痛苦是什么，不了解业务部门的需求，HRBP 就会做很多隔靴搔痒的事情。这要求 HRBP 必须熟悉业务部门的运作过程，例如，对于销售类业务，需要了解谁是业务部门的客户，他们需要业务部门提供什么样的产品和服务，为什么他们需要业务部门的产品和服务，我们的产品、服务和竞争对手的差异，从产品生产到拿到业务订单再到收款的全过程是怎样的，要维持或提高这个生意的挑战在哪里。充分了解这些有助于人力资源工作紧密地和业务现场相联系，把业务发展需求转换成清晰和具体的人力资源需求，同时能够清楚地描述应该实施哪些人力资源管理行为来满足这个需求。

这就需要 HRBP 有一种永远和业务紧密结合的意识，并且运用良好的沟通能力和影响能力，主动和业务部门沟通，主动了解业务模式、盈利、产品、市场定位等业务知识。事实上，所有的业务知识都应该来源于 HRBP 和业务部门的主动接触，而不是被动地接受这些信息。成为业务部门的合作伙伴，就要求 HRBP 走进业务部门，理解公司的业务，特别是公司的价值创造链条和价值创造体系，明确如何开展人力资源管理工作才能对整个公司的业务起到直接贡献作用。

第一，要增加和业务部门的接触。HRBP 要积极主动地融入业务部门的工作中。HRBP 在公司里面，需要更多的时间和业务经理一起参与各种业务会议，甚至去参加一些约见客户的会议。不能坐在办公室里纸上谈兵！这是新型 HR 的基本工作模式。HRBP 要放低姿态，虚心向业务部门一线员工学习，了解公司的产品、服务知识，公司经营的价值链，以及一线员工的工作方式、流程、难点，尤其需要通过直接参与生产、经营活动来亲身体会和学习。

可以从三个方面入手：①增加接触面，即通过多样化的渠道和方法去接触和了解业务，包括正式的工作接触（如部门例会、经营研讨会、协调会、经验交流会等）和非正式的沟通手段（如聚餐、踏青、运动、旅游等）了解业务和部门文化，融入业务团队并建立关系。②增加接触的频度，保持接触的紧密性。③增加接触的深度，通过增加接触面和频度，增加对业务的深入了解和认识，比如和业务人员一起跑市场见客户、深入业务现场了解业务的工作方式和流程等。例如，在阿里巴巴，政委参与全部业务会议是硬性要求。政委对业务的理解不是天生的，由于政委本身对业务的熟悉，在业务会议中也能提出专业的问题，并且能够同时了解多个业务，从更高、更全面的视角把不同的业务逻辑串联起来。阿里巴巴政委除了参与业务会议之外，他们还会陪着一线的员工，比如跟着一线的销售人员，直接到市场周边去陪访，去拎包。这样政委可以直接接触员工的工作场景，触碰到团队的温度，看到市场真正存在的问题，听到客户真实的声音。这是政委了解业务的一个非常重要的手段。同样，腾讯 HR 说，他们为了深入了解业务，每天的饭局都是满满的，主动去与不同业务线的员工深入地聊，因为互联网变化太快了，必须主动掌握他们最新的产品动向、最新的业务发展，同时建立强互动关系。在实践中，有一种观点认为，业务重要会议的参与度与 HRBP 在部门中的重要程度呈正相关关系。从前期主动去参加，到后期被业务团队邀请参加各种活动，说明 HRBP 已经成了业务团队的成员。

第二，要加强沟通，主动为业务部门员工解决疑惑和困难。HRBP通过加强沟通，了解业务部门员工在人力资源、个人成长甚至家庭生活方面遇到的疑惑和困难，并主动帮助解决，努力成为业务部门员工称职的"小伙伴"，让他们从内心真正接纳并乐于配合其工作。例如，阿里巴巴的政委有 50% ～ 60% 的时间在做员工的访谈，必要时做家访，是阿里巴巴政委的职责。随时找员工做访谈，从家庭动态到业务动态，在工作中遇到困难没、要买房子吗、孩子要读小学还是幼儿园、是否需要支持、与团队中的其他人配合如何……全方位立体化的需求都需要了解，必要时也需要给出解决方案或者是支持。一位 B2B 的大政委对手下小政委的要求就是，随便从其负责的上百人团队中抽取一个同事，他有什么困难以及处于什么样的心理状态，小政委必须都有所了解。

第三，为业务部门管理层提供各类实用的人力资源管理工具。这样可以方便他们开展工作，帮助其提高工作效率，逐步取得业务部门管理层的信任，从而逐步介入部门管理、人事安排、经营决策等战略性工作，真正成为业务部门的合作伙伴。例如，阿里巴巴政委会开设并组织管理者的一些论坛，逐渐植入招聘、培训、绩效等人力资源专业的工作，从而贴近管理层的需求。

第四，主动收集关于业务的内外部信息。HRBP 可以通过会议、行业报告、财务报表、产品说明、业务推广活动等多种渠道了解业务部门的工作。通过会议、报告、报表等方式掌握业务发展状况、市场形势、管理状况等方面的信息，并认真学习和研究，从中发现规律，找出问题，并提出自己的建议。

HRBP 需要通过各种途径获得和客户"见面"的机会，具体如表 2-4 所示。

表 2-4　和客户建立联系的行动<sup>⊖</sup>

| 与接触少或没有接触机会的客户建立联系可能采取的行动 | 与长期客户的合作关系由策略型向战略型转变的行动建议 |
| --- | --- |
| • 主动和客户约定时间，讨论其业务目标和面临的业务挑战<br>• 收集期刊上对客户业务有重要影响的信息，并传递给客户<br>• 主动向客户提出 HRBP 想深入了解业务的愿望，并请教客户如何能够增加自己的业务知识。如果能让客户成为自己的教练就更好<br>• 主动加入对客户很重要和受到普遍关注的项目与团队中<br>• 在与客户开会时，能够提出一些启发大家思考和讨论的问题<br>• 通过自己与其他经理现有的关系，与新客户建立联系 | • 关注可能对客户所在部门产生影响、各种来源的相关信息，并反馈给客户，还可以就信息可能产生的影响与客户进行探讨<br>• 积极旁听客户的内部会议，以更深入地了解业务内涵，并在会议中提出有启发性的问题拓展大家的思路<br>• 在遇到危机时为客户提供指导<br>• 把与客户讨论的话题集中在要达成的业务结果上，帮助客户改掉"只关注解决方案"、关注执行层面的习惯<br>• 就自己参加的项目或业务情景提出有帮助的建议 |

（2）被动接受与重构需求，识别合作机会。HRBP 常常面临着客户主动提出的需求，例如，"我需要进行部门重组，你能帮我想出一种新的组织结构吗""我有两个团队总是吵架，我想让他们参加团队建设一类的培训""有什么培训计划能提升我们采购团队的谈判能力呢""销售代表不关心我们新产品的销售情况，我们就调整销售激励计划召开专题讨论会吧""公司优秀人员经常跳槽，我们什么时候组织对他们开展一

⊖　Robinson D G, Robinson J C. Strategic Business Partner: Aligning People Strategies with Business Goals [M] .San Francisco: Berrett-Koehler Publishers, 2005:56-57.

场职业生涯培训"这些需求都是在谈解决方案，或者说客户已经确定了解决方案，只是请 HRBP 帮助执行。HRBP 必须区分解决方案与客户预期目标之间的差异：可能他们提供的这个解决方案的执行，并不能达到客户预期的结果。通过分析并确定客户的真实需求和期望结果，HRBP可以找到潜在的合作机会。此时，HRBP 需要进行战略性的思考和行动，重构业务需求，整合其绩效需求、行为需求和人力资源举措，改变这种现象。

重构需求，就是把客户关注点和讨论重点从原来以解决方案为重心转移到以了解期望结果为重心的过程。重构需求的目的在于用不同角度看待问题，重点不是关注客户提供的某个解决方案，而是关注客户实际追求的结果。重构需求的重要性在于，找到目前不知道但必须得到的信息，保证所提供的解决方案能够获得客户所期望的结果。比如，"我有两个团队总是吵架，我想让他们参加团队建设一类的培训。"客户提出了一个解决方案——团队建设培训，但要明确客户的最终目的不是培训本身，而是化解团队之间的矛盾。因此，在重构需求的讨论中，HRBP关注的不是客户已经提供的某个具体解决方案（如上述"团队建设培训"），而是客户最终要实现的结果（如上述"化解团队矛盾"）。HRBP可以通过巧妙的提问，挖掘为客户实现最终结果的更多信息和更有利的解决方案。

客户提出的方案通常把 HRBP 置于需求层次模型的中央部分，即提出有关工作环境需求或能力需求。HRBP 对客户需求进行重构时，需要从图的中心向外拓展，把最里面的要求（工作环境和能力需求）逐渐向外转移到外面的需求（行为和绩效需求），了解其背后蕴含的行为需求和绩

图 2-6　需求重构时讨论的方向

效需求，如图 2-6 所示。这样 HRBP 就可以从更高的需求来审视客户
提出的方案能否真正解决客户的根本问题。

重构需求的好处是可以对客户期望进行更好的管理，确定 HRBP 面
临的任务是战略性需求还是战术性需求，为客户期望的结果给予更好的
支持。通过重构需求还可以实现以下三个目的：①确定这种需求是否存
在战略性机遇；②如果存在，那么为了和客户达成战略性机遇上的共识，
并且寻求新的解决方案，确定还需要获得哪些信息；③如果这种需求只
存在策略性机遇，就与客户确定要执行解决方案所需要采取的行动。

战略性机遇带来战略性工作，会与企业的一种或者多种业务需求
紧密相连，并能推动组织的改善和发展。判断是否是战略性机遇的五
个标准如下所述。[○]

- 该项目必须与一种业务需求或者多种业务需求直接相关。
- 客户关注的是员工群体，而不是某个人。
- HRBP 必须能够直接联系有该业务需求的客户。
- 客户愿意与 HRBP 共同分担相关责任，达到绩效需求。
- 客户能在时间等资源上给 HRBP 提供帮助，以帮助 HRBP 进行
  决策或选择执行某个解决方案。

HRBP 有时候会面临着这样的处境：当你听到有绩效需求（即标准 1）
和行为需求（即标准 2）时，客户已经决定要采取某个解决方案了，
HRBP 根本没有时间获得其他信息。这种情况下，HRBP 虽然能以战术
的视角推进项目，尽最大努力确保项目的实施，但是错失了战略性的
机遇。

（3）主动识别合作机会。重构需求总体上还是一种被动的、存在着

---

○ Robinson D G,Robinson J C. Strategic Business Partner: Aligning People Strategies
with Business Goals［M］.San Francisco: Berrett-Koehler Publishers, 2005: 111-112.

明显的缺陷的行为方式。例如，客户在提出需求后，可能没有足够的时间和精力来完成重构过程。因此，HRBP 必须学会利用主动出击的方式寻求战略性机遇，主动就绩效需求及相关的行为需求与客户进行讨论，从而深化对业务的了解，并且寻找为客户业务需求提供支持的机会。主动识别合作机会可以帮助 HRBP 更早地参与项目早期的决策过程。

主动出击法，不是向客户宣传某种解决方案或行动，而是通过与客户主动讨论业务需求和面临的挑战，发现那些用其他办法挖掘不到的需求。这要求 HRBP 主动寻找解决方案，从根本上解决业务现场遇到的 HR 问题。HRBP 做出来的不是一个具体的流程而是解决方案。例如，人员流失率比较大，这个是薪酬架构的问题，还是组织氛围的问题，或者是岗位设置问题。到底问题出在哪了？HRBP 要找到问题的核心点，然后去考虑一个综合的解决方案而不是仅仅加点工资让员工不走就可以了。

主动识别合作机会的开展路径一般是，从业务现场的绩效需求，到行为需求，然后是工作环境和能力需求，如图 2-7 所示。这就要求 HRBP 站在更高的角度，从业务现场的绩效出发，依据绩效的痛点，把绩效需求转化为可执行的 HR 需求。即所谓"从外部往内部看"的 HR 视角——做 HR 一定要知道你公司的商业模型是怎样的，首先要问的问题就是"公司怎么赚钱"，从哪些途径可以提高公司赚钱的能力，在这些途径中 HR 能起到什么样的具体作用，避免业务现场的短视眼光，善于从长远的角度看待 HRM。例如，某跨国公司中国工厂，经过几年运营后进入快速发展阶段。HRBP 通过和技术部总监的交流，了解到掌握钻探技术的工程师比较稀缺。HRBP 随即学

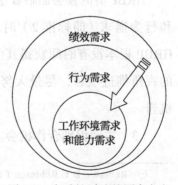

图 2-7 主动性讨论的顺序方向

习了大量行业基本知识，预计国内在这方面的高端技术人才未来几年都会比较紧缺。与此同时，发达国家钻探产品市场早已进入成熟阶段。在进行人力资源规划时，HRBP 设计了未来三年的人才发展计划、雇主品牌宣传计划、亚洲区人才交流计划，吸引集团内部的工程师和来自海外的实习学生。除了提供详尽的职位描述和工厂的情况外，HRBP 还精心制作了工厂所在地的宣传短片。在吸引人才计划实施的第一年，一位来自比利时的学生在实习期结束后，被工厂的发展前景以及良好的文化氛围所吸引，成为该工厂的一名工程师。

因此，主动识别合作机会，对 HRBP 了解业务部门的要求更高。HRBP 除了必须了解业务运营的基本逻辑和价值链之外，还需要提前掌握一些基础数据，这些数据包括业务数据（指标及完成情况等）以及人员数据（数量、质量、结构等）。在和业务部门沟通的时候，HRBP 需站在对方角度去思考问题，用业务的语言与业务对话。HRBP 最需要关注的是业务部门的业绩是否能达成！从这点切入，下手快狠准，抓要害，找痛点，并且分析解决这些要害、痛点中涉及什么方面的要素，HRBP 如何帮助解决这些问题。

Robinson 等人[⊖]提供了 HRBP 在了解公司业务时进行主动性讨论的准备清单，包括以下几个方面。

- 客户所在部门的组织结构图。
- 客户所在部门的业务规划。
- 客户管辖范围内的员工信息。
- 客户业务单元或部门产品和服务的信息。
- 客户业务所服务的内外部客户信息。
- 与客户构成直接竞争关系的组织信息。

---

⊖　Robinson D G,Robinson J C. Strategic Business Partner: Aligning People Strategies with Business Goals［M］.San Francisco: Berrett-Koehler Publishers, 2005:144.

- 用于衡量组织业务运营的考核体系，包括指标本身、现状和目标水平。
- 其他相关信息，如近期业务部门员工的聘用与晋升、关键岗位替换等。

HRBP 只有储备足量的行业知识、业务知识，深入了解业务部门，才能快速拿出可执行的解决方案。

---

· 名企实践 ·

## 阿里巴巴政委成为区域经理的最佳搭档

阿里巴巴公司的小政委和区域经理是搭档、互补的关系。小政委要了解业务，从个人的角度给业务经理提供 HR 支持，同时还要有自己的独立性，在原则性的问题上绝对不让步。阿里巴巴对政委要求的三板斧：①感知，就是了解员工的需求、团队的士气、组织的氛围等；②诊断，就是在业务环节中间，业务人员对业务的判断是否正确，业务进行中间是否发生了什么问题等，需要政委的专业判断；③推动，就是在更广的视野、更高的位置上思考和解决问题，和公司管理层配合，提前做好准备，推动 HR 实施解决业务问题。表 2-5 总结了小政委和区域经理的搭档关系。

表 2-5　小政委和区域经理的搭档关系

| 类型 | 关键点 | 操作指导 |
|---|---|---|
| 与经理配合的几个要点 | 小政委如何与经理更好地配合 | 1. 彼此了解，充分沟通并一起推动激励体系和相关政策的执行<br>2. 学会倾听一线对区域及管理者的反馈<br>3. 对对方的工作给予肯定和认可<br>4. 树立威信，彼此之间要给对方树立威信 |
| | 经理与小政委之间的角色定位 | 1. 是彼此的镜子<br>2. 充分信任，无话不说<br>3. 方向、立场一致 |

（续）

| 类型 | 关键点 | 操作指导 |
|---|---|---|
| 沟通交流 | 日常沟通 | 1. 和区域经理沟通，明确工作重点和两人的分工<br>2. 非工作时间的交流，要多和区域经理、主管沟通，了解他们想要的是什么，思考如何配合<br>3. 私下交流，增进了解，帮助建立信任感<br>4. 遇到沟通障碍，及时求助于大政委、资深 HR |
| 善于利用资源 | 后台资源 | 1. 行政资源：活动、墙报等<br>2. 协调资源：数据、短信、区域活动的协调活动 |
| | 大政委 | 有问题随时和大政委保持沟通 |

### 2.2.2　把业务需求转化为可执行的 HR 方案

无论是被动接受、重构需求，还是主动识别合作机会，HRBP 在准确了解业务的需求之后，就需要从战略的高度和 HR 的视角，把业务需求转化为可执行的 HR 需求。HRBP 要成为每个业务部门经理的招人、用人和管人的技术大脑。做有价值的 HR 工作，主要体现在六个方面。

- 在业务部门招人时要与业务经理商讨业务的实际需求，提供选人的建议，懂得分析真材实料与过度包装的应聘者的简历。
- 帮助业务经理合理使用人才，发挥员工最大优势，合理配置人手。
- 充当"坏人"。帮助业务经理裁人，找员工谈话，识别出势利虚伪之人。
- 在员工做得好的时候要及时告诉业务经理表扬员工、加薪和给予认可。
- 帮助业务部门与其他部门实现跨部门沟通，如财务部、生产部等。
- 适当、适时、适量地培训业务经理的领导力，教会他们如何有效合理地管理下属。

这就需要 HRBP 掌握更多的专业知识、能力和工具。因此，手里有足够的分析工具，运用专业的能力和知识，把业务现场的需求和 HR

方案连接起来，这是 HRBP 必备的。我们在这里提供以下几种常见的分析工具<sup>⊖</sup>。

### 1. IBM 的业务领先模型

"业务领先模型"（business leadership model，BLM）是 IBM 在总结自身多年经营管理经验的基础上，形成的战略制定及执行的模式和方法论。它从市场分析、战略意图、创新关注、业务设计、关键任务、组织体系、人才、氛围与文化以及领导力与价值观等方面帮助管理层在企业战略制定与执行的过程中进行系统的思考、务实的分析、有效的资源调配及执行跟踪。BLM 已经成为 IBM 从公司层面到各个业务部门共同使用的统一的战略规划方法。后来，华为公司率先在国内引入并实施了 BLM 模型。

BLM 工具系统考虑战略制定后要通过组织、人才、氛围来支撑战略的成功落地实施。人力资源工作产生效果需要时间，需要有前瞻性地考虑业务战略对人力资源管理的需求，主动和业务需求对接，主动思考如何保证战略有效实施。通过 BLM 工具，让公司思考：要保证战略执行，组织能否有效匹配战略，人才的数量和质量是否匹配战略需求，文化和氛围方面是否支撑战略，激励能否有效促进战略的实施。

具体而言，BLM 认为企业战略的制定和执行包含 8 个相互影响、相互作用的方面：战略意图、市场洞察、创新焦点、业务设计、关键任务、氛围与文化、人才及正式组织等，各要素的关系如图 2-8 所示。通过 BLM 模型，把公司的战略制定（表 2-6）与执行（表 2-7）连接起来，更重要的是可以从人力资源管理的角度来执行公司战略。

（1）战略的制定。从业绩差距和机会差距出发确定"我们在哪里"。

---

⊖ 出于篇幅的考虑，我们仅仅是简要介绍，有兴趣的读者可以根据参考文献专门研究这些分析工具。

组织的战略是由不满意激发出来的，而不满意是对现状和期望之间差距的一种感知。这种差距表现在：第一，业绩差距，即现有经营结果和期望绩效之间的差距；第二，机会差距，即现有经营结果和新的业务设计所能带来的经营结果之间差距的量化评估。一般认为，业绩差距可以通过高效的执行来填补，并不需要改变业务设计。但是，填补一个机会差距需要有新的业务设计。

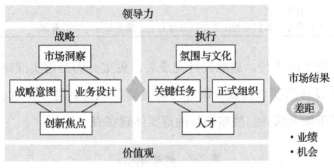

图 2-8　BLM 的原理图

公司通过分析明确未来 3 ～ 5 年的业务发展中存在的业绩差距，特别是存在哪些市场机会（机会差距），确定哪些是最关键的差距，并挖掘形成差距的主要原因。

（2）战略的设计。战略的设计可以通过以下几个方面来体现，如表 2-6 所示。

表 2-6　战略的设计

| 要素 | 内容解释 |
| --- | --- |
| 战略意图 | • 组织结构的方向和最终目标，与公司的战略重点相一致。可以从愿景、战略目标和近期目标三个方面考量设计<br>• 思考：这个业务设计是否提升了公司的战略重点 |
| 市场洞察力 | • 了解客户需求、竞争者的动向、技术的发展和市场经济状况以找到机遇和风险，目标是：解释市场上正在发生什么以及这些改变对公司来说意味着什么<br>• 思考：这个业务设计所依据的客户角度和经济上的假设是什么？这些假设还成立吗？什么可能使它们改变？客户最优先考虑的是什么？它们又是怎样改变的？正在发生的技术转变是什么？它们对公司的影响是什么？是什么将你和竞争对手的业务设计区分开来的 |

（续）

| 要素 | 内容解释 |
| --- | --- |
| 创新焦点 | • 进行与市场同步的探索和试验。从广泛的资源中过滤想法，通过试点和深入市场的试验探索新想法，谨慎地进行投资和处理资源，以应对行业的变化。可以从未来业务组合、创新模式、资源利用三个角度考量设计<br>• 思考：新的业务设计能否抓住新的价值来源？这种价值来源是可持续的吗？客户优先权的变化对你的业务设计会有怎样的影响？有什么可替代的设计可以满足下一轮的客户优先权需求 |
| 业务设计 | • 对外部的深入理解，为利用内部能力和战略控制点探索可替代的业务设计提供了基础。业务设计五要素：选择客户、价值主张、价值获取、活动范围和战略控制<br>• 思考：我们是否建立在现有能力上？能否获得所要的新能力 |

（3）战略的执行。战略设计完成后，更重要的是落实战略的执行。根据业务设计的要求重新全面思考调整影响执行的各个要素，才能使战略不等于纸上谈兵。战略执行的落实体现在表 2-7 中。

表 2-7　战略的执行

| 要素 | 内容解释 |
| --- | --- |
| 关键任务 | • 满足业务设计和公司价值主张的要求所必需的行动。要做到：支持业务设计，尤其是价值主张的实现；把重要运营流程的设计与落实包括在内；成为连接战略与执行的轴心点；成为其他部分执行的基础；年度性的任务，可按季度跟踪衡量。需要思考：哪些任务是由我们来完成的，哪些任务是可以由价值网中我们的合作伙伴来完成的 |
| 正式组织 | • 为确保关键任务和流程能有效地执行，需建立相应的组织机构、管理和考核标准，包括人员单位的大小和角色、管理与考评、奖励与激励系统、职业规划、人员和活动的物理位置，以便于经理指导、控制和激励个人和集体完成团队的重要任务 |
| 人才 | • 确保重要岗位的人员要具备相应的能力以完成出色的业绩，包括：为人才需求下详细的定义，明确关键岗位和人才布局有什么要求；明晰欠缺哪些能力，即人才和能力的差距及挑战；获得人才（内部获取、及时培养、外部获取）；激励和留存人才 |
| 氛围文化 | • 创造好的工作环境以激励员工完成关键任务，积极的氛围能激发人们创造出色的成绩，使得他们更加努力，并在危急时刻鼓舞他们 |

（4）战略推进的两个基础。第一，领导力。领导力是根本，战略思维能力是高层管理者必备的能力。高层管理者的领导力培养是通过领导他们的高层团队进行战略问题和机会的洞察与设计以及项目的执行来实

现的。高层管理者要对业务结果负责，因此必须亲自领导战略设计与执行。关于领导力，还要考察领导是否起到了达成结果所需要的行为示范作用，是否营造了一种激励人心的氛围。

第二，价值观。价值观是指企业及其员工的价值取向，是指企业在追求经营成功过程中所推崇的基本信念和奉行的目标。价值观对企业及员工行为有着导向和规范作用。价值观是企业中占主导地位的管理意识，能够规范企业领导者及员工的行为，使企业员工在具体问题上很容易达成共识，从而大大节省了企业运营成本，提高了企业的经营效率。企业价值观对企业与员工行为的导向和规范作用，不是通过制度、规章等硬性管理手段实现的，而是通过群体氛围和共同意识引导来实现的。

## 2. 组织能力的"杨三角"

中欧国际工商学院杨国安教授提出的"杨三角"，提供了一个有用的战略人力资源管理分析工具。<sup>⊖</sup>企业成功的关键在于有正确的战略和与之匹配的组织能力，即企业成功 = 战略 × 组织能力。战略（即公司或部门或团队目标）确定之后，组织能力就成了决定因素。组织能力的重要性被明确后，接下来就是如何打造的问题了。杨国安认为，打造组织能力需要三根支柱：员工能力、员工思维模式和员工治理方式，它们和所打造的组织能力一起，构成了"杨三角"框架（见图 2-9）。

（1）员工能力（会不会）。公司全体员工（包括中高层管理团队）必须具备能够实施企业战略、打造所需组织能力的知识、技能和素质。也就是说公司员工会不会、能不能做出与组织能力（如创新、低成本、服务等）匹配的决策和行为。"员工能力"是反映团队是否具备目前组织要求的能力要素。

---

⊖ 杨国安 . 组织能力的杨三角：企业持续成功的秘诀 [ M ] . 2 版 . 北京：机械工业出版社，2015.

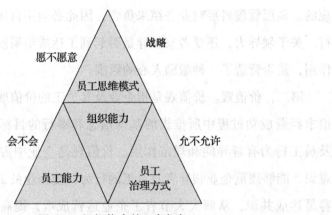

图 2-9　组织能力的三角框架

那么，如何培养员工能力？企业需要回答以下几个具体问题：①要打造所需的组织能力，公司具体需要怎样的人才，他们必须具备什么能力和特质；②公司目前是否有这样的人才储备，主要差距在哪里；③如何引进、培养、保留、借用合适的人才和淘汰不合适的人才？

为了打造员工能力，公司可以建立员工能力模型（也称为胜任力模型或素质模型），通过行为评鉴中心和360度反馈等手段评估员工能力，利用人才盘点建立接班人培养体系，并通过导师制、培训课程、网络学习、行动学习和观摩学习等方式提升人才能力。

（2）员工思维模式（愿不愿意）。员工会做不等于愿意做，因此打造组织能力的第二个支柱是打造员工的思维模式，让大家每天在工作中所关心、追求和重视的事情与公司所需的组织能力匹配。"员工思维"反映思考与解决问题的方式，价值观是否一致。公司要考虑的具体问题包括：什么是主管 / 员工需具备的思维模式和价值观，如何建立和落实这些思维模式与价值观。

打造员工思维模式，公司可以运用的工具包括：高层主管以身作则、平衡计分卡、KPI 设定及下达、客户满意度调查、激励计划、末位淘汰等。

（3）员工治理方式（允不允许）。员工具备了所需的能力和思维模式之后，公司还必须提供有效的管理支持和资源才能容许这些人才充分施展所长，执行公司战略。"员工治理"反映是否有相匹配的管理架构、激励机制等。在员工治理方面，公司要考虑的具体问题包括：①如何设计支持公司战略的组织架构；②如何平衡集权与分权以充分整合资源，把握商机；③公司的关键业务流程是否标准化和简洁化；④如何建立支持公司战略的信息系统和沟通交流渠道。打造员工治理方式，公司常用的工具包括：组织重组、流程再造、六西格玛、客户管理系统、ERP、知识管理等。

员工能力、员工思维模式和员工治理方式这三个支柱缺一不可。三者之间的关系需要符合两个原则：平衡（balance），即三个支柱都要强，而不单是其中一两个强；匹配（alignment），即三个支柱的重点都必须与所需的组织能力协调一致。三个支柱的强弱决定挑选什么工具来强化组织能力。一旦选定所需的工具后，工具强调的内容，如考核的指标、再造的流程、培训的重点，必须聚焦在公司所需的组织能力上。比如，一个以"创新"为组织能力的考核体系与以"低成本"为组织能力的考核体系就截然不同。通过平衡和匹配的原则，三个支柱才能坚实而紧密地围绕所建设的组织能力。

### 3. 鱼骨图法

（1）鱼骨图定义。问题的特性总是受到一些因素的影响。我们通过脑力激荡找出这些因素，按相互关联性整理而成的层次分明、条理清楚，并标出重要因素的图形就叫特性要因图。因其形状如鱼骨，所以又叫鱼骨图（fish bone diagram）。它是一种透过现象看本质的分析方法，于 1953 年由日本管理大师石川馨先生提出，因此又称为"石川图"，如图 2-10 所示。鱼骨图由结果、原因和枝干三部分组成。其中，"结果"

表示期望进行改善、追查和控制的对象，"原因"表示对结果可能施加影响的因素，"枝干"表示原因与结果、原因与原因之间的关系。中央的枝干为主干，用双箭头表示。从主干两边依次展开的枝干为大枝（大原因即直接原因），大枝两侧展开的枝干为中枝（间接原因），中枝两侧展开的枝干为小枝（造成间接原因的上一层原因），用单箭头表示。在一个系统中，下一阶段的结果，往往是上一阶段的原因造成的。用鱼骨图，可把引起结果的错综复杂的因果关系通过一张图直观地表述出来，用以分析结果产生的原因和研究达成结果的措施。这种方法属于定性分析方法，使用方便、层次分明、简明直观。

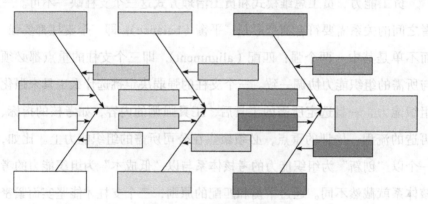

图 2-10　鱼骨图的示意图

（2）鱼骨图的绘制步骤。

1）确定问题。鱼骨图中的"结果"可根据具体需要选择，例如，"员工离职率高""团队合作意识差"。把问题写在鱼骨上。

2）组织讨论，尽可能找出可能影响结果的所有因素。由于鱼骨图是一种枚举法，为了能够把所有重要因素都能列举上，绘制鱼骨图时，强调结合头脑风暴法，畅所欲言，集思广益。头脑风暴法（brain storming，BS）：一种通过集思广益、发挥团体智慧，从各种角度找出问题所有原因或构成要素的会议方法。BS 遵循严禁批评、自由奔放、多多益善等原则。脑力激荡时，应尽可能多而全地找出所有原因，而不仅限于自己能完全掌控或正在执行的内容。

3）找出因果关系，在图上以因果关系的箭头表示。将所需分析的问题写在纸的右侧，从左至右画箭头（主骨），将结果用方框框上。然后，将影响结果的主要原因作为大骨，也用方框框上。列出影响大骨（大要因）的原因，即第二层次原因，作为中骨。再用小骨列出影响中骨的第三层次原因，以此类推，一直展开到可制定具体对策为止。确定大要因时，现场作业一般从"人机料法环"着手，管理类问题一般从"人事时地物"着手，应视具体情况分类；中要因与特性值、小要因与中要因间有直接的原因–问题关系，小要因应分析至可以直接下对策。

4）根据对结果影响的程度，将对结果有显著影响的重要原因用明显的符号表示。一般而言，选取重要原因时，不要超过 7 项，且应标识在最末端。找出产生问题的主要原因，为此可以根据现场调查的数据，计算出每种原因或相关因素在产生问题过程中所占的比重，以百分数表示。通过"20∶80 原则"使用排序法和（或）帕累托排列图找出造成问题的 20% 的主要原因，我们针对找出的主要原因提出改进方案，就可以解决整个问题的 80% 左右。根据经验规律，20% 的原因往往导致 80% 的问题，如果由于条件限制，不能 100% 地解决问题，只要抓住全部原因的 20%，就能够取得 80% 解决问题的成效。

5）在鱼骨图上标出有关信息。例如，标题、绘制人、绘制时间等。

6）在鱼骨图上标明有关资料。例如，产品、工序和小组的名称、参加人员、绘制日期等。

（3）与鱼骨图相似的树形图分解。鱼骨图是一种基于分类思维的问题分析方法。其实，类似的分析方法还有很多，最常见的树形图也是采取类似的分类思维，对目标问题进行逐层深入分析，寻找解决办法（见

图 2-11）。通过这种分析方法，可以把业务需求和痛点转化为解决问题的方法，对 HRBP 而言就是找到 HR 的解决方案。

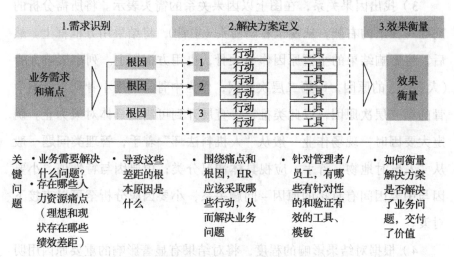

图 2-11　用树形图分析方法确定 HR 解决方案

### 4. GAPS

GAPS 是一套在国外广为流行的绩效改进流程，由美国变革合作伙伴公司 Robinson & Robinson 设计，最初在呼叫中心领域取得成功，现在已经推广到企业各个方面的绩效改进。所谓 GAPS 模型，就是从目标到问题发现，最后到问题解决的服务问题管理的过程（见图 2-12）。

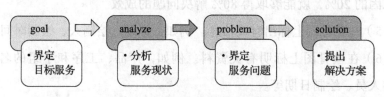

图 2-12　GAPS 方法的分析流程图

GAPS 模型是一种 HRBP 分析诊断工具，也是一种常用的绩效咨询与教练辅导模型。下面我们简要分析 GAPS 模型的流程。

（1）G（go for the should），明确目标，包含绩效目标和行为目标。组织的绩效目标清晰后，HR 需要引导业务部门通过思考"为实现绩效目标，员工应当通过哪些行为来履行岗位职责或应当做出哪些行动"这一问题，将绩效目标转化为员工的行为目标。

（2）A（analyze the is），分析现状，即分析目前现状，找到差距。通过了解实际水平和目标水平这两方面的信息，引导业务部门找出现状与理想状态之间的差距。HR 可以通过检查目前业务部门的绩效目标完成了多少，哪些指标的完成情况比较不理想，找到和目标的差距，分析目前人员配置、资源配置的现状。

（3）P（pin down the causes），探求原因。产生业务绩效差距问题的因素主要包括组织外部因素、组织内部因素和个人内部因素三个方面。组织外部因素指不受组织内任何人员控制的因素，很难改变。HR 可以聚焦组织内部和个人内部因素。组织内部因素是组织可以控制的因素，包括角色与期望、辅导与强化、激励等。个人内部因素指员工个人按要求完成工作所必需的能力因素。分析原因时，HR 最好不要习惯从自己作为 HR 的角度切入，过早引导到"人"的问题上，而是先倾听业务领导的分析，慢慢挖掘深层次的业务痛点，帮助和引导对方梳理业务现状与问题，澄清业务需求，站在探索问题、解决问题的角度，而非营销自己预设的解决方案，这样才能与业务领导同频对话。

（4）S（select the right solutions）选择正确的解决方案。对症下药，确认并推荐可以弥补任何现存差距的解决方案。这个思路一旦清晰，很快就会得到业务部门的共鸣，访谈也会顺利进行并取得良好的效果。按照 GAPS 模型，只要关注业务的绩效目标、行为目标，保证自己的方向正确，就不会被业务领导带偏。

我们以某呼叫中心服务质量的绩效改进为例，<sup>⊖</sup>简要介绍如何使用

---

⊖ 章森. 基于 GAPS 模型的呼叫中心绩效改进［J］. 客户世界，2014.

GAPS。

1）界定服务目标。在 GAPS 模型中我们首先对服务目标进行三个层次的分解，从服务的结果到服务的过程。该呼叫中心的服务目标是让拨打电话的客户满意，那么业务目标就是达到服务水平在 20 秒接起电话的比率为 90%，一次解决率为 95% 等服务指标；相对应的绩效目标就是员工流失率小于 5%，呼叫服务器等硬件的故障率小于 1% 等过程行为（见图 2-13）。

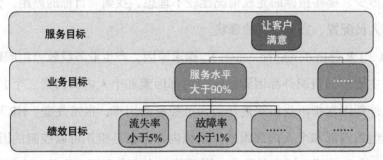

图 2-13　界定服务目标

2）分析服务现状。从上述目标层次来看，当组长发现服务目标出现偏差时，需要追根溯源地寻找绩效目标的问题点，找到根本原因，解决问题和服务优化改进则是在绩效目标层（见图 2-14）。

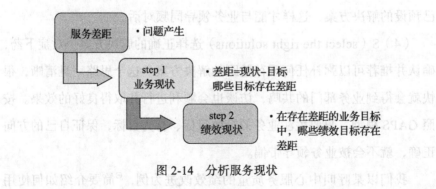

图 2-14　分析服务现状

3）界定服务问题。如何去寻找绩效因素呢？绩效改进中，为我们提供了一个叫作"差距缩小器"（gap zapper）的分析工具，如图 2-15 所示的三个维度、七种绩效方面的原因可以作为绩效问题定位。在定位问题的过程中，将最大的改进注意力放在"组织内"这个维度，因为运营管理，需要将注意力放在自己可以控制并可以影响的范围内。组织内的因素有些我们可以去改变，有些我们可以去影响。组织外的因素，我们最多只能影响，基本没有改变的能力。

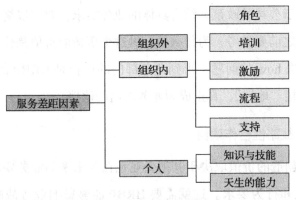

图 2-15　界定服务问题

4）提出解决方案基于定位的问题我们提出解决方案，改进呼叫中心运营绩效。例如，某电销团队的邀约成功率太低，客户不满意，该公司通过运用 GAPS 模型，做了如表 2-8 所示的分析并运用到其改进过程中。

表 2-8　GAPS 总结表

| G- 界定服务目标 | 邀约成功率大于 30% |
| --- | --- |
| A- 分析服务现状 | 服务目标：客户不满意<br>业务目标：邀约成功率太低，只有 20%<br>绩效目标：促销话术的使用率只有 10%，即 10 句话中只有 1 句 |
| P- 界定服务问题 | 激励：邀约的激励过低，队员没有动力去促进客户的参加<br>培训：之前业务线上没有很及时的培训，以至于队员的技能不到位<br>知识与技能：队员们不知道哪些话术可以帮助他们有效地邀约到用户 |
| S- 提出解决方案 | 提升激励的比例，提炼有效邀约话术，进行培训，各话术使用跟进 |

### 2.2.3 开展沟通、合作，赢得信任和支持

这里强调的关键是，HRBP 要从业务中来到业务中去。所谓"从业务中来"，是指需求从业务中来，HR 要了解业务的需求和痛点，识别关键问题；"到业务中去"是指 HRBP 为业务提供的 HR 解决方案要落实到业务中。HR 结合公司的政策导向，设计人力资源解决方案，最后应用到业务中，为业务创造价值。HR 不能简单地照抄照搬，或者机械执行，要基于公司的政策，结合具体的业务需求，要"以终为始"考虑问题，在做之前要思考，为什么做、做这个事情的价值是什么；先思考 why，再解决 how 的问题。得到业务部门的信任是 HRBP 的工作基础。HRBP 需要接"地气"，真正成为业务部门的伙伴。

#### 1. 实施战略性合作项目

HRBP 创造的价值取决于其把企业现在与未来的业务要求转化为对员工的绩效和行为要求。这就需要 HRBP 能够影响业务战略和方向的制定，在业务战略和规划制定过程中发挥作用，将人力资源的战略规划和举措与业务规划紧密结合起来。要想真正在业务战略制定过程中发挥作用，HRBP 需要对业务、战略制定的流程有很深入的了解。如前所述，HRBP 重构业务需求和主动讨论业务需求都能促使客户与其开展战略合作。人力资源战略要围绕组织的发展目标来制定，公司的业务出现方向性变化必然会对人力资源管理提出新要求，因此人力资源的各项规划也要发生相应的变化，以有效地支持业务的发展。比如当公司需要更多创新性产品来开拓新市场时，人力资源部门就需要相应地调整人员招聘计划、绩效考核标准、培训课程设计等。如果是在经济或行业低迷时期，HRBP 不是问业务部门"要裁掉多少人"，而是问"还有哪些可以降低成本的方法"，这些都要求 HRBP 要主动和业务部门沟通，制定与公司经营战略相匹配的人力资源战略。

在把 HR 部门的战略规划和举措与公司业务规划进行整合时，要求 HRBP[⊖]：①和公司 HR 部门同事沟通业务规划；②通过组织审计确定公司准备程序；③提出措施和解决方案以确保满足业务需求；④提出 HR 方案，并给出业务理由；⑤了解与 HR 能力相关的知识。在工作进入执行阶段后，HRBP 就需要扮演多重角色，包括：项目经理、资源调配者、客户与项目执行者之间的桥梁、持续关注计划的执行者。[⊖]

HRBP 和业务部门的合作主要有两方面的关系要处理：HR 政策在部门的推行，遇到业务部门的阻力，BP 要说服部门接受 HR 的新政策、流程；业务部门出现困难，需要公司 HR 支持甚至是修改 HR 政策时，BP 要有办法说服 HR 同事支持业务部门。

**2. 确定谁是真正的客户，找到关键人**

HRBP 要有服务意识，用 HR 专业能力服务于客户。HRBP 的机会来源于发现或找到客户（目标人）的需求，价值或回报来源于满足客户的需求。因此，HRBP 掌握市场学的思维习惯，善于思考和问自己：谁是目标人，他的需求是什么，我如何才能满足他的需求，我如何才能让他相信我提供的产品或服务能满足他的需求。

要与那些负责公司业绩结果的人建立联系，如果没有和他们的直接接触，就谈不上合作。这首先需要明确真正的客户是谁，哪些人是绩效需求和行为需求的责任者，与谁建立长期合作关系。那么谁是真正的客户？客户包括长期型客户和项目型客户。长期型客户一般具有这样的属性：[⊖]对实现业务结果负有责任；有权力推动事情的发生，包括对某一项

---

⊖ Robinson D G, Robinson J C. Strategic Business Partner: Aligning People Strategies with Business Goals［M］. San Francisco: Berrett-Koehler Publishers, 2005: 198-200.

⊖ Robinson D G, Robinson J C. Strategic Business Partner: Aligning People Strategies with Business Goals［M］. San Francisco: Berrett-Koehler Publishers, 2005: 203-204.

⊜ Robinson D G, Robinson J C. Strategic Business Partner: Aligning People Strategies with Business Goals［M］. San Francisco: Berrett-Koehler Publishers, 2005: 26.

目的必需资源的支持；能够对那些绩效需要提升的员工直接产生影响。

HRBP 被指派到一个新的业务单元时，首先，要研究组织结构图，识别哪些人是真正掌权并且对业绩负责的人。其次，要对该业务单元的业务进行仔细了解，研究组织结构的相关信息，敏锐洞察组织的现状：①在该业务单元，重要决策是如何做出的，采取的是集体决策方式还是协商一致的决策方式，还是更多地采用单方面决策方式；②战略方向和目标的决策过程中都有谁参与了；③该业务单元最近采取了哪些有助于组织成功的举措；④在决策过程中和决策执行过程中谁是关键人物；⑤有谁在战略决策中拥有否决权。这些问题的答案能够帮助 HRBP 洞察和了解在该业务单元中谁是业务领导者，谁真正拥有决策权。<sup>⊖</sup>

HRBP 要开展好工作，就必须得到业务部门的支持，而得到业务部门关键人物的支持则更为重要。针对关键人开展工作可以帮助 HRBP 取得事半功倍的效果。关键人分为三类：一是业务部门领导，只有得到了业务部门领导的支持，后面的很多工作才好开展；二是有影响力的员工（意见领袖），取得这些员工的支持，可以帮助你获得其他员工的支持，在执行工作时才会比较顺利；三是业务专家，业务专家可以帮助你快速地了解业务，并抓住关键点。这三类关键人，HRBP 都要找，有的 HRBP 很会走"上层路线"，却忽略了"基层路线"，结果导致自己在具体深入业务、熟悉业务的过程遇到来自一线的层层阻力，这样还是不能顺利地开展工作。所以这三类关键人 HRBP 一定都要找，才能比较顺利地深入业务，熟悉业务。

总体而言，长期型客户一般都是业务现场的中高层管理人员。项目型客户一般对某一具体项目负责。需要提醒 HRBP 的是，在接触一个项目时，需要注意区别"联络人"和真正客户。对项目结果负有最终责

───────────

⊖ Robinson D G, Robinson J C. Strategic Business Partner: Aligning People Strategies with Business Goals [M]. San Francisco: Berrett-Koehler Publishers, 2005: 55.

任的人才是真正的客户。HRBP 也常常需要对联络人施加影响，让其帮助你取得与真正客户的联系。

　　一般情况下，业务部门负责人在业务中具有权威地位。HRBP 对自身要有恰当的自我认知和定位：做幕后推手，在团队端通过影响自己的搭档来影响决策。要从专业和决策出发影响业务负责人，对于 HRBP 来讲是有一定难度的。这要求 HRBP 不仅有足够的专业度，还要对团队现状足够明晰，具备高超的说服能力和技巧，掌握多种沟通反馈的方式。此外，HRBP 要与业务经理建立深度的对话机制，善于补位。业务经理更多地会关注业绩结果，因此会忽略员工的成长、关怀以及心理状态等。HRBP 善于发现和补位，将观察、分析与总结的内容与业务经理进行沟通与反馈。通过建立畅通、深度、高效的对话机制，得到业务经理人员的配合与合作，设计出客户需要的产品。还需要注意的是，HRBP 不与业务经理争锋。团队往往是业务经理要主导形势，带领队伍不断前行，完成业务目标。HRBP 则要顺势而为，不与业务经理争高低；关注员工的状态，解决前进中由制度流程带来的问题，保障团队价值观一致，通过自己的影响力包容和改进落后员工。真正地了解团队现状，整合团队中的有利资源，进行合理有效的资源配置，组成一支能打仗、打胜仗的队伍。

### 3. 建立可靠性和信任

　　和业务部门构建成果合作关系，必须建立双方的联系，让对方觉得你可靠并给予信任。如何建立与业务部门的联系，前文已经谈过。HRBP 要建立和业务伙伴的关系，不是指请客吃饭或者笑脸相迎。最好的方法，是展示自己的 HR 技能和知识，让对方信服你的专业能力。HRBP 要用自己的专业能力影响别人，要先建立自己的信任力。当我们对别人有帮助的时候，才能够得到别人的认可，才能建立良好的关系。

这里更强调的是可靠性和信任的建立。

可靠性是指他人对 HRBP 提供业务支持工作的能力有信心，是在客户相信你有能力完成任务的基础上建立起来的。可靠性需要通过能力获得。这要求 HRBP 不仅懂得 HR 流程和技术，还要对所支持的业务有深入的了解。信任是指他人相信 HRBP 能够公正和可信地完成工作。可靠性和信任是 HRBP 在实际工作中通过做事的行为与方法，经过一段时间努力才可能获得的。可靠性和信任的发展是密不可分的。可靠性建立在 HRBP 能力的基础上，而信任是关于 HRBP 如何完成工作的。例如，无论结果好坏你是否都能够承担责任，是否能以道德和可信的行为完成任务，是否赢得业务伙伴的信任会通过一些信号显示出来。比如，当他们向你征求意见时，他们告诉你一些机密消息，他们邀请你参加重要会议等。

HRBP 是公司派驻到业务部门的人力资源专家，需要会用专业的人力资源方法和经验去解决业务部门的棘手问题。HRBP 工作者需要记住的是，"要交付的是成果，而不是解决方案"，要通过结果交付赢得信任。HRBP 的解决方案通常是由 HR 的各种行为、活动构成的，如开展培训、招聘人员、建立薪酬体系等，而"成果"是指解决方案被执行后，在业务运营和表现上发生的变化。只有帮助业务客户实现了业务目标，客户才会对 HRBP 有信心。只要是来自客户的要求，HRBP 就要做出反应。牢牢抓住参与重要项目的机会。HRBP 接受新客户的委托，承担负责重大项目，往往是他们合作伙伴事业的转折点。抓住这样的机会，与客户确定项目范围和项目结果的评估标准，讨论潜在的问题和风险，同时迅速制订项目计划，组织资源，尽快开展工作。通过这样的机会，用行动去影响与客户的关系。这就需要 HRBP 做到以下几点。

（1）夯实人力基础，通过专业的方案交付树立权威形象。HRBP，特别是非人力资源专业科班出身的 HRBP，即使具备了较多的团队管理和业务实战经验，也需要关注行业内人力资源管理的新发展。与业内同行的交流和碰撞有助于建立 HRM 知识体系架构。它能够帮助 HRBP 搭建解决问题的主思路和框架，提供更加严密的逻辑和系统性思维，防止遗漏关键事项。

（2）扎根一线业务，以业务部门遇到的问题为工作导向，针对业务实情进行方案交付。HR 要深入业务现场，想其所想，做其所做，喜其所喜，恶其所恶。要学会用业务部门的语言，通过不断的磨合与交互，真正体察到一线的水与火，融入业务团队，与其同呼吸共命运。HRBP 要能够观察和发现业务部门遇到的问题，把发现的问题进行分类、提炼。发现其中的共性，然后映射在现行的管理制度和流程中。接着在制度和工作流程中寻找突破口，从制度层面根治这些问题，而不是简单地点对点解决琐碎的问题。HRBP 要善于深入剖析问题，透过问题看本质。与业务搭档或业务部门经理进行沟通，站在业务的角度明确需要调整和优化的方案，通过不断地修正与对标，兼顾多方利益，针对业务实情进行方案交付。

（3）给业务经理必要的专业指导。业务部门的管理者大都精通业务，但在招聘面试技巧、如何让员工更投入、如何更好地进行绩效考核等问题上缺乏经验与专业知识。人力资源部门要利用自己在人员方面的专业知识，为业务部门的管理人员提供能提高工作成效的辅导课程与工具。例如，在阿特拉斯公司，人力资源部门 HRBP 的工作始于帮助业务部门做三项梳理，相当于是组织的"体检"，包括组织梳理、岗位梳理和人才梳理。人力资源部门人员通晓梳理的各项内容，而业务部门能结合业务进行深入的梳理。比如在岗位梳理上，进行了职责分析、胜任力分析以及岗位评估分析。阿特拉斯的人力资源部还根据公司的九大胜任力模型，制定行为指标与技能要求，为业务部门开发出面试指南，帮助新任经理快速有效地进行面试。阿特拉斯在进行这些工作时，体现了人力资源的专业性。阿特拉斯的人力资源部还针对部分业务经理通用类管理知识不足的情况，设计针对性的培训课程，传授沟通与激励员工的方法，帮助管理者提高员工对工作的投入与专注程度。

（4）做人靠谱。HRBP 在很多公司被称为"政委"，是因为"政委"需要捍卫公司倡议的价值观和高压线，是公司 HR 政策的执行者和监督者。他们同时还是所负责业务组织的平衡机器，需要发挥组织纽带作用，处理好不同层级的认知矛盾。HRBP 要善于权衡团队综合利益，进行提炼总结反馈给自己的业务搭档和上层管理者，让他们也能清晰地聆听一线员工的声音。打通了组织中上传下达的信息渠道，基层的怨言让管理者能知道、能解答、能解决；上层的策略让基层能理解、能贯彻、能执行。HRBP 要善于向上沟通，但也要注意不落入民怨之中，这其中就需要高超的沟通技能和自我权衡后合理有效的方案支撑，让上级管理者认为你既体察民情又权衡了组织的综合利益。这些角色和任务的完成需要 HRBP 做人要靠谱——个人要以身作则，平时为人也要保持一致性，只有真正把共赢作为目标，并将其贯彻到行动上，才能够获得业务部门的支持。

• 名企实践 •

## 华为公司 HRBP 的关键业务活动

华为 HRBP 的角色描述与关键业务活动可以概括为表 2-9 的内容。

表 2-9　华为 HRBP 的角色描述与关键业务活动

| 角色 | 角色描述 | 关键业务活动 |
|------|---------|-------------|
| HR 解决方案集成者 | 理解业务诉求和痛点，集成 COE 专长，组织制订 HR 解决方案，将业务需求与 HR 解决方案连接，并实施落地 | • 理解业务需求：准确理解业务诉求和痛点，主动利用组织诊断等工具识别需求和问题，将业务需求转化为 HR 需求<br>• 制订解决方案：集成 COE 的专业化方法和工具，组织制订既符合公司核心价值观，又匹配业务需求的简洁适用的 HR 解决方案，并与管理团队达成一致<br>• 组织执行落地：组织业务主管、COE、SSC 等相关角色，制订实施计划，执行落地；及时衡量解决方案的实施效果，根据需要进行优化调整<br>• 总结和回顾：总结固化经验；为 COE 在制定政策、流程和方案时提供业务输入，将经验固化到流程中 |

（续）

| 角色 | 角色描述 | 关键业务活动 |
|---|---|---|
| HR 流程运作者 | 合理规划 HR 重点工作，有效运作行政管理团队，提升人力资源工作质量与效率 | • 制定 HR 工作日历：根据公司和上级部门的 HR 工作日历，结合业务需求，制定部门 HR 工作日历，保证 HR 工作规范化和可视化<br>• 制订方案与实施：结合公司的政策导向和业务需求，制订各项人力资源工作的实施方案；根据执行情况持续优化，确保对业务的适用性<br>• 赋能主管：借助教练式辅导、90 天转身等工具帮助主管（尤其是新任主管）理解和掌握 HR 政策、流程，提升其人员管理意识和能力 |
| 变革推动者 | 理解变革需求，做好风险识别和利益相关者沟通，促进变革的成功实施 | • 变革方案制订<br>　▪ 风险识别：理解变革需求，提前预见和识别变革过程中在组织、人才、氛围方面存在的阻力和风险，提供相应变革方案供团队决策<br>　▪ 利益相关者沟通：帮助业务主管做好变革准备，确定变革方案，制订利益相关者沟通计划，积极主动影响变革相关利益者，做好变革沟通<br>• 变革实施：负责组织、人才、氛围方面的变革实施，及时发现并解决问题，促进变革成功<br>• 评估与固化：评估变革效果，将好的实践融入业务流程和人力资源流程，固化变革成果 |
| 关系管理者 | 有效管理员工关系，提升员工敬业度；合法用工，营造和谐的商业环境 | • 敬业度管理：借助组织气氛评估工具，定期评估员工敬业度水平，识别改进机会，采取改进行动<br>• 矛盾调停：建立主管与员工的例行沟通渠道，让员工理解公司，让主管了解员工；认真处理好员工的建议和投诉，持续改进管理工作<br>• 员工健康与安全：将员工的健康与安全纳入 HR 的工作流程中，以预防为主，通过压力测试等活动，引导员工积极正向思维，通过业务主管、HRBP、秘书等途径，提前识别风险人群，持续跟踪<br>• 突发和危机事件：快速响应，组织制订应急方案，妥善处理<br>• 合规运营：确保人力资源政策符合当地法律法规，防范用工风险<br>• 雇主品牌建设：当地雇主品牌建设 |
| 核心价值观传承的驱动者 | 通过干部管理、绩效管理、激励管理和持续沟通等措施，强化和传承公司价值观 | • 干部身体力行：通过对干部选拔、辅导和管理，让干部践行核心价值观，并通过干部大会等方式定期回顾和研讨；各级主管在业务管理和人员管理工作中，持续向员工传递核心价值观<br>• 员工理解实践：组织部门员工学习理解核心价值观，结合本职岗位的具体行为表现讨论输出，并通过绩效管理、激励分配、树立标杆等强化<br>• 建立沟通渠道：定期安排各级主管和员工学习公司政策和讲话，利用全员大会、案例宣传等形式持续传承核心价值观；对于核心价值观传承中的问题，及时反馈到管理团队，采取相关措施加以改进<br>• 跨文化传承：尊重和理解文化差异，针对不同文化背景、不同层级员工（如新员工、本地高端），制订针对性的传递方案，以其能够接受和理解的方式进行一致性传承 |

### 2.2.4 HRBP 角色的实现流程

以上我们根据业务现场面临的四类需求，总结了 HRBP 角色实现的三部曲，即明确 HRBP 面临的业务需求，把业务需求转化为可执行的 HR 方案，开展沟通合作并赢得信任和支持。三个步骤在一定程度上构成了一个循环。通过这个循环，有助于 HRBP 更好地完成业务伙伴的角色任务。图 2-16 总结了 HRBP 的战略性项目工作流程。[⊖]从图中可以看出，业务伙伴关系的建成和维护是 HRBP 面临的任务。为此，HRBP 需要主动了解需求确定与业务现场进行的战略合作机会，或者对客户提出的解决方案进行重构需求，然后与客户讨论所要解决的问题，并判断该问题的属性（是战略性问题还是战术性问题）。HRBP 决定客户的这种绩效需求和业务需求的理想目标是什么，现状是什么，并找到存在差距的原因。在此基础上，HRBP 和客户就解决方案达成共识，具体设计解决方案，并与客户一同执行解决方案。这样的流程，有助于更好地实现 HRBP 的角色，发挥业务伙伴的作用。

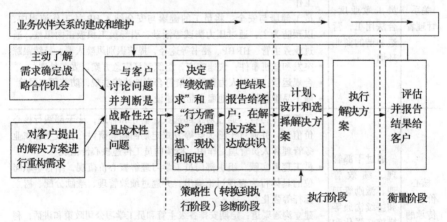

图 2-16　HRBP 的战略性项目工作流程

---

⊖　Robinson D G, Robinson J C. Strategic Business Partner: Aligning People Strategies with Business Goals [M] . San Francisco: Berrett-Koehler Publishers, 2005: 217.

# 管理 HRBP 的关键要素与实践

在明确了 HRBP 的角色和职责后，组织进行 HR 三支柱转型的重点就是落实对 HRBP 的管理。本章根据对有关企业的调查，把对 HRBP 的管理归纳为 HRBP 的知识能力要求、HRBP 的配置与汇报关系、HRBP 的培养方式与实践、HRBP 的考核等关键要素。

## 3.1 HRBP 的知识能力要求

在三支柱转型下，对 HRBP 的要求主要体现在以下几个方面。①由被动型 HR 到主动型 HR：HRBP 首先要理解业务，要通过与业务部门的交流，在对业务、员工、整个行业变化和竞争对手了解的基础上，主动积极地发现业务的痛点和未来需求与 HR 的相关性，而不是等待业务部门的指令去工作。②从事务型 HR 到战略型 HR：HRBP 角色类似内部顾问，不仅能发现业务问题，还能设计出对组织发展非常有用的 HR 解决方案。③从支持型 HR 到引领型 HR：HR 不再仅仅作为支持部门，而是去引领推动公司变革的部门，在公司变革管理、组织结构、企业文化等变革上起到一定的领导和推进作用。HRBP 要真正成为业务伙伴，需要三个转变：转变观念，从"以业务部门为中心"到"以业务为中心"；转变时间，从事务性工作到策略性工作，再到战略性工作；转变技能，从人力资源传统技能到业务服务技能。这些角色的变化就要求 HRBP 拥有更多的知识和技能来整合资源，主动解决业务问题。

### 3.1.1 HRBP 的知识

HRBP 是介于业务单元和人力资源运营二者间的桥梁，扮演"润滑"和"协作"的角色，为业务经理提供人力资源的战略观点，将人力资源服务和业务单元的需求结合起来。与传统的人力资源从业者不同的是，HRBP 在一定程度上是全才，他们必须熟悉人力资源各职能，清楚其实施对公司战略的影响。HRBP 参与业务战略的讨论，帮助业务单元确认使用哪些资源促进业务绩效的提升。从 HRBP 角色就容易推理出来，HRBP 需要的知识主要包括两个模块，即业务知识和 HR 专业知识。

#### 1. 业务知识

HRBP 首要的职责就是以业务需求为导向，需要像业务人员一样思考，通过提供 HRM 产品和服务来解决业务部门遇到的问题，贡献于业务。HRBP 要想吸引业务经理的注意，就得懂得他们的日常业务，用他们的语言谈业务问题，这样才可能建立起合作伙伴关系。这就需要 HRBP 掌握较为充分的业务知识，包括 HRBP 所服务的具体业务部门的知识和该业务所处行业的知识。表 3-1 列出了 HRBP 需要了解的业务知识。

掌握业务知识的多少、掌握哪些业务知识，这些都是途径，不是目的，其根本目的是通过掌握业务知识，理解业务需求，找到业务痛点。

表 3-1　HRBP 需要了解的业务知识[⊖]

| 所服务的具体业务部门的知识 | 有关公司所在行业的知识 |
| --- | --- |
| • 公司的运营模式。经营收入和利润是如何产生的？公司是如何为客户提供价值的<br>• 公司运营考核体系，即考核衡量公司是否健康发展的体系，包括目标和结果。常见的指标包括：收入额、资产回报率、毛利率、市场份额、客户满意度、销售成本和生产成本等<br>• 公司的财务报表<br>• 支持公司目标的战略性计划和重要措施，特别关键的是了解业务领导是如何进行战略性规划的<br>• 实现公司使命和完成公司任务结果所要求的核心流程（如订单处理流程、销售和营销流程等）<br>• 对公司价值观和文化的理解，要特别注意组织内具体的支持行为<br>• 公司产品或服务的客户群体特征<br>• 公司业务及其产品和服务的成熟水平<br>• 公司的主要竞争者及各种竞争压力 | • 公司所处的竞争市场以及该市场上的主要参与者、竞争者<br>• 所在公司与其他公司的差异<br>• 影响该行业的不可控的压力和各种因素，影响该行业的国际因素<br>• 政府对公司市场所覆盖的国家监管性要求<br>• 公司的市场细分客户<br>• 同行业中其他竞争对手可比的财务及非财务指标 |

## 2. HR 专业知识

和传统的人力资源组织架构中的分工不同，HRBP 全面负责业务部门涉及的人力资源管理实务，当传统单一模块可能无法支持快速成长的业务部门的需要时，可能需要 HRBP 拉通各模块，消除六大模块人为的阻隔，通过技术手段快速拉通并解决问题。

以腾讯公司 HRBP 的人力资源角色为例，腾讯公司的快速发展对人力资源管理提出了更高的要求，如表 3-2 所示。腾讯对人力资源部门的架构进行了重新调整，让人力资源工作者深入事业群内部，建立懂业务的 HRBP 团队，与业务捆绑。腾讯 HRBP 从满足部门各项日常人力资源事务需求入手，落实总部和业务部门的重点人力资源工作，集部门管理协作者、员工关系代言人以及公司 / 业务部门人力资源重点工作的

⊖　Robinson D G, Robinson J C. Strategic Business Partner: Aligning People Strategies with Business Goals［M］. San Francisco: Berrett-Koehler Publishers, 2005: 73-74.

落地人、部门日常人力资源工作执行人于一身。

表 3-2　腾讯公司 HRBP 的人力资源角色

| 职责 | 具体内容 |
| --- | --- |
| 招聘 | 拟招职位的性质、级别、用途、同岗位现状、必要紧急程度<br>发现应聘者专业特长与部门现状匹配度<br>发现应聘者与部门文化、工作习惯匹配度 |
| 组织绩效 | 发现组织结构的效率合理性<br>结构、岗位、产品类型复用原因<br>合理调整可能性 |
| 员工绩效 | 绩效结果背后的真实信息反馈<br>部门子文化及公司文化的认同感或不适应信息<br>人文帮助、成长辅导 |
| 培训 | 有针对性的培训内容建议、实践帮助<br>感受培训内容在实践以及个人成长中的作用、意义 |
| 员工关系 | 了解员工工作状态中的非主观因素并积极反馈<br>客观沟通员工问题，帮助部门了解及改善工作方式<br>帮助调适争议问题 |

因此腾讯公司对于 HRBP 的人力资源专业知识的要求也是全面的，包括以下方面。

（1）HR 专业知识。与 HR 各种解决方案相关的工作知识，包括人才的招聘、选拔、发展与保留、职业生涯管理、后备人才规划以及薪酬福利等知识，能够识别运用 HR 具体解决方案的能力以及了解这些解决方案局限性的能力。重点是人力资源战略、人力规划、能力发展、继任计划、绩效管理和变革管理等领域。

（2）HR 拓展知识。HRBP 不仅仅要从 HR 角度设计解决方案，更需要由外及内的思维（outside in）：强调的是由外向内，像阿里巴巴的"照镜子""揪头发"，跳出 HR 看 HR，真正实现客户导向。因此还需要掌握更多的拓展知识，包括：变革管理、咨询模型和技巧、eHR 系统、组织发展等。HRBP 必须依靠多种途径及时掌握 HR 新知识、新工具、新方法。

### 3.1.2　HRBP 的能力

由于每家公司对 HRBP 的具体职能和角色要求有一定的差异性，相应地，对其能力 / 技能的要求也有的一定的差异性。从现有的研究和实践来看，不同的公司对 HRBP 强调的能力也是有差异的。

#### 1. 各种观点的汇总

关于 HRBP 应具备什么样的能力，有着不同的观点。我们首先对这些观点做简要的总结。

（1）第一种观点，认为 HRBP 的关键技能包括：商业敏感性（business acumen）、客户关系管理技能（client relationship management skill）、面试技巧（job interviewing skill）、组织发展技能（organizational deveolpment skill）、评估技能（assessment skill）、沟通技巧（communication skill）、谈判技巧（negotiation skill）、项目管理技能（project management skill）、变革管理技能（change management skill）。总体来看，这种观点认为，"商业敏感性、客户管理、项目管理，变革管理"是 HRBP 的独特技能，而"面试、评估、沟通、谈判"属于 HRBP 的通用技能。

（2）第二种观点，认为 HRBP 的关键能力（key competency）包括：

- 加强业务理解，连接员工产出与和财务绩效之间的差距（understanding the business financials, key gaps in the productivity and connecting the financial performance with employees and processes）;
- 战略性思考，说服内部客户去接受，具有战略转移能力（strategic thinking about the business ofthe internal client and ability to get a buy-in to make a strategic shift）;
- 实施有效的战略性活动来达成目标，避免内部客户进入困境

（strategic planning of activities to meet goals without putting the internal client into a danger）；

- 实现双赢的解决方案有效决策，并影响到整个组织（implementing WIN-WIN solutions and making decision affecting the entire organization）；

- 面对不同情况，寻找简单有效的解决方案（finding simple and effective solutions for difficult situations and avoiding them in the future）；

- 作为员工有价值和值得信赖的合作伙伴（acting as the valuable and trustful partner for employees）。

综上，HRBP 的关键能力包括：业务理解力、战略思考能力、战略落地能力、咨询与方案寻找能力、做员工的合作伙伴。

（3）某知名咨询公司的调查结果显示，HRBP 最急需发展的技能中，排在前五名的分别是：商业敏感性（business acumen，被调查企业选择的比率达 58%）；影响力（influence，48%）；领导力（leadership，48%）；人才管理敏感性（talent management acumen，48%）；数据研判能力（data judgement，35%）。

（4）还有一个经典的 HRBP 胜任力模型[⊖]，认为 HRBP 的能力包括六大方面：商业敏感性（business acumen）、聚焦客户（customer focus）、专业能力（HR professionalism）、创新（innovator）、结果导向（results driven）、建设关系（building relationship）。

此外，Robinson 和 Robinson（2005）提出 HRBP 成功所需要的能力如表 3-3 所示。[⊖]

⊖ 张琳. 如何将 HRBP 胜任力转化为管理效能［J］. 中国人力资源开发，2014.

⊖ Robinson D G, Robinson J C. Strategic Business Partner: Aligning People Strategies with Business Goals［M］. San Francisco: Berrett-Koehler Publishers, 2005: 226-227.

表 3-3　HRBP 成功所需要的能力

| 技术 / 流程能力 | 品质 |
| --- | --- |
| 1.分析能力：获取、综合、汇报信息的能力<br><br>2.业务知识：业务运营和帮助实现业务目标的知识<br><br>3.变革管理能力：指导他人识别并采取行动支持业务变革举措<br><br>4.引导能力：管理会议及其他团队活动流程，以保证实现其目标<br><br>5.HR 体系和流程知识：HR 为实现绩效目标所使用的各种方法，以及系统设计解决方案的能力<br><br>6.影响力：通过人际关系和说服能力，获得他人对自己观点的认可<br><br>7.项目管理能力：筹备、组织、监督他人完成工作，为具体项目或任务提供支持<br><br>8.提问技巧：通过谈话及其他调查手段收集信息<br><br>9.建立关系能力：与各种人员及团队建立并维护良好的合作关系<br><br>10.战略性思维能力：获得信息并能确定实现公司长远目标所需的重要事项<br><br>11.系统性思维能力：能够纵观全局，把公司看成一个系统并认识到整体的成功是建立在各部分的整合、理解和包容的基础上的 | 1.行为灵活性：根据需要，能够调整工作方法或表现<br><br>2.客观性：能够对人和事都保持相对中立的态度<br><br>3.自信：在新的或有挑战性的环境中能够有效管理个人绩效<br><br>4.容忍不确定性：在目标或流程不明晰、难以判断时能够从容应对 |

·名企实践·

# 华为公司 HRBP 的能力要求

华为公司基于 HRBP 的六个角色（战略伙伴、HR 解决方案集成者、HR 流程运作者、关系管理者、变革推动者、核心价值观传承的驱动者），要求 HRBP 具备三个方面的核心能力：业务能力，业务战略解读与执行能力；管理能力，项目管理能力与团队管理能力；HR 专业能力，人力资源专长，对政策理解和应用。不过，华为的 HRBP 岗位分为 HRBP 管理者和 HRBP 专业人员，对于这两种不同类型的 HRBP 岗位，能力要求也是有一定差别的，如表 3-4 所示。

表 3-4　华为公司不同类型 HRBP 人员的能力要求

| 岗位 | 责任结果/经验（硬指标） | 核心价值观要求（软条件） | BP岗位特殊要求（岗位适配性） |
|---|---|---|---|
| HRBP管理者 | • 责任结果：①绩效：要求近两年绩效，至少有一次为 B+ 及以上；②职级要求：比所服务部门一把手低 1～2 级；③优先条件：部门一把手继任梯队人选<br>• 经验：①来源于业务的 BP：需具备成功的人员管理经验；海外 BP 有成功的海外人员管理经验者优先。②来源于 HR 的 BP：需要具备 HR 多领域的经验；有人员管理经验；海外 BP 有成功的海外人力资源管理经验者优先<br>• 观察项——意愿：对于来源业务的 BP，需要对 HRBP 工作有激情；对"之"字形的成长渴望 | • 使命感，理解并认同公司的核心价值观<br>• 符合干部四力要求：决断力、理解力（≥2 分）、执行力（≥2 分）、人际连接力（≥2 分）<br>• 排他要求：不遵守职业规范所规定的保密要求；爱传播小道消息 | • 业务能力：业务战略解读、HR 战略思维能力与连接能力<br>• HR 专业能力：人力资源政策的理解和应用能力；任命上岗一年内需通过 HRBP 类四级任职资格认证，否则视为人岗不匹配<br>• 管理能力：包括团队管理能力、项目管理能力 |
| HRBP专业人员 | • 责任结果：主要是绩效标准，要求近两年绩效，有至少一次为 B+ 及以上，或在业界与华为相当的公司中绩效良好<br>• 经验：①华为内部，需要具备人力资源管理经验，海外 BP 有成功的海外人力资源管理经验者优先。②华为领先业界公司 BP 的经验（中高级），具备领域及项目管理经验 | • 理解公司的核心价值观，有使命感<br>• 排他要求：不遵守职业规范所规定的保密要求；爱传播小道消息 | • 业务能力：业务解读、HR 思维能力与连接能力<br>• HR 专业能力：人力资源专长。HRBP 专业任职通过相应等级资格认证<br>• 管理能力：项目管理能力 |

·名企实践·

# 联想集团 HRBP 的角色与能力要求

联想集团是一家营业额达 460 亿美元的《财富》世界 500 强公司，是全球消费、商用以及企业级创新科技的领导者。联想为用户提供安全及高品质的产品组合和服务，包括个人电脑、工作站、服务器、存储、智能电视以及智能手机（包括摩托罗拉品牌）、平板电脑和应用软件等一系列移动互联产品。全球员工约 60 000 名。<sup>⊖</sup>

联想在收购 IBM 的 PC 业务前后进行了大规模人力资源转型，人力资源管理部门的职能发生了很大改变，主要包括：①从管控导向到业务导向，人力资源管理部门的权力淡化，逐渐由原来的职能部门转变为联想业务部门的战略伙伴，为业务部门提供增值服务；②从事务性到战略性，人力资源管理部门弱化事务性职能，逐渐加强战略性人力资源管理；③从大包大揽到聚焦核心，人力资源部门将部门事务性的人事工作逐渐标准化、流程化或外包化，仅保留有价值的核心业务。人力资源转型对人力资源管理人员的要求提高，就要求联想人力资源人员承担多种角色，即战略伙伴、管理专家、变革推动者和员工激励者。在这种背景下，联想收购 IBM 的 PC 业务后借鉴国际化公司的人力资源架构和实践的基础上，逐步建立、发展和完善了人力资源业务伙伴制度。HR 业务伙伴的作用体现在：了解业务的整体需求，贴近组织业务，并快速反应；推动联想人力资源部的专业化分工及专业能力的提升；丰富和发展了联想人力资源部员工的职业发展路径。

联想 HRBP 的角色包括：①负责满足业务需要的部门／区域／业务单元／国家的战略合作伙伴；②通过提供咨询和支持帮助执行业务战略；③对专业领域如人才管理、人力规划、变革管理等提供支持；④使用业

---

　　⊖　资料来源：联想集团官网 http://appserver.lenovo.com.cn/About/Introduction.html。

务知识在业务单元层面推广人力资源制度 / 流程 / 方案；⑤在业务规划中代表人力资源部门，并向人力资源部门提出业务需求。

联想 HRBP 的日常具体工作内容包括：一是让员工胜任岗位要求，并持续提升敬业度；二是促进团队组织的和谐，避免冲突，应对紧急突发事件等；三是团队人才的梯队建设，包括高潜员工识别和发展、核心员工保留等。对于不同发展阶段的公司，HRBP 的这三点职能侧重点有差异。HRBP 要根据实际情况安排工作重点。

联想集团的人力资源转型要求人力资源管理人员在企业中扮演四种基本角色：战略伙伴、管理专家、变革推动者和员工激励者。这就要求联想人力资源管理者必须具备不同角色所需要的能力要求：人力资源专业能力 + 企业运营能力 + 管理变革的能力 + 整合能力。这些能力要求让联想人力资源人员不仅是专家，更是通才。

联想 HRBP 的能力评估主要有四大方面：专业知识，指对人力资源、心理学、人性的理解；行业感觉，指对行业的熟知程度和意识，能够对行业发展、国际市场认可度、竞争对手情况、市场挑战等业务内容如数家珍；个人影响力，比如个人视野、大局观、沟通技能等；个人品质，侧重的就是个人品质是否正直，做事公平公正，是否具有包容心。随着联想 HRBP 模式的推进，对 HRBP 的门槛要求也在提高，以保证 HRBP 的专业度和成熟度。招聘 HRBP 从最初的两三年工作经验提升到至少要 5 年以上的 HR 从业经验。考察候选人时，还要看他是否能从业务经营的角度考虑 HR 的价值。联想对候选人的专业背景、敏感度、公正性都会进行严格测评。

• 名企实践 •

## IBM 公司的 HRBP 胜任力

IBM 总部在纽约州阿蒙克市，是全球最大的信息技术和业务解决方案公司，全球拥有雇员 30 多万人，业务遍及 160 多个国家和地区。在 IBM 公司，HRBP 扮演着行政专家、员工代言人、变革经理及战略合作伙伴等多种不同角色。HRBP 也需要具备与这些角色相匹配的知识和技能。IBM 公司要求，为了履行使命并且做好本职工作，HRBP 必须具备的专业知识包括福利和薪酬、商业协作和结盟、培训和专业技能的培养、员工关系、执行和组织能力的培养、人才管理、劳动力多样化、全球派遣，同时需要具备以下的相关技能：了解基本的财务概念；了解 IBM 公司使命 / 愿景 / 战略 / 组织结构；了解核心 HR 原则；了解 HR 战略；了解 IBM 公司策略和程序；了解当地的法律 /规章制度；了解谈判技巧；了解项目管理的方法论；开发 HR 解决方案。

　　由于需要与业务负责人沟通协作，一个成功的 HRBP 还要具备很强的领导力。这种领导力包括执行力和影响力两个层面：执行力体现在针对与人相关的业务挑战，实施企业人才战略和解决方案；影响力则体现在对公司决策甚至管理战略形成的影响上。表 3-5 总结了 HRBP 的角色、知识和技能要求，表 3-6 则以 IBM 公司中某个支持销售和分销 BU 的 HRBP 职位说明书为例，展现了 HRBP 具体的知识技能要求。

表 3-5　HRBP 担当多重角色，需要具备全面的知识和技能

| 角色 | 目的 | 知识 | 技能 |
|---|---|---|---|
| 战略合作伙伴 | 将 HR 与业务战略相关联 | • HR 战略<br>• 业务感知能力<br>• 财务管理<br>• 战略性管理<br>• 信息技术 | • 作为管理团队中的一员<br>• 影响力<br>• 基于业务目标调整 HR 计划<br>• 绩效考核 |
| 变革的代理人 | 管理组织变化 | • 组织设计<br>• 系统分析<br>• 流程再造<br>• 文化变革<br>• 能力分析 | • 变革管理<br>• 咨询 / 推进<br>• 教导<br>• 团队开发 |

（续）

| 角色 | 目的 | 知识 | 技能 |
|------|------|------|------|
| 员工代言人 | 培养组织能力 | • 绩效管理<br>• 员工和管理人员的培养<br>• 能力评估 | • 交流<br>• 指导<br>• 教导 |
| 行政管理专家 | 大幅度降低 HR 职能成本 | • 主题专家的知识<br>• 信息技术<br>• 流程再造<br>• 客户管理<br>• 供应商管理 | • 合作<br>• 客户关系<br>• 服务需求评估<br>• 供应商关系 |

**表 3-6　HRBP 职位说明书（以支持销售和分销 BU 的 HRBP 为例）**

**角色：**
- BP 需要与指定的 BU 及区域的领导团队、直线经理及 HR 一起，积极解决与人才发展和生产力提升相关的问题
- 主要职责包括对各种人力资源举措提供建议和咨询，为复杂的员工关系和 HR 议题推荐解决方案

**核心职责：**
- 积极创建高绩效文化，驱动组织变革提升组织能力，推动建设愉快的工作环境
- 与 HR 职能团队紧密合作，识别 HR 政策和方案交付出现的问题和挑战，代表业务提出 HR 专业领域的改进建议
- 运用创造力和有经验的判断，开发 HR 解决方案，以满足业务需求
- 为领导团队提供高附加值的建议和咨询以帮助管理者：
  驱动个体和业务绩效提升
  采取有效的措施以影响组织氛围
  执行支持 IBM 和业务部门战略的 HR 举措

**能力和经验要求：**
- 担任此角色的人应该具有战略性思维，理解业务需求，以便与 HR 职能部门一起部署和执行 HR 战略和 HR 方案，如薪酬、福利、员工多样化等
- 了解基本的咨询方法论、工具和技术，如面试技巧、分析能力、沟通能力、谈判技巧，以准确理解客户需求，提供专业建议和指导
- 拥有良好的沟通能力、汇报能力和人际关系处理技巧
- 具有解决冲突的技巧，跟踪记录，处理员工关系
- 具备 IBM 中国适用的法律法规知识；能够确保各项人力资源活动的合规性
- 拥有全球技术服务部（global technology services，GTS）的 HR 经验或其他全球部门商业服务的经验者优先
- 7 年以上 HR 领域全模块工作经验，招聘、培训、薪酬和福利职能模块角色

## 2. HRBP 应具备的核心能力

由于不同公司的 HRBP 角色定位存在一定的差异，因此对于 HRBP

的核心能力也很难完全统一。我们基于对 HRBP 角色定位的共性，结合怡安翰威特的观点，总结了以下 HRBP 所需具备的核心能力。

（1）HR 专业能力。HRBP 首先是一名人力资源管理工作者，而且在业务现场负责较为全面的人力资源管理活动，因此，全面的 HR 专业能力毫无疑问是必需的。这方面的专业能力要求和以往的 HR 并没有本质区别，因此这里也不再赘述。对 HRBP 而言，这种 HR 专业能力强调要能够把人力资源工作进行专业化整合与表达，实现显性化的业务交融；能将人力资源开发管理业务和所处的环境与业务需求结合起来；能够把握人员、流程和信息等企业成功的关键因素，并能将其转化为企业创造价值的能力。

（2）商业敏感性。和三支柱转型之前的 HR 相比，HRBP 角色最大的变化点就是"业务伙伴"。这种角色的重大变化要求 BP 具有商业敏感性。商业敏感性（business acumen）是指 HRBP 能够基于业务战略和痛点，准确识别人力资源在哪些领域能够带来价值增值。HRBP 具备对业务价值链的深刻洞察和敏感，能够洞察公司和业务部门的动态变化，深入业务、紧贴业务、理解业务，挖掘业务需求，主动发现问题、机遇和可能，并突破性地解决问题。

HRBP 根据业务需求能提出切实有效的 HR 解决方案，真正履行人力资源业务合作伙伴职责，才能在业务部门立足并生根发芽。这种商业敏感性首先表现为 HRBP 对业务的敏感性，具体体现在：成为受欢迎的成员，代表人力资源部门参加关键的业务会议；在业务会议上，对于人力资源相关的议题能够贡献有价值的观点；能够识别业务痛点，挖掘业务需求，并把业务痛点和需求转换为人力资源需求。商业敏感性要求 HRBP 不能只关注过去的业务，还得留意业务接下来的变化，主动识别业务。因此，商业敏感性还表现为 HRBP 能够把发现的业务需求及时、敏锐地转化为 HR 需求，即人力资源敏感性，体现在：①识别 HR 提供增值服务的机会和带来业务价值的项目；②持续使人力资源战略/计划和业务战略/计划匹配；③能够识别出现行的人力资源政策、流程和方案存在哪些领域阻碍了人力资源有效性的发挥，可行的改进建议是什么；④衡量人力资源方案、措施带来的业务价值。HRBP具有良好的商业敏感性，也要求HRBP对问题系统思考，其中掺杂信息采集、数据挖掘分析以及综合分析能力。

在向HRBP的转型过程中，人力资源管理者需要抓住各种机会，积极地增强对业务的敏感度。这是HRBP区别于传统HR最重要的能力要求。HR派驻到业务单元做HRBP，最大的障碍点就是不懂业务，不了解业务，无法有效快速地获得业务的支持和信任。怡安翰威特的一项全球调研⊖发现，CEO和人力资源部门有糟糕体验的关键原因是缺乏商业敏感性。

（3）咨询诊断能力。HRBPP要能够审视业务单元组织运作的合理性，对企业的运作有深入的理解，从公司战略、业务流程、人员管理、激励机制等方面对组织的各个层面进行审核，对业务发展存在的问题进行诊断，并提供HR解决方案。因此，咨询诊断能力（consulting capability）被认为是HRBP所必备的一项重要专业能力。咨询诊断能力被定义为HRBP能够定义问题，调动相关资源，形成有效的解决方案，即分析问题、解决问题和变革管理能力。HRBP必须站在公司全局的角度完成这些事情，要在深入了解所支持的业务单元与人员管理的基础上，根据业务单元所处具体阶段的状况来做出决定。

HRBP进行业务单元的诊断，包括以下内容和流程。

- 问题诊断。需要HRBP基于对业务现场事实和数据的分析，提炼关键信息；进而挖掘根源，准确定义问题，并针对问题范围和改进方向与业务经理达成共识。
- 项目管理。需要HRBP能够准确识别和定义项目需求，然后协

---

⊖ Hewitt Associates. Next Generation HR: A Breakthrough Approach to Drive Business Value[Z]. 2007.

调团队资源、有效分配任务、监控进度、预算和结果。

- 提供解决方案。要求 HRBP 能够有效运用工具和方法，与相关业务专家围绕问题进行合作，形成端到端的 HR 解决方案；并进一步使用相关事实和信息，向利益相关者展示解决方案的价值和投资回报率，从而赢得决策支持。

- 变革管理。要求 HRBP 理解利益相关者的行为和动机，分析新的方案、流程、政策对利益相关者的影响；进一步识别变革实施可能存在的风险和应对方法，主动管理利益相关者，打消相关的顾虑，减少变革阻力。

HRBP 对业务单元的诊断，也可能会同公司的 COE 和其他 BP 一同进行。以舍弗勒每年进行的人才盘点为例，该公司统一的人才盘点流程和时间安排由 COE 设计，具体执行主要由 HRBP 与业务领导共同负责。盘点结束之后，HRBP 与业务领导会进行分析讨论（如某类岗位的人才状况是否较弱，能不能满足未来的发展需求），共同探讨和确定采取什么方式获取人才（外部招聘，或内部培养，或国际派遣）。在确定方式之后，HRBP 再与业务领导和 HR 其他职能部门一同制订具体的解决问题方案。如通过内部培养，那么潜在的人才是谁，能力差距在哪，如何发展，针对这些问题，HRBP 需要和人才发展部门一同制订发展计划，并进行跟进和回顾。同理，如通过外部招聘，那么什么时间招聘，招聘要求是什么，这些类似的问题也需要 HRBP 与业务经理一同讨论，并与招聘中心进行沟通。就盘点的反馈和分析而言，HRBP 具有较大的自由度。HRBP 必须熟悉人才盘点的工具和流程，向业务经理提供咨询和建议。HRBP 要站在业务的角度思考为什么要进行人才盘点，盘点结束会出现哪些潜在的问题或现象，HRBP 需要进行总结并提出建议，要能站在组织的角度思考人才战略，而非仅仅作为人才盘点流程的推进者存在，走完流程，自己的工作也随之结束。

因此，HRBP需要具备一定的诊断能力。这也是一些公司会重点吸引有突出咨询技能的人才加入HRBP团队的一个重要原因。

（4）人际连接力。HRBP通过自己的诊断能力，提供HR解决方案。但是，推行解决方案，还需要得到业务单元各级管理人员的支持和参与。因此，成功获取这种支持，对于HRBP角色的完成就显得非常重要。HRBP必须具备较强的人际连接力。所谓人际连接力（people connection），是指与业务主管和其他利益相关者产生共鸣，在和谐和信任关系中识别问题解决方案的能力。为此，HRBP需要做到以下几点。

- 建立信任。这要求HRBP充满自信，在分享信息方面从容、深思熟虑，让业务主管及时了解各种人力资源举措的进展。HRBP本人需要行事可靠，能够满足并超出已做出的承诺。
- 积极倾听。这要求HRBP能够清晰、简洁地传递个人想法，切中要害，积极追问潜在的问题及其背后的原因，为业务主管提供设定对话方向的自由度；积极倾听，并有保持沉默的勇气。
- 提供辅导。这要求HRBP有技巧地提供坦诚的反馈，提供具体、可操作的、可以改进有效性的技巧和建议；取得进步时进行正面鼓励，以强化行为。
- 和业务伙伴建立共鸣。即通过分析对业务的价值，论证所提供的建议和解决方案的合理性，并能够通过理解他人的行为和动机，结合他们的顾虑/兴趣点调整自身的行为方式，引发共鸣。

• 名企实践 •

## 阿里巴巴政委的能力要求

阿里巴巴对政委的工作要求是：懂业务、爱团队、重执行、善合作。岗位说明书中指出，其工作职责包括四个方面：能够组织诊断、了解需求；能够确定策略、执行计划；能够建立渠道、传承文化；能够推动变革、解决问题。政委的基本任职条件为：①工作五年以上；②精通 HR 各模块；③有管理经验者优先。

基于这些工作要求，阿里巴巴政委的关键核心能力有四条[⊖]。

（1）战略衔接能力。能够重构需求、识别战略性合作机会，实施企业战略性合作项目；能够将人力资源工作的战略规划和业务规划紧密结合起来；有能力激励和推动组织中的成员接受变革，拥抱变化；有能力在本部门与其他部门之间发现关联，并识别出关键人物、关键环节和关键联系。

（2）人力资源专业能力。能够把人力资源工作进行专业化整合与表达，实现显性化业务交融；能将人力资源开发管理业务与所处的环境和业务需求结合起来；能够把握人员、流程和信息等企业成功的关键因素，并能将其转化为企业创造价值的能力；掌握人力资源开发与管理的专业知识，并不断显性化。

（3）业务洞察能力。具备对准业务价值链的深刻洞察力，能够发现并引导员工开拓性地发挥能力，创造性地完成工作。要洞察他人及其兴趣点，说服并影响他人，组织大家齐心协作；同时要主动发现问题，发现机遇和可能，并突破性地解决问题。

（4）个人领导力。具有能够胜任多重压力并带领团队走向成功的潜质。要具有很强的成就动机，追求完美，注重细节；具有很强的探究动机，有天生的好奇心并想了解他人和当前事物的渴望；敢于说出、做出自己认为正确的决定。

---

⊖ 根据相关资料整理。资料来源：http://mp.weixin.qq.com/s?__biz=MjM5NzI0NzIxMg==&mid=201225146&idx=1&sn=84cef75cd74d92fe93a32b5091d22762&scene=23&srcid=0915phH8T61unSCVOZ1bquX8#rd.

## 辉瑞中国公司 HRBP 的核心胜任力

辉瑞公司是全球最大的制药公司之一，2016 年收入 528 亿美元，全球 63 个生产基地，业务遍布全球约 175 个国家和地区，有 9 种产品的销售额超过 10 亿美元，全球共有 96 500 余名员工。这家以研发为基础的跨国生物制药公司已向中国引入 50 余种创新药物业务，遍布全国 300 多个城市，抗感染和心血管药物在华市场排名第一，其在华的 5 家公司配备有先进的生产设施，拥有超 10 000 名员工分布于业务、研发和生产等领域。⊖目前辉瑞中国对 HRBP 的核心胜任力要求主要有以下六方面。⊜

（1）可靠并具有影响力。HRBP 应该具有强大的影响力，能够与内外部客户快速建立信任，并顺畅合作；及时递交结果，对客户需求快速做出响应，并积极探索解决方案，提供精准的人力资源服务；具备管理的勇气和魄力，不惧挑战，面对复杂问题或不明确的状况时能够认真观察、精确判断、坦率直言，协调多方资源，最终解决问题。

（2）打造组织文化的能力。作为最深入业务的 HR 人员，HRBP 要积极主动地塑造组织文化，以自身的影响力带动业务部门重视文化建设。BP 可以自上而下地推动组织文化建设和发展，鼓励业务部门领导身先士卒地以实际行动践行文化要求，并根据业务的实际情况帮助他们制订和实施执行方案。同时，BP 作为企业变革的先锋力量，帮助高层管理者创造变革需要的必要条件，引导变革的整个过程，鼓励并帮助员工了解变革的背景、转变观念接受变革并最终执行变革。

（3）人才经理和组织专业顾问的能力。HRBP 要承担起组织人才发

---

⊖ 资料来源：辉瑞公司官网 http://www.pfizer.com.cn/(S(emusmmrhqzxbu445kbhcr4rg))/pfizer-china/index_cn.aspx.

⊜ 摘自 Pfizer HR Core Competency Model. 2012 年 10 月。转引自：郭允晰. 辉瑞中国人力资源业务伙伴职能发展战略研究［D］.北京：对外经济贸易大学，2015：14-15.

展的重任，确保组织人才策略与业务战略的统一，确保不同类型的人才在未来能够始终满足不断发展变化的组织和业务的需求。同时，业务伙伴必要时能够为业务提供组织架构、管理流程等组织问题的诊断，提出合理的优化建议和调整方案，以确保组织结构满足业务发展的需求，并使组织战略与业务战略协调统一。

（4）高效的执行力。作为连接 HR 后台和业务部门的桥梁，HRBP 自身必须掌握先进的人力资源技术，支持组织转型和变革，确保员工的核心需求能够得到相应的解决。BP 还要充分利用 HR 信息系统及数据库支持更专业的决策制定。高效管理和执行人力资源政策及流程，精通劳动法和其他劳动关系相关法规。在执行过程中以关联性思维考虑和处理问题，帮助组织不断优化流程，提高运作效率。

（5）商业敏感性。HRBP 必须充分了解业务的运作模式和运营状态，了解业务现状、外界政策、趋势及其他会对业务组织产生影响的因素，并对未来的发展机遇和挑战保持敏锐度，了解业务的竞争对手以及公司的业务战略是如何在市场竞争中实现的。

（6）战略创新思维。面对不断发展变化的业务环境、挑战以及公司内部的变革，HRBP 要能够用创新的眼光进行战略性思考，并且善于在日常组织运作中总结经验。基于对业务的充分理解，HRBP 能够帮助业务进行长远的组织及人才规划，帮助业务应对新困难和新挑战。

**·名企实践·**

## INTEL 公司 HRBP 的胜任力要求

INTEL（英特尔）成立于 1968 年，是一家以研制 CPU 处理器为主要业务的美国公司，是全球最大的个人计算机零件和 CPU 制造商。英特尔自 1985 年进入中国，一直致力于支持中国 IT 产业的发展，与中国共成长。截至 2017 年年底，英特尔已经在中国大陆设立了 16 个分公司和办事处，拥有本地员工 6000 多人，在中国直接投资接近 45 亿美元。中国已成为英特尔在美国以外投资最大、机构设置最全的区域市场。英特尔中国公司对 HRBP 的能力要求主要体现个人能力、战略定位能力、人力资源整合能力、人才培养和管理能力等四个方面，具体如表 3-7 所示。

表 3-7　英特尔中国公司对 HRBP 的能力要求

| 胜任力 | 内涵解释 |
| --- | --- |
| 个人能力 | 个人能力是核心，也是其他能力的基础，包括：①不断继续学习的能力，即自我提高、自我学习的能力；②迅速与组织各个层面的人建立友好关系的能力；③行动力，即迅速把外部环境解读为自身可以采取的行动方案；④在各种环境下都能够展示具有控制场面的能力 |
| 战略定位能力 | 战略定位能力首先要求 HRBP 在业务知识的基础上对业务的战略、企业的竞争力以及外部的竞争态势进行有效的诠释；然后要把这些信息转为对业务的有效指导，与业务部门探讨人力资源在战略中的定位及其为企业战略带来的价值 |
| 人力资源整合能力 | 人力资源整合能力一方面是将信息和建议进行整合，形成解决方案与业务部门沟通；另一方面是在人力资源团队中起到指导和整合的作用，即指导人力资源部门设计和交付解决方案 |
| 人才培养和管理能力 | 人才培养和管理能力是 HRBP 能够把业务部门的战略最终落实到需要的组织能力、团队能力及一些关键个人能力上，进而有效地制定战略规划和设计解决方案，并将规划和设计落实到人才管理和培养中；能够与业务经理一起有针对性地进行人才招聘、保留和发展，设计交付具体解决方案 |

• 名企实践 •

## 博世中国公司 HRBP 的角色与选拔条件

我们可以通过博世公司 HRBP 的岗位描述来了解其岗位职责与任职条件，如表 3-8 所示。

表 3-8　博世公司 HRBP 的岗位描述

| 条目 | 具体内容 |
| --- | --- |
| 职责 | **资源**<br>• 管理关键人才的任命<br>• 管理好管培经理项目，包括：计划职位数量、挑选候选者、在招聘后支持和监督管培经理的状态 |

（续）

| 条目 | 具体内容 |
|---|---|
| 职责 | • 如有必要，参加经理级职位的面试和建议<br>• 协调招聘活动<br>• 支持人事营销及年度校园招聘工作<br>**领导力**<br>• 参加管理会议，在人力资源管理领域提供解决方案<br>• 定义人力资源项目并确保其顺利实施<br>• 在以下领域为业务经理提供人力资源管理咨询：人员相关问题解决，人力资源管理工具，日常人员管理<br>**激励**<br>• 报酬：领导和管理年度薪资审查工作<br>• 协调认证和奖励工作<br>**发展**<br>• 安排和建议年度人才评审工作<br>• 为员工提供职业发展指导和建议<br>**交流**<br>• 提升和协调管理工具（如转型研讨会、管理对话）<br>• 协调和执行员工调查与后续工作<br>• 参与交流会议以了解员工需求（如跨级会议、部门会议）<br>• 与经理建立定期沟通桥梁以确定人力资源服务需求<br>**其他工作**<br>• 为负责的领域准备月度报告<br>• 在任何特定情况下，在所负责领域和团队进行沟通<br>• 担任员工纪律问题的联系人，确保合法和遵守规章制度 |
| 挑选标准 | **经验、知识和技能：**<br>• 本科及以上学历<br>• 3～5 年人力资源管理工作经验<br>• 熟悉劳动合同法和相关法律法规与规定<br>• 能够在快节奏、复杂的环境下独立工作<br>• 良好的人际沟通能力，能与不同级别的领导和同事交流<br>• 良好的团队精神，积极主动，以客户为中心<br>• 具备敬业精神和可靠性<br>• 熟练使用办公软件，有良好的英语口头及书面表达能力 |

## 3.2　HRBP 的配置与汇报关系

在对 HRBP 的管理中，如何在业务现场配置合适的 HRBP，构建 HRBP 人员的架构体系，明确 HRBP 的汇报关系，都是非常重要的环节。这些问题也是推行三支柱尤其是设立 HRBP 时特别需要仔细斟酌的。不同企业有不同的特点及 HR 管理需求，在 HRBP 的配置、汇报等环节中也会有一定的差异性，每家企业可以根据实际情况来具体考虑 HRBP 的有效设立问题。

### 3.2.1　HRBP 的架构设置

实践中，企业会根据自身组织结构特点、业务特点、管理模式及业务部门的要求而设定不同类型的 HRBP。

#### 1. 基于服务对象设置 HRBP

从服务的对象来看，把 HRBP 横向分为：①业务型 HRBP，进入业务单元的 HRBP，与一线业务经理对接；②职能型 HRBP，进驻总部职能中心的 HRBP，与技术研发等部门经理对接，比如某证券公司在总部的财务部门配置了 HRBP。从当前 HRBP 的部署方式来看，大约 39% 部署在业务单元（business unit，如事业部、细分市场部等），31% 部署在职能中心（财务、市场营销等），20% 部署在各地理区域。

例如，IBM 强调"基于客户需求"而设定 HRBP 组织架构，如图 3-1 所示。他们在 HR 转型中，建立 4 个 HRBP 集群（整合服务团队 HRBP、地区业务 HRBP、业务单元 HRBP、职能部门 HRBP），外加一支 HRSSC 团队，以满足公司各层经理的人力资源需求，4 个 HRBP 自主性比较强。

博世的 HRBP 分为两种：纵向是基于业务线划分的，该类 HRBP 站在业务的制高点，从全球把握整条业务线的宏观战略；横向是基于区域划分的，如中国区域的 HRBP 将负责该区域所有的业务部门，把控中国区的业务战略。不同性质的 HRBP 工作职责的侧重点有所不同：

①业务线上的 HRBP 关注的重点是从业务的角度进行人力资源的整体规划，包括人力资源的规划、组织架构的规划、接班人和储备干部培养的规划，以及整个组织要求的能力的变化掌控；②地区的 HRBP，除关注以上的人力资源整体规划之外，还要关注该地域内的内外部关系。对外包括与政府之间，与相关协会、市场之间的关系；内部关系，同时也会关注与员工有关的一些关系或政策，比如工会、劳动法相关的案例以及当地法律法规的制定与升级。除此之外，还需关注共享服务中心所提供的服务对业务的影响和评估。

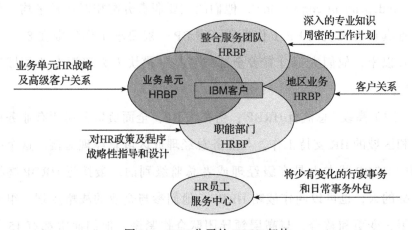

图 3-1　IBM 公司的 HRBP 架构

### 2. HRBP 的等级设置

公司设置 HRBP 是为了从 HRM 角度来解决业务的痛点，满足业务需求。HRBP 需要贴近业务进行配置，确保业务管理人员得到有效支持。因此，BP 需要沿着公司决策层、业务单元层和中层管理者等层级逐级配置，相应地就形成了不同层级的 BP。

（1）初级/主管级 HRBP：俗称小 BP，只承担 1 个业务单元或区域的 HR 支持工作，和初级业务经理或区域经理对接。这种小 BP 在国内也比较常见，其职责中大约 40% 的工作是协调者，另外还大多肩负着事务性人力资源管理的工作，战略性的内容较少。虽然职位叫作HRBP，但是与原有的业务单元 HR 工作类似，级别也相对比较低，多相当于专员或者主管，独立工作不带团队。小 BP 的工作经验相对要短，也比较年轻，一般 3～5 年工作经验者居多。

（2）中级 / 经理级 HRBP：俗称中 BP，往往支持一个大的业务单元或者同时负责几个以上小规模的业务单元或某个区域的 HR 支持工作，与高级业务经理和区域经理对接。中 BP 也是在目前市场上比较常见的，一般不带团队，也有少部分带助理，多是独立工作者（independent contributor），他们的主要职责分配相对比较平均，更贴近真正意义上的 BP 工作性质。中 BP 一般要求工作年限在 8～10 年及以上，他们大部分有着全部或者某一模块人力资源专业领域的知识。

（3）高级 / 总监级 HRBP：俗称大 BP，全面负责公司所有业务单元和区域的 HR 支持工作，与业务总经理或区域总经理对接。这个级别的 HRBP 基本上是高级经理或者总监级别的，最接近 HRBP 终极目标的人，也可以叫作战略 HRBP。他们参与企业的战略规划、组织发展、变更和整合，与高层领导团队合作紧密。他们通常都有 15 年以上在人力资源方面的工作经验，或者曾在人力资源高级职位上工作过，熟悉人力资源各个模块的实践并对于人力资源战略有着自己的想法。

需要特别指出的是，当组织规模够大，业务单元也有相当体量时，HRBP 可能不仅仅是人力资源部派驻到各业务单元的"HR 代表"，而更像是"事业部 BP"。例如，像 IBM 这么大的公司，虽然员工的价值观和能力模型是统一的，但是到了各个不同的事业部，具体的行事方式和文化还是有细微的区别，所以 HRBP 还要帮助所在业务部门的领导一起推动部门的文化建设。因此，对大的企业来说，HRBP 也就是业务部门的 HR 伙伴，IBM 称之为 business unit HR partner。

由于不同职级 BP 角色的差异，其岗位任务也会表现出一定的差异。表 3-9 总结了常见的三种职级 BP 岗位任务的差异。

表 3-9　不同职级 BP 的岗位任务差异

| BP 职级 | 服务对象 | 典型岗位任务 |
| --- | --- | --- |
| 大 BP | • 大规模业务单元<br>• 多个业务单元<br>• 区域范围 | • 参与区域业务中心、项目的业务战略制定，为业务战略和人力资源战略匹配做出贡献<br>• 作为整个公司的中高层管理人员的顾问，推动 HR 流程交付<br>• 协助区域业务领导推动变革管理<br>• 带领 HRBP 团队 |
| 中 BP | • 中等规模业务单元<br>• 两三个业务单元 | • 作为中等规模业务的 HR 顾问，推动 HR 流程交付，主导常规性解决方案的制订与交付<br>• 协助业务部门领导推动变革管理<br>• 解决业务现场的员工关系问题 |
| 小 BP | • 单一业务单元 | • 协助业务部门领导制订业务现场问题的 HR 解决方案<br>• 处理常见的员工关系问题，以及没有纳入 HRSSC 服务范围的事务性工作和员工咨询工作 |

### 3. 不同职级 BP 的关系

规模大的企业设立不同职级的 BP，众多的 BP 构成了 HR 部门这样一个主要的工作群体。一般来说，不同层级的 HRBP 之间存在行政汇报关系：高级 BP 负责管理一定比例的中级 BP，其职责除了常规 BP 的职责外，还包括行政管理和业务管理权限；中级 BP 负责管理一定比例的初级 BP，职责也相应增加管理活动。例如，阿里巴巴的政委结构中，阿里巴巴的首席人才官（CPO）下设总政委，然后下设与事业部总经理搭档的大政委，大政委下设小政委，分别在具体的城市区域与区域经理搭档。通常，一个大事业群下面有 15 个左右的政委。一个大的业务单元下面有一个大政委带三四个小政委，这些小政委的工作并不是按照招聘、培训、考核类似的职能模块划分的，而是每个人负责大部门内的二级组织单元的 HR 全模块。

特别地，不同级别 BP 的存在，本身也就构成了 BP 专属的一条职业发展路径，如图 3-2 所示。

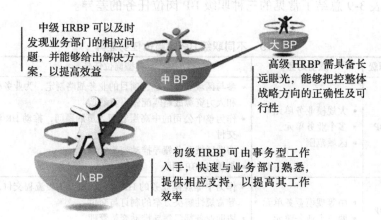

中级 HRBP 可以及时发现业务部门的相应问题，并能够给出解决方案，以提高效益

高级 HRBP 需具备长远眼光，能够把控整体战略方向的正确性及可行性

初级 HRBP 可由事务型工作入手，快速与业务部门熟悉，提供相应支持，以提高其工作效率

图 3-2    不同层级的 HRBP 构成了其职业发展路径

· 名企实践 ·

## 辉瑞中国的 HRBP 团队组织架构

辉瑞中国公司的 HRBP 包括三个职级，即 HRBP 领导、HRBP 经理和普通 HRBP。三个职级的 BP 主要职责是有差异的。<sup>⊖</sup>

HRBP 领导的主要职责包括：与 HR Leader 及 HRCOE 保持密切沟通，将其制定的人力资源战略及项目及时传达给团队；带领 BP 团队与业务部门领导及其他领导团队保持紧密沟通与合作，把业务部门的需求与建议反馈给 HR Leader 及 HR COE；通过影响业务部门领导，推动人力资源战略及项目在业务部门自上而下的实施；整合内外部资源，推动跨团队沟通与合作，应对复杂状况及冲突。

HRBP 经理的主要职责包括：与其所负责部门的领导团队紧密合

⊖ 摘自 Pfizer HR Functional Overview，2014 年 3 月。转引自：郭允晰 . 辉瑞中国人力资源业务伙伴职能发展战略研究［D］. 北京：对外经济贸易大学，2015：13-14.

作，推动 HR COE 及 HR Leader 制定的人力资源项目在业务部门中执行；支持年度人力资源管理流程的实施，包括绩效管理、人才和薪酬计划等；支持业务领导处理员工关系及合规执行；支持并推动组织变革在业务部门中的实施；推广全球人力资源共享服务中心模式，并对经理进行针对性辅导；作为人力资源管理在线系统的审批人对员工数据进行把控等。

普通 HRBP 的主要职责包括：支持 HRBP 经理在业务部门执行人力资源项目；支持 HRBP 经理在绩效管理、人才和薪酬计划等环节中的运作执行；协助 HRBP 经理准备员工关系及合规执行的相关文件；监控并确保人力资源管理在线系统数据的准确；制作各种人力资源报表及相关报告文件；支持团队的日常运作。

• 名企实践 •

## 某跨国汽车公司的 HRBP 组织架构与职责角色

### 1. A 公司人力资源组织结构与 HRBP 配置

A 公司是世界 500 强的美国汽车公司，有着超过 100 年的产品研发和制造历史，它的制造、装配和销售部门分布在全球 30 多个国家和地区，拥有超过 370 000 名员工在产品、检测、研发等部门工作。随着中国经济的发展，A 公司自 1995 年开始在中国进行业务扩张，并且在 2009 年将亚太区域总部转移到中国，以便更好地管理亚太地区的业务。在亚太区，A 公司采用基于业务单元和市场的矩阵式组织结构，亚太区分为东盟（印度尼西亚、菲律宾、越南和日本）、澳大利亚、新西兰、中国和印度等五个市场，每个市场分别设有财务、市场、销售服务和分配、制造、产品研发、采购、信息技术、质量管理、商业战略、人力资源管理、通信以及法律和政务等业务职能部门。所有市场和职能部门的负责人构成亚太区的领导层，负责全球战略在亚太地区的实施。每个职能部门的负责人不仅向亚太区首席执行官汇报，同时还要向该全球职能部门的负责人汇报。

A 公司人力资源部分为人力资源业务运营、人力资源劳务运营和人力资源专业知识共享中心三个主要职能部门。人力资源业务运营也称为人力资源业务合作伙伴，主要工作是和业务经理进行战略合作，为组织内的正式员工提供支持。人力资源劳务运营是被设计来与业务经理战略合作，为组织内的小时工提供支持的。人力资源专业知识共享中心利用规章和专业知识来标准化人力资源管理过程，确保有效的、最好的组织运作，即人力资源管理者充分运用较少的资源实现较大的价值。

A 公司的 HRBP 团队在个人及组织规划、人力资源业务运营两个模块负责人的领导下，根据所支持的不同职能技术部门进行划分。每个 HRBP 团队支持特定的职能技术部门，包括从最高经理到普通员工。个人及组织规划部的工作主旨是为人力资源管理者提供战略性规划、巧妙的产品和流程，帮助管理者提高效率和效能，使人力资源管理者成为世界一流的业务合作伙伴，它将使人力资源管理流程化，为 HRBP 提供指引。图 3-3 为 A 公司亚太区 HRBP 的组织结构。

图 3-3　A 公司亚太区 HRBP 的组织结构

## 2. HRBP 的角色与职责

A 公司 HRBP 的关键角色和职责分为行政上的与业务战略上的两个方面。

行政上，HRBP 需要以员工流动计划为指南针，根据人力资源管理流程时间轴开展工作，在各部门间传递信息，充当桥梁，其行政性职责具体包括：①组织和协调各级个人发展委员会，召集有多样化经验和背景的成员并衡量他们的能力，及时补充公司开放的职位，并制订继任计划和发展计划，促进人才发展；②协助业务经理进行绩效管理，追踪员工绩效目标及完成情况，督促中期和年终两次绩效考核，并组织个人发展委员会进行考核结果复审和等级评估；③监督和推动能力评估与个体发展计划的执行，追踪实施进展；④组织各层管理者组成执行人事委员会，确定和审核下一级别的继任计划，一年考核期过后，组织个人发展委员会进行复审；⑤开展每年三月下旬进行的出勤调查和第三季度下旬进行的情绪调查；⑥支持新领导转换计划的实施，向新的领导者介绍整个流程并且与新的领导者合作，根据个体需求提供定制化活动计划，帮助新领导完成转变。

业务战略上，A 公司 HRBP 的任务包括参加重要的业务会议并提供人力资源管理方面的建议，组织和领导关键的人力资源项目（如组织设计等）来支持业务部门，并且为业务部门的人事计划提供帮助等。HRBP 需要运用 4D 变化管理框架<sup>⊖</sup>促进组织发展。HRBP 需要根据员工、团队或组织的要求，运用不同的工具和方法，帮助个人、团队和组织不断提高工作效率。表 3-10 为该公司某 HRBP 的工作说明书。

**2. 义务和责任**

---

⊖ 4D 变化管理框架是 A 公司开发的帮助个体、团队和组织为实现更好的业绩而从现状向更好状态转变的结构方法，是一套指导组织、团队和个人通过定义、诊断、设计和传递变化来实现更好业绩的有规划的、协作的管理框架。

### 表 3-10　A 公司某 HRBP 的工作说明书

| | 1. 基本工作信息 | | | |
|---|---|---|---|---|
| **工作描述** | 职位 | 人力资源业务合作伙伴 | | |
| | 所属公司 / 部门 | REC 人力资源部 | | |
| | 上级职位 | 人力资源业务合作伙伴经理 | 日期 | |

**2. 义务和责任**

**任务和主要目标**

人力资源业务合伙人负责作为业务运营伙伴（战略上和运营上的）为 REC 中的组织和部门提供人力资源支持。职责包括为技能团队提供绩效管理、人员配置、人员发展、薪酬规划、员工考勤、员工福利管理、政策和法律法规的推行等直接人力资源支持。基于客户团队的需求，人力资源业务合作伙伴还需要在所负责的贯穿整个技能团队的职责领域范围内，领导各种组织发展 / 变革管理项目和员工发展动员等工作

**该职位的 3 个关键角色和职责**

**员工发展：**

– 完成所有与为客户设计的人力资源周期计划一致的人力资源流程

在 LL6/LL5 层成立人员发展委员会——根据全球标准成立 PDC 团队 / 流程。在客户群内领导讨论，确保人才发展

**绩效管理流程：** 执行本公司的绩效附复审和绩效管理流程

– 在有效的绩效管理上为直线经理提供指导支持

**薪酬规划：**

– 为直线经理提供咨询

– 确保完成了必要 / 合适的沟通

**员工关系：** 担任员工发言人和所有人力资源相关问题的对点联系人

– 开展考勤调查及后续的沟通流程和行动计划

– 指导直线经理在功能性团队成员间建立关系

– 通过与部门首脑保持经常性的联系，在业务部门和人力资源部之间建立紧密的关系

**公司政策和程序：** 监督和确保所有员工遵守公司的规章制度

– 培养和成为符合公司核心价值观的角色模范，如行为规范

– 调查任何违背公司规范和政策的行为 / 事件，为直线经理提供合适的训诫行动

**人才获得：** 确保技能团队有顺利 / 成功的招聘和入职流程

**员工发展：** 确保高完成率的员工发展讨论，促进功能性培训流程，建立一个熟练的积极的团队

**组织发展工作：** 与人力资源管理部门的经理合作，协助本组织开展项目，为组织提供发展和过渡的工具与干预

**变革管理：** 与人力资源管理部门的经理合作，协助本组织在业务转型过程中开展重大变革活动

其他特别任务

**3. 直接下属数量**

这个职位没有直接下属

**4. 任职资格**

| 教育背景 | 人力资源管理专业本科学历或其他同等学力 |
|---|---|

（续）

| 4. 任职资格 | |
| --- | --- |
| 工作经验 | 6～8 年 |
| 工作技能 | 拥有处理关键人力资源管理职责的经验，如绩效管理周期、劳动力规划、继任计划<br>有与客户群合作的经验，并在操作层面提供 HR 业务合作伙伴支持者优先考虑<br>在战略层面担任业务合作伙伴的，参与人才管理、变革管理等经验的优先考虑 |
| 优选工作经验 | 关键人力资源流程包括绩效管理、薪酬、继任计划以及与内部客户密切合作 |
| 领导力技能 | – 以客户为导向<br>– 主动积极<br>– 果断自信<br>– 沟通技能<br>– 善于团队合作<br>– 有企业家视角<br>– 学习和适应能力<br>– 乐观的解决问题的态度 |
| 功能性/技术性技能 | – 良好的英语技能——听说读写<br>– 良好的促进技能、沟通技巧、演讲技巧和处理人际关系技巧<br>– 为个人和组织提供培训以提高团队能力的技能<br>– 解释和实施人力资源政策、产品和服务<br>– 变革管理技能<br>– 谈判和合作解决问题<br>– 项目管理技能 |
| 特殊知识 | 劳动法 |
| 其他 | |

## 3.2.2　HRBP 的规模

在分析 HRBP 人员的配置规模之前，我们可以先看看常规的人力资源专职人员的配置规模。

一个企业到底要配备多少个专职的 HR 人员，并没有统一的标准，其受到的影响因素有很多。总体而言，影响 HR 专职人员配置多少的最重要因素是企业的总人数规模。合益咨询曾在大量的咨询实践中提炼验证的结果表明在制造型企业中，HR 从业人员与员工的比例应该是

1∶100。这个配比对于企业中 HR 从业人员的定岗定编有实操性的指导意义。也有理论研究认为 2%～3% 为合适的 HR 配备，20% 为职能员工配备。根据一般企业调查，还有经验认为：公司 100 人以内的不设专职人事人员；100～500 人的，人事部门人员与公司总人数比例多为 1∶100；500～1000 人的，比例多为 0.8∶100；1000 人以上的，比例多为 0.5∶100～0.7∶100。

当然，任何建议的配比都不是标准的，影响这个数值变动的因素有很多，比如公司是劳动密集型还是知识密集型企业（后者的 HR 配比更大），公司领导是否重视人力资源管理工作（越重视，HR 配比越大），公司基础管理工作及相关信息化基础是否扎实（基础越扎实，HR 配比越小），HR 从业者的素质和能力（能力越高，HR 配比越小），组织内岗位的种类及差异化程度（种类越多，差异化程度越大，HR 配比越大）。以企业内岗位的种类及差异化程度为例，一个规模达到 3000 人的房产经纪公司和一个 1500 人的制造企业相比，前者的 HR 专职人员配备数量不一定高于后者，原因是 3000 人规模的房产经纪公司中可能有 2500人都是同一个岗位，即房产经纪人。相应地，该公司的岗位类型不多，岗位差异化不大。从人员管理的角度来看，房产经纪公司的 HRM 难度可能远低于一个 1500 人员规模的制造企业，也会使得房产经纪公司 HR 专职人员的配比降低很多。因此，关于 HR 专职人员的具体配比，没有绝对的标准，具体还是要根据企业发展对人力资源管理的要求来设置。

在人力资源三支柱模式下，原来的 HR 角色被分解后由 HRBP、HRCOE 和 HRSSC 三个主体来承担。从这个角度上看，HRBP 的配置人数一定小于之前的 HR 人数。业界往往根据 HRBP/ 全职员工服务率配置 BP。

公司设置 HRBP 既是为了贯彻公司 HRM 政策，也是为了更好地满足现场业务需求。因此，原则上每个下属企业中至少配备一名 HRBP，作为集团人力资源部与下属企业在人力资源工作方面的接口，协助所属业务单元经理开展好 HR 工作。BP 团队的具体人数则取决于 BP/ 全职员工服务率，这一配置比例在不同的公司可能存在较大差异，有些公司每 150 名员工就会配置 1 名 BP，有些公司要 1000 名员工才会配置 1 名 BP。某知名咨询公司针对 118 家企业的调研数据显示，HRBP 支持的全职员工平均为 203 人，25 分位是 138，75 分位是 293，并且在过去两年里这个数据上升了 10%。

不同的组织 HR 对业务的支持程度和业务的复杂度不同，BP 服务率也存在差异。例如，联想 HRBP 配置原则是，对于较高层级的组织，围绕某管理架构，根据解决方案的复杂度配置 HRBP 人员；对于较低层级的组织，根据 BP/ 全职员工服务率配置 BP，以支持日常人员管理。

影响这些差异的主要因素包括：①业务复杂度。高速增长、经常变化的业务需要更多 BP，稳定、变化小的业务则较少。例如，成熟的业务板块，HR 可以支持更多人，国内一些标杆公司成熟业务单元的 HRBP 人比达到 1∶200 甚至 1∶300。②人才管理复杂度。知识密集型企业 / 部门需要更多 BP，劳动密集型较少。③管理人员成熟度。成熟度越低，BP 人数越多，反之越少。④ BP 的成熟度及流程、自助服务系统的成熟度。成熟度越低，BP 人数越多，反之越少。⑤ HR 支持的全面程度。一个 HRBP 到底要干多少事还需要看其他岗位对 HRBP 的支持程度。得到的支持越少，HRBP 干的活越多。有的公司 HRBP 很忙，什么都要干，而有的公司 HRBP 只需聚焦非常核心的工作，看起来清闲一些。图 3-4 是从业务复杂度和 HR 获得的支持程度两个因素来看 HRBP 的配置比。

| 有限的支持<br>（有限的 HR 服务，为管理人员提供有限的咨询支持） | 支持程度 | 1：2 200 | 1：1 150 | 1：800 |
|---|---|---|---|---|
| 标准的支持<br>（针对主要的 HR 流程提供支持） | | 1：1 050 | 1：950 | 1：500 |
| 全面的支持<br>（为各层管理人员针对所有相关的 HR 流程提供强有力的咨询支持） | | 1：350 | 1：270 | 1：175 |
| | | 业务复杂度 | | |
| | | 低 | 中 | 高 |
| 业务增长速度 | | 低速增长 | 中速增长 | 高速增长 |
| 生命周期 | | 稳定 | 部分变化 | 经常变化 |
| 员工类别 | | 常规性 | 中等复杂度 | 复杂 |
| 全球足迹 | | 本地 | 区域 | 全球 |

图 3-4  HRBP 的配置比与支持程度、业务复杂度的关联性

关于 BP 配置数，除了上述采用的 BP/ 全职员工服务率指标外，还可以采用 BP/ 业务经理服务率指标。这是因为 BP 角色往往存在于大公司部门级，更多的是直接服务于业务经理，需要站在公司角度引导业务经理用正确的方式进行工作。从这个角度看，BP/ 业务经理的人数比作为 BP 配置的指标也是有价值的。因此，业界有观点认为，服务于企业高级管理者的，设定高级业务伙伴或高管业务伙伴，建议人员配比可设置为 1：5 ～ 1：10，或根据所服务高管的业务侧重有所调整；服务于企业中层管理者的，设定中级业务伙伴，人员配比可参照设置为 1：50 左右；服务于普通员工的设定初级业务伙伴，人员配比可按照 1：200 左右进行设定。例如，IBM 的 HRBP 组织由原来以业务 HRBP 为主线的架构转变为以地区为主线，保留 110 个全球业务 HRBP，以实现不管业务组织机构怎样变化，HRBP 组织都将保持一致的服务覆盖率，并提供高价值的人力资源解决方案，构建与业务高层和地区业务经理更加紧密合作的架构，最终实现 IBM 向全球企业的整合转型。人力资源合作伙伴的工作重点也开始转移到业务伙伴关系上来，强调高频率接触（hightouch）客户并以客户为重心。目前，IBM 的人力资源合作伙伴组织支持着全球大约 4 万名业务经理（1∶80 的比例）。

### 3.2.3　HRBP 的来源

总结业界的经验，HRBP 的来源主要有三种途径。

（1）传统 HR 转型的：通过共享交付之后，人力资源的事务性工作处理效率得到极大提升，时间和人员都有明显的节约效应，届时将有一定比例的现有 HR 工作者释放出来，这部分人员可以转换为未来的业务伙伴。基于能力测评结果，同时考虑员工本人的兴趣爱好，可以为 HRBP 中心提供一定数量的合适人选。从原来的 HR 部门转型过来的，优势是 HR 基础扎实，但是对业务知识不了解，需要公司帮助他们迅速熟悉业务，组织系统化的培训和指导。

（2）业务部门转型的：此部分人员熟悉具体的部门业务，同时也具备一定人力资源专业能力，可以更好地将部门业务需求与人力资源服务结合起来，但同时此类人员的人力资源专业知识较为薄弱，后续培养计划中需要重点提升其人力资源方面的专业知识与技能。例如，在阿里巴巴公司里，1/3 以上政委体系中的人员来自业务部门中比较优秀的经理、主管等骨干。从政委中选拔也曾是公司晋级奖励中的规矩——要晋级或承担更大责任者必须当过政委，在 HR 体系中工作一段时间而且有良好的业绩。从业务部门转型过来的，会导致业务人员的减少，因而业务部门通常不愿意输送人才。业务人员也可能因为担心收入减少或转行与个人职业规划不一致而不乐意转行。

（3）外部机构转型的：比如从猎头、咨询顾问转过的，优势就是见多识广，不过外聘人员需要更长的时间来适应企业文化和业务，会存在空降失败的风险。

表 3-11 比较了 HRBP 来源差异及其优劣势。

表 3-11　HRBP 来源差异及其优劣势比较

| 来源 | 优势 | 劣势 | 可能的角色 |
|---|---|---|---|
| 来自业务 | • 掌握业务知识，善于用业务语言与业务现场人员沟通交流<br>• 与业务主管保持良好关系<br>• 理解业务需求，业务敏感度高，能够找到业务痛点<br>• 容易增加其人力资源专业知识 | • 对人力资源专业知识掌握不够，HR 专业技能较弱<br>• 关注业务优先级大于人力资源<br>• 从业务岗位转到人力资源岗位的意愿较低 | 业务型 HRBP，花很多时间了解业务，熟悉业务，容易与业务人员建立合作伙伴关系，未来可能转型为业务负责人 |
| 来自 HR | • 掌握人力资源专业知识和技能<br>• 更容易站在公司角度解决问题 | • 不了解业务，业务敏感度低，业务敏感度较难培养<br>• 不擅长用业务语言与业务现场人员沟通交流<br>• 关注人力资源优先级大于业务优先级 | 专业型 HRBP，不断修炼自己的 HR 专业知识和实操能力，对组织和人才的洞察力可以让业务人员折服，人才辅导和培养的专业度确实给业务人员带来不可替代的价值。但是如果无法与业务人员建立信任关系，这些专业能力就可能无法运用 |

　　但是，由于在很多企业里 HR 的地位、薪酬和发展前景是不如业务人员的，所以在公司中会出现业务主管不愿做 HRBP，或者业务部门不愿意输出业务人才转岗的现象。遇到这种情况怎么办呢？这就需要企业充分考虑 HRBP 的职业发展，为其制定合适的发展通道。以华为公司为例，华为不仅抽调一批 HR 到一线做 HRBP，还从业务部门转一些管理者做 HRBP。华为达成一种共识，即优先选拔有人员管理经验的优秀管理者做 HRBP，同时承诺在 HRBP 岗位工作两年左右的时间之后可以选择回业务部门。事实上，业务主管在业务管理上虽然做得不错，但是往往其人员与组织管理能力都比较弱。业务主管到 HRBP 锻炼提升了人员管理的能力，回到业务岗位后大部分都获得了提拔。华为公司在 HRBP 工作了两年的业务主管，做得比较好的回到业务部门后大部分都得到了提升。此外，对于业务部门负责人不愿意放人导致业务人

员减少的问题，华为公司规定从业务部门转岗做 HRBP 的，继续支撑本产品线，只在本产品线内交叉到另外一个部门做 HRBP。就是说网络产品线 A 部门的管理者，继续在网络产品线 A 部门，但是会到网络产品线 B 部门做 HRBP，这样业务部门就有动力输出优秀的管理者做HRBP。

从以往经历来看，英特尔公司的 HRBP，30% 为外部招聘，70% 是通过内部培养的。HRBP 来源共有三个：①从 COE 转向 HRBP，COE在做解决方案的执行过程中与业务有较多接触之后，如果对业务有兴趣，同时业务部门对其个人能力也表示认可，COE 就可转岗至 HRBP；②传统人力资源部门的员工转向 HRBP，如员工关系或绩效管理部门，逐步转型做与业务相关的人力资源的战略规划、解决方案的规划，以及人力资源交付的工作，进而逐渐转型为 HRBP；③ OD 转向 HRBP，少部分的 HRBP 由 OD 转型而来。

### 3.2.4　HRBP 的汇报隶属关系：向谁汇报

#### 1. 两种汇报关系

一般认为，HRBP 是贴近业务部门的人力资源管理工作者，其连接了人力资源部门与业务部门。HRBP 的设置中一个关键问题就是其中的汇报关系。汇报给谁往往意味着由谁来分配工作，设定绩效目标并进行评估，管理 HRBP 的职业发展，在某种意义上也决定着 HRBP的工作态度、工作时间及工作重点的分配。HRBP 有两种可能的汇报关系。

（1）派驻型或"HR 代表型"：直接汇报给人力资源部门的负责人。HRBP 是由人力资源部派驻到各业务单元的，其考核关系隶属于人力资源部，HRBP 在业务上帮助业务经理进行相应的 HR 工作，但是其考核关系、晋升 / 调动关系、领导关系等都由集团人力资源部统一管理。如果考虑到大型公司会设计不同层级的 HRBP，往往小 HRBP 向大 HRBP 汇报，大 HRBP 向区域 / 总部的 HRD、HRVP（人力资源副总裁）汇报。

（2）隶属型或"事业部型"：直接汇报给业务部门的负责人。如果是区域性 HRBP，往往向区域负责人汇报；如果是业务型 HRBP，往往就向事业部负责人汇报。HRBP 归属在业务部门管辖，人力资源部只负责对 BP 进行专业方面的指导，不直接对其考核关系负责。比如，联想集团在运营管理部 / 业务支持部设有 HRBP 的岗位，其工作向业务部门负责人汇报，甚至招聘 HRBP 也由业务部门负责人开展。

从当前实践调研结果来看：95% 以上的 HRBP 出自人力资源部门，其中只有 11% 直接汇报给业务单元或事业部业务线领导，其他均汇报给 HR 部门主管，其中 7% 汇报给全球 HR 负责人，35% 汇报给事业部或区域 HR 负责人，27% 汇报给其他 HR 高管以及有 12% 汇报给另外一位 HRBP。

### 2. 两种汇报模式的比较与选择

两种模式各有优劣。在 HR 代表型模式下，HRBP 隶属于人力资源部，可能在融入业务部门方面存在一定的困难，HRBP 可能会被业务部门认为是集团人力资源部派驻到本部门进行监视管理的人员而遭到排斥，无法正常地开展工作。在事业部型模式下，HRBP 与业务部门的联系更为紧密，更能深入理解业务部门的需求，但由于缺乏人力资源部的有力支持，HRBP 很容易成为业务部门的一名专职 HR，因为除了战略管理和专业服务的职能外，一般事务性的工作也需要他来操作。直接汇报给业务部门也可能会导致 HRBP 对人力资源部门布置的工作不太积极，经常脱节，甚至当业务部门负责人的需求和人力资源的规则发生冲突的时候，他们会倾向于站在前者的角度说话。长此以往，HRBP 作为人力资源从业者的中立性和专业性就难以保证，甚至消耗殆尽。表 3-12 总结了 HRBP 不同汇报对象的优劣势。

表 3-12　HRBP 不同汇报对象的优劣势比较

| | 优势 | 劣势 |
| --- | --- | --- |
| HRBP 向业务部门实线汇报 | • 增加更多互动的可能性，有机会真正融入业务部门<br>• 有助于更好地理解业务的要求，并从业务部门的角度考虑问题<br>• 不受 HR 团队管控，对业务要求有更大的灵活性 | • HRBP 与其他 HR 团队的联系被弱化<br>• 可能会引起业务现场与公司整体利益的冲突<br>• HRBP 成为业务领导的下属，不大可能敢于质疑业务 |
| HRBP 向 HR 领导实线汇报 | • 与 HR 更强的联系与合作，可以得到 HR 领导的更多支持<br>• 从公司 HR 全局考虑问题，有利于上级 HR 政策的执行<br>• 与业务部门有一定的界限及明确的客户关系<br>• 支持 HR 团队的知识共享——增加整体的 HR 能力 | • 会被业务现场认为不是业务部门的自己人<br>• HRBP 对业务的联系和理解会弱化<br>• 可能会引起公司总体 HR 政策与业务现场之间的利益冲突 |

因此，到底采用哪种模式把 HRBP 放在哪个部门，要结合每个部门的现状和需求来决定。一般来说，如果 HRBP 和业务部门之间已经形成了默契，对于业务已经非常了解，那么可以考虑放在 HR 部门，提升 HRBP 的专业能力，更好地为业务部门服务；相反，如果 HRBP 对业务还不了解，HR 与业务经理之间的那堵墙还很高，则建议放到业务部门中快速学习业务。此外，从动态发展的角度来看，在当前管理层级较少的时候，可以选择"业务隶属"型模式，后期随着管理层级增多可以考虑派驻形式。

### 3. 如何保持 HRBP 的中立性

要特别强调的是，HRBP 的定位是业务伙伴，而不是业务部门的伙伴，HRBP 的工作输入来自业务部的业务需要，而不是业务部门的需要。业务部门的要求和业务部的业务要求是不一样的。专门设置 BP 的岗位人员，深入一线，直接去感受业务的需要，并针对业务的需要，主动理解和识别痛点，然后展开人力资源工作，提供解决方案，解决业务的痛点。要强调的是，叫作业务伙伴在某种意义上是汇报关系决定了 HRBP 的态度及其对工作重心的分配。一般来说，典型的 HRBP 会唯业务部门负责人马首是瞻，当业务负责人的需求和 HR 的规则发生冲突时，HRBP 往往会倾向于站在前者的角度说话，因此在某些情况下可能会违背企业设置 HRBP 的初衷。因此，我们讨论 HRBP 向谁汇报的目的，一方面是要提升 HRBP 的工作效率，最大程度地发挥业务伙伴的作用；另一方面是要保持 HRBP 的中立性与专业性，从而实现设置 HRBP 最根本的目标——从人力资源的角度帮助实现业务发展，最终保证公司利益的最大化。实践中，HRBP 常常面临的问题是，当其成为业务经理的左膀右臂时，会不会转而抛弃全局观而只为业务经理效力。HRBP 本身的中立性就很难保证，甚至会成为业务部门领导的助理。长此以往，中立性和专业性都将消耗殆尽。

这就需要 HRBP 在聚焦客户（业务部门）时，应该原则性和非原则性并重。对于原则性问题，HRBP 要坚持。例如，出现违反劳动法，和公司政策不一致等情况，HRBP 就应该强势地坚持原则，不能听从业务部门的本位主义想法。当然，在坚持原则时要注意沟通的策略和技巧，不能只是简单地说不。非原则性问题往往是指政策和实践操作上有弹性空间的决策。比如在招聘时用人部门和 HRBP 对候选人录用与否判断的差异，这时候也需要 HRBP 和用人部门沟通，用自己的专业知识来协调决策意见上的差异。

不管哪种模式，都要求 HRBP 在业务需求和 HR 管理限制之间，既保持中立性又体现专业性。联想集团在最初推行 HRBP 改革的时候，就犯过这方面的错误，后来进行了三个方面的优化，在管理机制方面保障初级 HRBP 能够转型为真正的 HRBP。

（1）明确组织结构和汇报关系，比如编制、薪酬、考核都划归 HR 总部管理，而不是向业务领导汇报，以避免 HRBP 与 HR 部门脱节。

（2）精心设置地理位置，华东 HRBP 的总部在上海，福建、江西、安徽、云贵等地 HRBP 不在当地办公，而是集中在上海；这些 HRBP 一起探讨管理问题，共同设计和推进重点项目，同时又会定期到区域现场办公，参加部门活动，在当地员工和总经理面前保持曝光率，以及通过运营例会和与业务负责人的定期会议来沟通信息。这样使得 HRBP 更加能聚焦在 HR 专业领域创造价值。

（3）提高招聘门槛，保证 HRBP 的专业度与成熟度。HRBP 至少需要 5 年以上的 HR 从业经验，避免年纪太轻导致思维意识不独立，缺乏商业意识，也不懂得业务经营，不具备和业务总经理对话的基础。此外，还要考察其能否从业务经营的角度考虑 HR 的价值。总之，对候选人的专业背景、敏感度、公正性都要进行严格的测评。联想集团的这些管理经验也值得其他企业参考。

此外，HRBP 能否保证专业上的中立性，从根本上还和公司人力资源管理的定位高低有关。典型的例子是，阿里巴巴对 HR 的定位其实是很高的，具有"一票否决权"。就是所有人力资源政策，或者人员调配工作等，当 HRBP 和区域经理有不同意见的时候，只要 HRBP 说"不行，这个我有疑问"，这个决定就可能被放弃，或者向上找大政委或大区的总经理进行协调。如果大区的总经理大政委解决不了的话，从 HR 这条线上就可以一路向上反映。在阿里巴巴内部这叫"政经结合"，也就是经理和政委一起合作，这两个人是互相配合也是互相成长的，能够取长补短把一个区域共同做好。

· 名企实践 ·

## 阿里巴巴政委的配置、选拔与汇报关系

表 3-13 对阿里巴巴政委管理的若干要素进行了总结。

表 3-13　阿里巴巴公司政委管理的若干要素

| 理念 | • 通过政委体系保证阿里巴巴只做符合其价值观和道德观的事，只守住愿意做这些事的人 |
|---|---|
| 定位／职责 | • 定位为业务部门二把手<br>• 主要职责：<br>　▪ 价值观传承：通过思想上指引、方向上帮助，以及对业务主管决策的制约权和制衡权，保证道德大方向，传承公司价值观，并建设好所匹配的队伍<br>　▪ 业务支持：业务决策制定之后，政委需要思考如何通过人力资源组织去匹配这个决策，以及目前的团队士气是否足够支撑决策的实施 |
| 人员配置 | • 阿里巴巴 B2B 业务的 HR 部门有 100 多人，其中 70 多人属于"政委体系"<br>• 从结构上分三层：最基层为"小政委"，分布在具体的城市区域，与区域经理搭档；往上一层与高级区域经理搭档；再往上到 B2B 的 HR 总监，直接向邓康明以及马云汇报 |
| 人员选拔 | • 知识要求：既懂业务，又懂人力资源<br>• 工龄要求：小政委至少在阿里巴巴工作 3 年以上<br>• 能力要求：能够成为连接组织和个人的纽带，能够通过个人能力和特长为组织做出贡献<br>• 态度要求：具有经营一种使命和一个家的工作态度 |
| 汇报关系 | • 阿里巴巴的政委向上一级政委实线汇报，向业务虚线汇报 |

## 3.3　HRBP 的培养方式与实践

### 3.3.1　HRBP 培养方式

　　每一种 HRBP 角色都有相应的胜任能力，也需要有相应的策略来提升不同角色的胜任力。对照 HRBP 胜任力素质模型的要素标准，培养出相应的 HRBP 人才。HRBP 能力的提升，必须依靠企业构建成体系的 BP 培养方案，打造出色的 HRBP 团队。因为招聘受过正规 HR 管理教育的人才，只能在一定程度上确保 HR 部门具备基础专业能力；系统的 HR 业务培训，也只能缓解业务出身的 HR 管理人员在专业方面的压力。转型为 HRBP 需要同时提升多项胜任力，也需要 HR 管理部门充分理解企业战略规划，以及基于业务部门的需求制订相应的培养计划。

　　总体而言，一个好的 HRBP 培养体系会表现出：①强调 HRBP 能力培养的系统性，包括能力标准的构建、人员选拔、能力生成、职业发展，关联环节比较多。而传统培训通常更关注培训设计、培训方案与课程实施，比如不涉及人才选拔。②前瞻性，着眼于业务动态的变化，培养目标灵活多变。有前瞻性地培养 HRBP 的未来适应能力，而传统培训通常更关注眼下问题的解决，培训目标通常要求明确可量化。③嵌入性，具有强业务导向特征，要求 HRBP 必须紧密贴合不同阶段的业务需求，以业务需求为导向去匹配人员的能力，导向性更明确。传统培训要求以培训对象为出发点，导向性没有那么明确。

由于 HRBP 能力、选拔等内容已经在本书其他部分内容中做了介绍。这里，我们仅仅就 HRBP 的培养方式展开讨论。一般来说，对 HRBP 的培养可以结合常规培训、轮岗、项目参与等方式进行。

### 1. 业务知识及 HR 知识的常规培训

HRBP 必须了解业务，而不只是精通 HR 专业的内容。常规培训主要用于提升业务伙伴的 HR 专业能力、对所服务对象的业务理解等。但是，不同出身的 HRBP 需要重点补充的知识和能力也是有差异的。

HR 专业出身的 HRBP 需要增强商业知识，培养变革管理的能力。因此，针对 HR 专业出身的人员，第一要素便是让其在最短的时间内熟悉业务。日常管理工作中 HR 管理部门必须转变观念，加强学习企业业务知识，提升商业意识，增强业务敏锐度。由于每个业务部门主营业务不同，每个 HRBP 需要有针对性地了解所在业务部门的情况。这类 HRBP 必须强化业务知识的培训和学习。企业需要系统地设计业务知识的培训课程体系，特别是要注重业务价值链的培训，帮助 HRBP 掌握业务增值的关键点，了解行业的发展趋势、业务增长点以及市场竞争趋势。

非 HR 专业出身的 HRBP 缺乏专业的 HR 知识，企业需要有针对性地对其进行 HR 知识的培养。HR 专业知识培训方案由人力资源部进行内部培训，同时有部分课程委派给相关的培训机构进行。在课程设置上，设立系统培训 HR 专业知识的课程体系是相对比较容易的。

但是，无论是业务还是 HR 出身的 HRBP，都需要设计其管理能力和战略能力的提升方案。这在常规的培训中也需要通过一定的课程设计来实现。HRBP 人员身处要职，要能胜任这一岗位，最关键的还是人员综合能力的提升。例如，当当公司每年有赞助员工攻读 MBA 的名额，20 万以下的费用全部由公司承担。员工可以在每年的 3 月份提出申请，符合要求的将有机会获得免费进修的机会。同时企业每个季度定期举办领导力提升方面的课程培训。

## 2. 轮岗

轮岗是 HRBP 最重要的方式，是指通过将人员按照业务部门任职—业务伙伴中心任职—业务部门任职—业务伙伴任职的岗位轮换的培养方式。具体是：从业务部门挑选一些有 HR 知识背景、能力与性格要求都比较接近的人员，担任较初级的 HRBP。经过一段时间的具体岗位锻炼后，业务伙伴的 HR 专业知识与技能提升到一定程度，为了更好地服务业务单位的中高级管理者，可能需要更加深入地理解业务以及业务发展对 HR 服务的要求，此时可以考虑将业务伙伴轮岗到所服务的业务部门从事相关的业务岗位；之后，再轮换到业务伙伴中心担任更高的职位服务于更高层级的人员。同时，同一层级的业务伙伴，也可以在服务业务内容比较接近的业务单元之间进行轮岗，以便在提升能力的纵向程度的同时，拓展横向的业务理解能力，为晋升到一个更高层级的岗位积累基础。此外，刚入职者可以首先到共享服务中心积累 HR 专业基础，通过从事最基本的、有严格操作标准可参考的专业事务处理工作开始，逐步熟悉各项事务的处理与对政策制度的理解；对于符合职业性格和其他能力要求的 HR，可以考虑运用这种知识与技能通过面对面的服务方式来为员工提供服务，即转为初级 HRBP，并加深对所服务对象的业务理解，及时了解广大员工对 HR 政策制度与服务的反馈意见。

一般而言，HRBP 应以 2～3 年为周期，实行轮岗机制。这一方面可提高 HRBP 了解公司全部业务的能力，拓宽视野，提升战略思考能力；另一方面，也能在一定程度上避免 HRBP 对业务部门过度依附，影响其中立性的情况出现。实践表明，轮岗是提升 HRBP 业务敏锐度有效的办法。

### 3. 参与业务部门和 HR 部门的项目，并在 HRBP 团队内定期分享和交流

让 HRBP 参与业务部门和 HR 部门的项目，对提高业务理解能力和 HR 解决方案设计能力是非常有价值的。例如，让 HRBP 跟着业务部门做项目，参与其项目的目标设计、运作流程、人员规划、整体推进等。这会增加 HR 在项目进程里与业务部门的交流机会，学会从业务部门出发提 HR 方面的建议，也为增长业务知识提供平台。

此外，鼓励和支持 HRBP 参与业务部门与 HR 部门的运营例会，并在 HRBP 群体内部定期交流。这是非常有效的途径，不仅能促进知识共享，通过交流心得、讨论困惑相互学习、激发灵感，也有助于从业务部门角度讨论、描述和完善提案，在业务部门内部推行 HR 的相关政策和措施。通过创造团队学习、交流的氛围，鼓励学员分享成功经验和困惑，并树立学习榜样，也是 BP 培养中一条卓有成效的途径。

总体而言，为了提升 BP 培养的有效性，还有如下做法值得借鉴：①基于 BP 的角色和能力要求设计系统性的发展方案；②将 BP 角色认知纳入课程框架，以阐明期望；③通过情景模拟进行演练和测评，帮助学员清醒地认识到自己的能或不能，产生改变的意愿；④基本 HR 的政

策、知识采取 e-learning 方式传授，辅以知识测验；⑤设计在岗实践方案，包括鼓励学员密切参与到战略规划过程中，将关系范围拓展到所支持的高层主管等，通过实战演练提升能力；⑥发展模块结束时进行验收，根据验收成果决定正式的任命。表 3-14 总结了典型的 HRBP 培养活动。

表 3-14　典型的 HRBP 培养活动

| 学习方式 | 典型活动 |
| --- | --- |
| 应知应会：通过资源进行学习 | • 自学<br>• 课堂培训<br>• MBA / EMBA 学历教育<br>• e-learning<br>• 专业协会<br>• 阅读相关书籍、刊物 |
| 团队学习：通过他人进行学习 | • 导师制<br>• 各种知识分享、学习沙龙<br>• 读书会<br>• 案例研讨 |
| 工作实践：干中学 | • 有挑战性的工作任务<br>• 轮岗<br>• 业务主管反馈<br>• 辅导他人<br>• 项目实战锻炼 |

需要强调的是，HRBP 发展最核心的问题在于跨越"知""行"鸿沟，传统的授课方式侧重于教授理念、知识、技能和工具，学员受训后往往面临"知"易"行"难的困境。为此，需要综合使用多种学习发展技术的组合，包括体验式学习（边学习边应用）等，以取得更显著的成效。

### 3.3.2　HRBP 培养的企业实践做法

从实践上，一些知名企业在 HRBP 培养上也提供了值得借鉴的经验。

例如，当当公司 HRBP 业务知识和能力的培训工作分为两个步骤：

第一，人力资源共享平台的培训中心组织开发一套全面的业务知识培训课程，HRBP 全员参加，由集团层面的高管或者各部门的资深管理人员及专家负责授课。第二，各个部门会有一定的业务差异，HRBP 需要深入了解所在部门的业务情况。由业务部门负责人或其他相关管理人员组织 HRBP 人员培训，采用以下培训方式：安排与各个部门经理进行访谈；深入到业务线的关键岗位进行体验、观察；安排 HRBP 与业务部门一起操作项目，通过参与项目的流程运作帮助 HRBP 更贴近业务。

思源地产公司学习与发展部首先对 HRBP 核心管理团队和 COE、SSC 各部门的负责人进行访谈，了解 HRBP 的工作职责以及日常工作的核心内容。之后，遵循了成人学习的"70—20—10"原则，(个人的发展和能力提升 70% 来自工作实践，20% 来自人际辅导或交流，10%来自正式课堂培训)，打造金牌人才发展项目"HRBP 启程班"，目标是以培训为纽带，帮助 HRBP 团队成员掌握 HRBP 工作的核心专业技能。其课程架构从 HR（人力资源专业知识）、business（业务知识）、partner（伙伴技能）三方面来建构课程体系，最终设计出了包括招聘面试、团队建设、员工沟通、文化体系建设、绩效薪酬管理、员工关系管理、学习与发展体系建设、90 后管理、业务战略等在内的 17 门实用课程，主要围绕 HRBP 核心技能，包括面试实战、沟通实战、90 后管理、文化落地、行动学习等。整个培训项目除了集中课堂培训之外，还设计了大量的实战任务，通过实践来促进和检验学员的学习效果。

英特尔公司对 HRBP 培养有两种经典的方式。第一种是在岗历练，主要是把 HRBP 放在业务岗上锻炼，这是最有效的 HRBP 培养方式。为了让 HRBP 与业务建立关系，解决业务实际问题，公司更强调 HRBP 对业务的深入了解，采取较多的培养方式是"人带人模式"，帮助 HRBP 快速与业务建立关系，熟悉业务环境。尤其是针对刚进入企业的新人培养，企业更关注的是让其快速了解企业的复杂程度，在招聘过程中也关注其是否能在复杂的环境下快速建立个人关系。随着这种方法的推行，后来企业发现，业务知识并不难获取，只要 HRBP 个人建立关系的能力过关，与业务人员在一起的时间够久，业务知识将会得到积累。第二种是 HRBP 到 COE 岗位上轮换。这是因为英特尔公司发现负责人力资源某一块工作的员工转型做人力资源整体解决方案需要一个过程，所以 HRBP 的人力资源整合能力更加重要。尤其在 SSC 和 COE 更加成熟之后，HRBP 需要注重人力资源的整合，以对业务产生更大的影响。因此，企业会让 HRBP 在 COE 有 6～12 个月的轮岗，进而在 COE 建立自己的关系网，并学会 COE 的专业语言，也会让 COE 到 BP 这边来轮岗，进而双方会有共同的语言，更有利于沟通。

吉利集团人力资源管理采取三支柱结构，搭建人力共享平台（呼叫中心、共享平台等），驱动人力资源业务转型。吉利公司开启"吉利百名 HRBP 经理人培养项目"，培养对象主要有两类：面向分公司各人力资源部部长的高级班，培养未来 HRBP 的领导者；业务部门有潜质的 HR 与总部及分公司新任的 HR，培养 HRBP。学习重点包括人力资源专业知识的深化、业务知识、变革管理知识。一个季度举办一期培训，包括自学、集中授课、行动学习。培养方式概括起来有两个路线。

（1）三条主线：通过业务部门定期的知识分享、双周业务考试来了解业务；基于公司领导力模型的推广来提升专业知识；通过标杆学习推动变革。

（2）三个方法：一是根据当前需要，确定学习内容，急用先学，比如 2015 年重点是绩效管理、人才培养、业务领导的非人力资源管理；二是实践重点，即培训都要有行动计划，每次培训后的行动计划都要有后续跟踪；三是多元化的形式，如微信群的知识分享、HRBP - 拆书帮、走出去（与外部公司交流）等。

# 阿里巴巴政委的培养

阿里巴巴特别强调政委对业务的感知度和实践程度。HR 入职以后，除参加人力资源岗位相关的培训外，还和所有的销售一样到总部参加 20 天左右百年大计的培训，培训所有的产品知识，也包括企业文化、高压线等内容。而且 HR 要跟销售人员一起参加最后的末位淘汰考试。通过百年大计环节的培训，增加了 HR 对基本产品技术、业务流程的认识和理解。

阿里小政委的基本素质包括：①专业化，技术能力包括 OFFICE 软件应用、数据分析能力，专业能力包括劳动人事相关法律法规、薪酬、选人技能、团队构建和团队建设、员工咨询。②职业化，包括人际敏感和沟通协调能力、说服和影响力、分析和解决问题能力、危机管理能力、学习能力、自我管理能力。③品格特质，包括正直客观、积极正面、爱心、责任心、严谨抗压。

一个新政委经历入职、百大培训、HRG 培训、拎包上岗、交接、独立工作等六个环节，具体如下所述。⊖

（1）百年大计培训，是阿里全员的入模子培训（20 天左右），包括：熟悉公司的产品知识、公司和大区文化；初步了解 HR 的四大角色；和区域人员的交流；收发区域邮件；用邮件的形式向区域介绍自己；大区新人沟通，帮助学习。

（2）HRG 在岗培训，是大约 10 天的 HR 岗前培训，培养 HR 成为多面手，包括：公司、业务部门和 HR 组织架构，HRG 的三大任务，四大角色和三种境界（区域培训），各职能部门轮岗学习。

（3）拎包上岗，是指深度了解公司业务，走动式学习，包括：了解

---

⊖　资料来源：http://www.chochina.com/show-460-20701-1.html。

大区后台相关部门的职能与作用；到服务部、市场部、培训部、招聘部各三天的学习；了解大区市场情况，了解各销售岗位的业务流程：到其他区域拎包，了解区域经理和其他 HR 的优势及其如何开展工作；参加一次启动会议，特别关注月度会议流程；向大政委汇报总结；按照模块学习 HR 制度与流程。

（4）交接工作：与业务经理磨合，包括：业务制度；人员盘点表；六个重要文档（离职文件、面试记录表格、员工记录表、员工病假条、免死金牌记录表、工资表）；招聘计划和渠道；团建费的交接；区域年度计划和实施进展。

（5）独立工作：拿到驾照正式上路，包括：与区域经理破冰，介绍自己；与区域经理交流区域年度业绩目标和团队目标，区域的总体情况，人员情况（标杆员工和问题员工）；主管层面的交流，与主管破冰，交流主管组的年度目标，总体情况以及人员的情况；组织一次和区域经理、主管的放松式交流；参加大周会同时介绍自己。

### ·名企实践·

### 华为公司 HRBP 赋能的总体架构及项目 HRBP 培养方案<sup>⊖</sup>

华为不仅抽调一批 HR 到一线做 HRBP，还从业务部门转一些管理者做 HRBP。因此 HRBP 的培养机制就至关重要。华为首先确保业务主管成为 HRBP 之后能力确实能得到提高，无论是人力资源战略（BLM 项目）、教练式辅导，还是 TSP（干部继任计划）、MFP（经理人反馈项目）、关键岗位的角色认知等项目，通过很多专业工作来提升 HRBP 的

---

⊖ 需要特别说明的是，本案例反映华为当时的情景与实践，不代表其目前正在实施的做法。企业的实践总在不断地演进和完善中。其中关于项目 HRBP 的培养方案，主要参考：葛明磊.项目 HRBP 后备人才培养的探索性研究——以华为公司为例［J］.中国人力资源开发，2015.18：11-20。本书得到葛明磊博士的授权，进行了压缩整理。

人员管理、团队建设、组织发展等水平。华为公司对 HRBP 培养的主要思路是：①通过角色认知明确岗位要求，通过任职资格认证来牵引能力持续提升，针对不同业务背景人群因材施教；② HRBP 的职责定位和角色认知是整个赋能方案的主要依据；③赋能方案主要从应知应会、赋能研讨和在实战中提升能力三个方面有计划地展开。

项目制是华为公司业务运营的基本模式，优秀的项目管理能力是华为的一大核心竞争力。任正非在内部讲话中明确提出未来的管理战略重点将转向项目一线，"以项目管理为基础，输出能担当并愿意担当的人才"。项目 HRBP 应运而生。从公司战略出发，为进一步提升项目运营与管理能力，华为将 HRBP 嵌入到各个项目团队中，并逐步形成了相对完善的项目 HRBP 后备人才培养体系。2014 年，华为大学基于公司战略先后推出了 C8 项目管理资源池培训班和 HRBP 赋能班，标志着华为项目 HRBP 后备人才培养工作进入到具体实施的阶段。华为公司的项目 HRBP 后备人才的培养遵循"角色定位—多维胜任—人才培养"的思路展开，首先根据公司情况清晰界定 HRBP 的角色，其次根据所界定的角色分析项目 HRBP 的胜任力，并以此为依据开展具体的人才培养工作。

### 1. 华为公司 HRBP 赋能的总体架构

华为公司对 HRBP 培养的主要思路是：①通过角色认知明确岗位要求，通过任职资格认证来牵引能力持续提升，针对不同业务背景人群因材施教；② HRBP 的职责定位和角色认知是整个赋能方案的主要依据；③赋能方案主要从应知应会、赋能研讨和在实战中提升能力三个方面有计划地展开。

（1）应知应会。应知应会主要解决新上岗 HRBP 的 HR 基础知识薄弱等问题，主要掌握推行或执行 HR 日历的知识和方法，借助公司现有 e-learning 平台完成基础知识的学习（见表 3-15）。公司也会根据不同业务背景人群，先评估，后制订个性化赋能方案。

表 3-15　华为公司 HRBP 的应知应会

| 应知应会学习内容 | 来自业务（重点学习与 HR 业务相关的应知应会） | 来自 HR（重点学习与主业务相关的应知应会） | 赋能方式 |
|---|---|---|---|
| 公司产品知识（参观展厅、站点机房等） | * | ** | 自学 + 考试 |
| 与主业务流程相关的知识内容 | * | ** | |
| 华为人力资源相关政策、理念、流程及相关 HR 业务模块的知识 | ** | * | |
| HRBP 角色认知中的相关知识性内容 | ** | ** | |

注：* 表示一般学习内容，** 表示重点学习内容。

（2）赋能研讨：集中研讨。赋能研讨是通过急用先学，解决新上岗 HRBP 未能胜任工作、核心技能不足等问题。华为在这方面特别推崇一些专题性的研究工具和方法的赋能培训，例如，通过 BLM 实战研讨重点提升所有 HRBP 业务战略与 HR 战略紧密连接的共性能力短板。其他赋能研讨根据不同业务背景，采用先评估，后制订针对性赋能方案，因材施教的方法，如表 3-16 所示。

表 3-16　华为 HRBP 核心技能的赋能研讨

| 核心技能 | 赋能研讨主要内容 | 来自业务 | 来自 HR | 差异化定制 | 交付方式 |
|---|---|---|---|---|---|
| 业务能力 | BLM（business leadership model）实战研讨 | ** | ** | 案例开发根据群体差异（销售服务、研发等）定制 | 1. 机关：根据业务背景（如研发、销服等）分别研讨 2. 区域：按照地域集中研讨 |
| | 组织诊断实战研讨 | ** | * | | |
| HR 专业能力 | 干部继任计划 | ** | * | | |
| | 经理人反馈计划 | ** | * | | |
| | 教练式辅导实战研讨 | ** | * | | |
| | 变革管理实战研讨 | ** | * | | |
| 管理能力 | 项目管理 | * | ** | | |
| | 跨组织影响力 | * | ** | | |
| | 跨文化管理 | ** | ** | | |

注：* 表示一般学习内容，** 表示重点学习内容。

（3）实战中的能力提升。华为公司注重对 HRBP 实战能力的提升，主要是围绕 HRBP 的关键业务活动，采用 PARR（prepare/action/reflect/review）和团队作战的方式，在实战中不断持续提升，为业务创造价值，如表 3-17 所示。

表 3-17　华为公司 HRBP 的实战能力提升

| 主要关键活动 | 来自业务 | 来自 HR | 赋能方式 |
| --- | --- | --- | --- |
| 运作行政管理团队会议 | ** | ** | |
| 绩效管理 | ** | ** | |
| 干部继任计划 | ** | ** | PARR+ 团队作战 |
| 组织变革 | ** | ** | |
| 经理人反馈计划 | ** | ** | |
| …… | | | |

注：** 表示重点学习内容。

再如，对于业务主管转做 HRBP 之后，华为公司首先确保业务主管转型后能有提高能力，无论是人力资源战略（BLM 项目）、教练式辅导，还是干部继任计划、经理人反馈项目、关键岗位的角色认知等项目，通过很多专业工作来提升 HRBP 的人员管理、团队建设、组织发展等水平。华为公司提倡每打一仗就总结一次，在实战中提升能力（第一次跟着别人做，第二次在别人的辅导下做，第三次自己独立做），并尽快提升 HRBP 的能力。

### 2. 华为公司项目 HRBP 的能力要求

项目 HRBP 的多维胜任力主要源于其对华为 HRBP 的角色分析。基于华为 HRBP 的六个角色：战略伙伴、HR 解决方案集成者、HR 流程运作者、关系管理者、变革推动者、核心价值观传承的驱动者。综合考虑组织战略要求、已有理论模型和项目管理的现实挑战，在角色分析后可以发现："核心价值观传承者"涉及组织文化能力；"战略伙伴"要求 HRBP 理解业务战略，是业务能力的范畴；"变革推动者"既需要理解组织变革需求，又需要沟通利益相关者以推动变革，因此涉及业务能力和管理能力；"关系管理者"主要关注团队管理与成员协同，属管理能力；"HR 解决方案集成者"既需要理解业务需求和问题痛点，又要求具备扎实的 HR 专业知识技能，与业务能力和 HR 专业能力密切相关；HR 流程运作者主要涉及 HR 的专业工作，体现 HR 的专业能力。华为公司项目 HRBP 岗位能力汇总如表 3-18 所示。

**表 3-18 华为公司项目 HRBP 岗位能力汇总**

| 维度 | 子项 | 行为描述 |
| --- | --- | --- |
| 业务能力 | 业务战略解读能力 | 理解公司所处的商业环境及其对公司业务的影响，并能正确解读业务战略 |
| | HR 战略思维能力与连接能力 | 根据业务战略制定有针对性的 HR 战略，并将业务问题与 HR 实践紧密结合，推动实现业务战略和年度业务计划 |
| HR 专业能力 | 人力资源政策理解能力 | 理解公司的人力资源政策、理念 |
| | 人力资源管理技能 | 具备人才管理（人才的选育留用）和组织管理（组织设计、组织有效性提升）等方面的 HR 专业技能 |
| 管理能力 | 项目管理能力 | 定义项目目标，协调项目团队资源，有效分配任务，协助监控项目进度、质量和预算，确保项目目标的达成 |
| | 团队管理能力 | 激励与发展团队，激发团队斗志，发挥成员优势，形成团队合力 |
| 文化能力 | 核心价值观传递能力 | 保证公司核心价值观向项目团队成员的有效宣传与传递 |

### 3. 项目 HRBP "训战结合，循环赋能" 培养模式

华为公司高度重视项目中的人力资源工作，从组织层面将项目 HRBP 定位为战略预备队，使其上升到人力资源战略的高度。项目 HRBP 后备人才的培养遵循 "训战结合，循环赋能" 的人才培养模式理念，与项目管理培训相结合，形成统一的系统。华为项目 HRBP 后备人才培养工作主要从自主学习阶段、赋能培训阶段和在岗实战阶段三个方面展开。

（1）自主学习阶段。华为公司 HRBP 后备队伍主要来自新入职员

工和内部转岗人员。"应知应会"主要解决新上岗的项目 HRBP 基础知识薄弱、角色认知不清等问题。学员可借助公司现有的 e-learning 平台自主完成基础知识的学习。在训战培养开始之前，公司为新上岗的项目 HRBP 提供了清晰的自主学习路径，华为公司项目 HRBP 应知应会包括四个方面的内容，如表 3-19 所示。

**表 3-19　华为公司项目 HRBP 应知应会**

| 维度 | 概述 |
| --- | --- |
| HRBP 岗位要求 | 学员需要学习《胡总与 HRBP 部长座谈》等与 HRBP 有关的内部讲话纪要；自学《HRBP 工作手册》中角色认知部分，理解华为公司 HRBP 角色模型，六种角色均有典型案例供学员参考学习 |
| 华为 HRM 理念与政策 | 学习人力资源各项发文与政策规定；自学研读华为高级干部研讨班的教材《人力资源管理理念》，领悟华为人力资源的精髓 |
| HR 专业基础知识 | 学习由公司内部专家主讲的各模块基础知识网课，了解公司 HR 流程架构，参加公司 HRBP 基础知识考试 |
| 常用工具方法与优秀实践案例 | 学习成为业务部门战略伙伴所需要的 BLM（business leadership model）方法论；学习 HR 借鉴方案的信息资料；学习优秀 HRBP 实践案例 |

资料来源：葛明磊. 项目 HRBP 后备人才培养的探索性研究——以华为公司为例［J］. 中国人力资源开发，2015.18：11-20。华为 HRBP 的培养方案也是不断变化的。目前，华为公司推行 HRBP 战略预备队的培养方式。

（2）赋能培训阶段。新上岗 HRBP 在完成课前学习与相关考试后，开始正式进入华为大学和干部部联合组织的"训战"培养环节。"训"阶段由华为大学负责，学员需要在华为大学先后完成企业文化培训班、HRBP 赋能班、C8 项目管理资源池作训班这三个培训班的学习。

1）企业文化与价值观培训。华为大学教育学院新员工与企业文化培训系开设企业文化培训班。该班的学习内容主要包括：任正非讲话之《致新员工书》、华为公司介绍、华为核心价值观、人力资源政策制度、职业责任与商业行为准则、新人新路等。新上岗 HRBP 如果是新入职员工，则必须全程参与 4 天的企业文化培训；如果是公司内部员工转岗而来，可以选择性旁听部分课程。此外，在课间和晚自习期间，班主任还会组织学员开展团队建设与团队体验活动，如团队晨练、户外拓展游戏、室内模拟沟通游戏等。新上岗 HRBP 从业人员承担核心价值观传承者的角色，不仅需要学习和理解公司文化与核心价值观，还要思考未来如何将公司的核心价值观传递到一线项目团队中。

2）项目 HRBP 赋能班。华为大学教育学院管理者学习方案部开设项目 HRBP 赋能班。项目 HRBP 赋能班的目标是使学员了解 HRBP 在项目中的定位和角色，掌握项目 HRBP 的基础知识，明确项目 HRBP 的关键动作和关键技能，快速融入项目，发挥项目 HRBP 在项目管理中的专业价值。该培训项目基于项目管理运作流程和关键管控点专门进行了课程开发与教学设计，充分体现项目 HRBP 的工作特点。并由来自公司项目一线的具有成功经验的资深 HRBP 专家担任课程讲师。赋能班的培训时长为 10 天：第 1 天学习项目管理基础知识；第 2~9 天围绕 HRBP 在项目中的角色职责和关键动作的不同主题（具体包括：HRBP 角色认知、项目组组建与运作、项目人才供应管理、项目成员绩效评价、项目奖金生成与分配、非物质激励、项目人力资源管理诊断和解决方案等）进行团队研讨，选取项目一线典型案例，还原实战场景；最后 1 天，每位学员围绕"如何快速融入项目"主题进行最终的总结汇报。

3）C8 项目管理资源池作训班。在华为大学，有一个培训项目被称为 C8 项目管理资源池作训班。⊖自公司高度重视项目 HRBP 以来，华为大学整合不同部门的资源，使 HRBP 在项目 HRBP 赋能班结束后，以"第九大员"的身份加入到 C8 项目资源池作训中。在又一个为期 10 天的培训中，项目 HRBP 学员开始真正进入模拟项目团队，担任项目 HRBP 角色，与项目团队中的其他角色并肩作战。培训内容依据交付项

---

⊖ 由华为大学教育学院项目管理与案例学习方案部开设，该班的学员汇集了项目经理、技术、质量、供应链、财务、合同法务、项目控制等与交付项目管理有关的八个角色成员，称为项目管理"八大员"。C8 项目管理资源池以提升项目经营能力为主，旨在建立八大员协同意识，了解项目管理各流程中的协同点与协同方法。

目流程，划分为分析规划阶段、建立项目阶段、实施阶段和移交关闭阶段。项目 HRBP 和其他成员一起，真正模拟参与了端到端的整个交付项目管理全过程。除课堂模拟仿真演练的讨论案例外，C8 项目资源池作训班更加注重学员自己的实战案例总结与分享，10 天中有 5 天晚上是学员的案例分享时间，学员在之前实际工作中碰到的难题也可拿到班上讨论，群策群力。作训结束后，学员一方面系统学习了项目管理的全流程，另一方面也建立了跨职能角色的沟通与协作意识，真正做到学以致用。

（3）在岗实战阶段。新上岗的项目 HRBP 在完成华为大学的三项赋能培训之后，从模拟训练场进入一线，进行为期 6 个月的项目在岗实战。学员需同所在项目的项目经理和代表处 HRD 等一起制订实践计划，全程参与一两个主要项目。实战结束后，项目 HRBP 项目组将统一安排学员进行出营答辩，完成训战成绩评定和任职资格认证，出营后正式定岗，进入公司全球各地的项目或海外地区部和代表处，整个项目 HRBP 的培养工作至此结束。

### 4. 华为项目 HRBP 的多层次闭环培养

华为公司对项目 HRBP 后备人才培养形成了"训战结合，循环赋能"的培养模式。公司的企业文化培训对应于项目 HRBP 文化能力的提升，C8 项目资源池作训项目主要用于提升 HRBP 基于项目管理的业务能力和多角色协同的管理能力，HRBP 赋能班主要提高 HRBP 学员的人力资源专业能力。三大培训项目全面覆盖四维能力，形成了逻辑清晰的整体系统，共同组成了项目 HRBP 后备人才培养的主要内容。项目 HRBP 的培养遵循了"企业文化培训—HRBP 赋能培训—C8 项目资源池作训—项目实践"的流程，以团队成员协同与项目管理导向的"C8 项目资源池—项目实践"为终点，如图 3-5 所示，实现了项目 HRBP 人才培养系统的闭环。

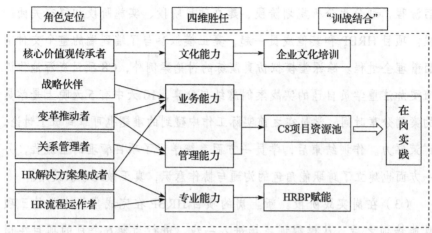

图 3-5　华为公司项目 HRBP 的培养架构

·名企实践·

# 博世的 HRBP 能力要求和培养

基于工作职责，博世对其 HRBP 关键能力素质的要求包括以下内容。

- 业务知识：掌握所负责业务板块涉及的业务知识，包括业务的运营模式、业务战略及其核心竞争要素、市场上的竞争对手发展情况。
- 战略思考及落地：运用自己的业务知识，通过内部沟通，从公司及业务战略出发制订短期、中长期的 HR 计划，使战略得以落地实施。例如，满足业务发展的短期招聘计划，配合业务战略的组织架构方案、中长期的人员培养计划、接班人计划。
- 客户导向和调动资源的能力：HRBP 能够善于调动内部资源，比较灵活地、快速地响应客户提出的要求。
- 问题解决：HRBP 要针对所发现的问题，具备顾问式的沟通技巧和解决问题的能力，能够系统地提出一些解决方案。
- 变革管理：HRBP 需要与业务部门一起尽早发现问题，并共同参与和推动变革。

博世针对不同的 HRBP 采取不同的方式。对于刚入职的 HRBP 岗位员工，培养方式主要是针对 HR 工作流程的课程培训，如人才评估、绩效评估、薪酬评估，以及 HR 咨询工具方法和技巧。针对较资深的 HRBP，博世对其培养的重点是通过一些具体偏咨询的实践项目团队活动提升战略思考能力和解决问题的能力。例如，针对事业部的部分需求或问题（通常以某一业务部门为样板），组成由该业务部门的 HRBP 领导、其他业务部门 HRBP 共同参与的团队，团队合作、在干中学来共同解决问题。

・名企实践・

## 舍弗勒的 HRBP 能力要求与培养

舍弗勒是全球范围内提供滚动轴承和滑动轴承解决方案、直线和直接驱动技术的领导企业，也是汽车行业发动机、变速箱和底盘应用领域高精密产品与系统的知名供应商，旗下拥有三大品牌：INA、LuK 和 FAG。舍弗勒 2011 年销售额达到约 107 亿欧元，在全球有约 74 000 名员工，是德国和欧洲最大的家族工业企业之一。舍弗勒在超过 50 个国家和地区设有 180 个分支机构，形成一个包括生产基地、研发中心、销售公司、工程师办公室和培训中心的全球性网络。自 1995 年在中国大陆投资生产以来，舍弗勒大中华区已确立了在生产、销售、研发、技术支持和服务方面的竞争优势。目前，舍弗勒大中华区拥有员工 6000 多名，在安亭设有 1 个研发中心，在太仓、苏州、宁夏设有 6 个生产基地，在北京、上海、沈阳、香港、台北等地设有 20 个销售办事处。⊖

舍弗勒公司根据事业部（如工业、汽车等）设置 HRBP。各事业部的 HRBP 分为"大 BP"（在战略层面上）和"小 BP"（在运营层面上）。小 BP 直接向大 BP 汇报。舍弗勒的 HR 内部实施不同角色的轮岗，使

---

⊖　资料来源：舍弗勒中国有限公司官网 https://www.schaeffler.cn/content.schaeffler.cn/zh/index.jsp 整理。

得 HR 互相之间能够更加深入地了解对方的职责，有利于 HR 之间的合作。同时实现技能上的培养：COE 人员具有 HRBP 的经验，HRBP（尤其是 junior HRBP）具备 COE 各个领域的基础专业知识和能力。

### 1. HRBP 的职责

HRBP 的工作职责包括：①在各个区域或各个 BU 执行和落实公司的政策和项目，如人才发展、培训、组织变更等。②确定业务需求，与业务沟通制定组织计划（如组织发展、组织变革）和人力规划，从而将 COE 提供的指导与所在业务部门的计划相结合，并将其落实到日常操作中。③参与业务战略的制定，大 BP 作为 HR 的代表参与组织战略（包括业务战略）的制定。④人力资源管理各个模块的日常运营，如参与面试与录用决策、培训需求识别、绩效管理、薪资变动、日常员工关系的维护等。

### 2. HRBP 的能力要求

舍弗勒要求所有 HR 人员具备的能力：变革管理、问题的分析与解决、提供咨询和建议的能力、HR 流程的优化能力以及业务敏感度。舍弗勒对 HRBP 能力和工作有更高的要求。

- 人才配置能力：HRBP 需要根据组织和岗位需求制定人才要求和人才获取计划。
- 人效优化：HRBP 需要具备岗位人员的优化能力，进而考量组织效能和人员效能，并不断进行优化。
- 人才开发能力：舍弗勒 COE 的培训发展团队会制定人才开发的指导和流程，HRBP 需根据业务情况进行适度调整并落实到各业务部门。
- 员工关系管理能力：主要是日常的员工关系维护，如日常入离职、劳动合同法、劳动纠纷以及员工关系的处理等，能够帮助员工解决实际问题。

### 3. HRBP 的培养

针对 HRBP 的每项胜任力，舍弗勒在"10-20-70"的引导下设计对 HRBP 的培养途径：①10% 部分为 HR 专业领域各类培训课程；②20% 部分，包括内部分享（团队内资深的 HR 会定期分享专项技能）、内部导师（HR 团队内部级别较高的 HR 做级别较低 HR 的导师，进行一对一帮扶）、内部教练计划（为级别较高的 HRBP 配备外部教练，根据岗位核心胜任力确定指导内容）；③70% 部分，在岗训练是 HRBP 成长的主要方式，确定每位 HR 的能力差距之后，会制订个人发展计划。原则上，企业希望每位 HRBP 都能制订个人发展计划，目的在于让员工本人成为其能力提升的责任人，而不是把自己的发展交给企业。HRBP 企业在其日常的工作中增加一些有意的安排和一些特殊的项目，并定期进行回顾。此外，HR 团队应加强与其他企业 HR 的交流，了解其他企业的做法和具体的项目，进行内部的总结讨论和回顾，向外界优秀企业学习。

舍弗勒还通过两个主要途径培养 HRBP 分析解决问题的能力：第一，通过内部分享、HR 共同看书、团体学习等方式总结解决问题的一些固定套路、理论和方式方法（如问题归类、金字塔思维等方法），解决知识层面的短缺；第二，通过内部定期的案例实践分享、行动学习，从案例中了解"在什么情况下解决什么问题，如何解决、结果怎样、在过程中有何收获"，在干中学，进行总结反思。

## 3.4　HRBP 的考核

CFO 见 CEO 的次数往往比 CHO 多，根本原因是 CFO 总是用量化的数据说话。HR 要真正展现价值，就必须聚焦结果，用数字说话。HRBP 是人力资源部门与业务部门之间的沟通桥梁，需要帮助业务部门设定人力资源的工作目标和计划，并树立对业务部门的内部客户服务意识，为他们提供专业的人力资源解决方案。HRBP 主要关注通过提供人力资源管理的咨询来支持业务部门的战略，对业务战略和运营流程的了解是其顺利开展工作的基础。一个成功 HRBP 的行为表现为：能基于业务部门的数据发现问题；能通过弹性的解决方案施加影响；能通过关注结果的绩效考核担当责任。三支柱模式不同于传统模式的根本在于它是一个客户导向的运作模式，而 HRBP 的客户就是业务。因此，衡量并持续跟进业务主管对 BP 的有效性评价，对于展现 HR 的价值，树立"客户导向"的思维模式，影响深远。BP 也需要在组织效能、人才管理等领域展现成果。

所以，对 HRBP 的绩效度量可以从两个方面展开：一是业务主管的评价；二是衡量结果的 KPI（见表 3-20）。典型的指标如业务效率、人均效能、人力资本投资回报率、板凳深度、继任计划晋升率、高绩效员工离职率、员工敬业度等。从指标类型上看，HRBP 的考核重点可能包括以下内容。

- 结果指标，主要反映 HRBP 本职工作的完成（如板凳深度、员工敬业度、高绩效员工离职率等）以及对业务部门的贡献（如业务增长率、人均营业收入等），某些指标可能和 COE 共担。
- 关键任务指标，主要反映 HRBP 驱动的关键任务、项目的完成情况。
- 客户指标，主要反映业务主管对 HRBP 有效性的反馈。

表 3-20 HRBP 考核的参考指标

| 角色 | 参考 KPI |
| --- | --- |
| 业务贡献 | 业务增长率、人均税前利润、人均营业收入、人力成本等 |
| 人才管理 | 继任计划完成率、后备人才覆盖率、关键人才敬业度等 |
| HR 解决方案 | 公司项目完成率、项目解决方案评分、问题解决速度与效果等 |
| HR 聚焦 | 关键岗位招聘及时率、骨干员工离职率、新员工试用期合格率等 |

与传统 HR 部门考核指标不同的是，HRBP 绩效管理表现的特点和趋势：① HRBP 的业绩需要与所支持的业务主管业绩紧密结合；②在考核方面，业务主管对 HRBP 的业绩有决定／较大的发言权，例如用 HRBP 客户满意度衡量 BP 管理者业绩。此外，还可能从公司管控的角度，增加对 HRBP 的考核指标，例如将公司政策和流程遵从性作为扣分指标。

由于确定 HRBP 作为业务合作伙伴，因此，甚至有一些公司为了更好地体现 HRBP 与业务部门的"伙伴关系"和"共同目标"，利用 HRBP 的个人绩效评估加强与激励 HRBP 和业务管理者在人才计划执行的质量及协作中的投入，公司对业务管理者和 HRBP 的绩效考评指标是一样的，表明两者的责任重叠，反映了 HRBP 和业务管理者共同承担人才发展和业务绩效的内容，只是由于分工上的侧重点不同而在具体指标上的权重不同，如表 3-21 所示。高管团队根据 HRBP 和业务主管影响业务结果及其重要性调整绩效指标的权重。

表 3-21　业务管理者与 HRBP 的绩效关联（示例）

|  | 目标值 | 预期结果 | 业务管理者权重 | HRBP 权重 |
|---|---|---|---|---|
| 业务目标 | 销售收入增长率 | 增加 10% | 70% | 20% |
|  | 运营成本降低率 | 降低 3% |  |  |
| 人员业务效率 | 人均效率 | 核心人才流失率<br>人均销售收入增长率 | 20% | 40% |
| HR | 员工能力提升 | 实施培训计划 | 10% | 40% |
|  | 员工敬业度 | 员工敬业度分数 |  |  |

・名企实践・

## 百思买集团对 HRBP 的考核

五星电器有限公司成立于 1998 年 12 月 18 日，总部位于中国南京，是一家著名的中国家电零售企业，在中国江苏、安徽、浙江、山东、河南、四川、云南等省份拥有专业化连锁卖场 200 家左右，员工 2 万名左右。2006 年，全球最大的家电连锁零售企业百思买集团（BESTBUY）以 1.84 亿美元收购五星电器 75% 的股份。2009 年，百思买集团再斥资 1.85 亿美元完成剩余股权的收购。<sup>⊖</sup>百思买集团经营五星电器期间，一个 HRBP 往往负责几个卖场。公司对 HRBP 的考核指标如表 3-22 所示。其中，内部客户满意度是通过对内部服务对象调研打分的方法确定结果的，如表 3-23 所示。

**表 3-22　百思买集团对 HRBP 的考核指标**

| 序号 | KPI | | 考核周期及权重 | | |
| --- | --- | --- | --- | --- | --- |
| | | | 月 | 季 | 年 |
| 1 | 财务指标 | 万元产出（实绩、同比） | 30% | 20% | 20% |
| 2 | | 人均劳效（实绩、同比） | 30% | 20% | 20% |
| 3 | 客户 | 内部客户满意度 | | 40% | 30% |
| 4 | 内部运营 | 核心员工主动流失率 | 20% | 10% | 10% |
| 5 | | 招聘及时到位率 | | 5% | 5% |
| 6 | | 培训质量系数 | 20% | 5% | 5% |
| 7 | 学习与成长 | 人力团队的内部梯队建设 | | | 10% |

**表 3-23　内部客户满意度评分表（HRBP 负责的几个卖场）**

| 序号 | 问题 | 评分 | | | |
| --- | --- | --- | --- | --- | --- |
| | | 0 分 | 1 分 | 3 分 | 5 分 |
| | | 没有沟通 | 有沟通，但无解决方案 | 有沟通，有解决方案，但没实施 | 有沟通，有解决方案，并达到预期结果 |
| 1 | 在最近的三个月中，分部 HRBP 是否主动与你就控制用人费用、提升人力费用使用效率等方面进行过沟通 | | | | |
| 2 | 在最近的三个月中，分部 HRBP 是否主动与你就分部和 / 或卖场正在实施的各项激励政策的效果进行过沟通 | | | | |

⊖　2014 年 12 月 4 日，百思买集团宣布，已与浙江佳源集团达成最终协议，将旗下五星电器业务出售给后者。

（续）

| 序号 | 问题 | 评分 | | | |
|---|---|---|---|---|---|
| | | 0 分 | 1 分 | 3 分 | 5 分 |
| | | 没有沟通 | 有沟通，但无解决方案 | 有沟通，有解决方案，但没实施 | 有沟通，有解决方案，并达到预期结果 |
| 3 | 在最近的三个月中，分部 HRBP 是否主动与你就分部和／或卖场核心员工的工作状态以及如何调整和提升进行过沟通 | | | | |
| 4 | 在最近的三个月中，分部 HRBP 是否主动与你就分部和／或卖场高潜力人才的挖掘、培养和保留进行过沟通 | | | | |
| 5 | 在最近的三个月中，分部 HRBP 是否主动与你就分部和／或卖场核心岗位的人才梯队建设情况进行过沟通 | | | | |
| 6 | 在最近的三个月中，分部 HRBP 是否主动与你就分部和／或卖场员工培训的需求、数量和质量进行过沟通 | | | | |
| 7 | 在最近的三个月中，分部 HRBP 是否主动与你就分部和／或卖场存在的有违公司价值观的或不合规的行为及可能导致的后果进行过沟通 | | | | |
| 8 | 在最近的三个月中，分部 HRBP 是否主动在管理层会议中，就分部卖场的人员状况及其与经营业绩之间的关联进行过系统的报告 | | | | |

# HRSSC 的构建与运作

　　HRM 部门尤其是业务现场的 HR，从传统的事务性工作缠身转型到业务伙伴，一个关键的前提条件是，谁帮助他们承担了原来的事务性工作？显然，三支柱中因 HR 角色分工加深形成了 HRBP、COE 和 SSC，三者相互之间起到了关键性的支持作用，特别是 HRSSC，它通过流程简化、标准化、自动化，充分运用 IT，HR 服务交付采取共享服务模式，从 high touch 向 high-tech 的方式转变，极大地解放了现场 HR 的压力，是 HRBP 转型的关键。

　　自人力资源管理三支柱理论引入国内以来，一些大型企业纷纷开始探索人力资源管理组织结构转型，构建 HRSSC。构建 HRSSC 是一个复杂的过程，不同的企业具有不同的起点（战略、业务、所处环境等），通向 HRSSC 的路径也因企业而异。但这些路径的本质都是对传统人力资源组织的变革，它们之间必然存在相似的环节，比如新组织的设计、基于新组织的要求进行的人员配置等。无论什么企业，要想成功构建 HRSSC，都需要把握好一些共同的关键要素。本章将对 HRSSC 构建和运作的一些关键问题展开讨论与分析，介绍现有的经验做法。

## 4.1 共享服务的兴起与 HRSSC 的功能定位

### 4.1.1 共享服务的兴起

Gunn Partners 公司的创始人 Robert Gunn、强生（Johnson & Johnson）公司的 David Carberry、通用电气公司（GE）的 Robert Frigo 以及 DEC 公司的 Stephen Behrens 共同于 1993 年第一次提出了共享服务的思想。⊖ 共享服务，是指企业将原来分不同业务单元"分散式"进行的事务性或者需要充分发挥专业技能的活动（如财务、人力资源管理、信息管理技术和法律等），从原来的业务单元中分离出来，交给专门的部门运作，从而达到整合资源、降低成本、提高效率的目的。美国学者布赖恩·伯杰伦（Bryan Bergeron，2004）认为，共享服务是一种将一部分现有的经营管理职能集中到一个新的、半自主的业务单元的合作战略。这个业务单元就像在公开市场展开竞争的企业一样，设有专门的管理结构。他认为，共享业务单元以客户为中心，以最佳实践为基础，运用现代技术和多种信息化手段，集中处理非战略性、非核心的业务，从而实现规模效应。网络公司 Akris.com 的创始人安德鲁（Andrew Kris，2005）等认为，共享服务并非是对重复性工作的简单合并，而必须建立一个具有稳定成长性的内部经营机构，并借助有竞争力的业务流程来降低交易成本。刘汉进（2004）则认为，共享服务是在具有多个运营单元的公司中组织管理功能的一种方式，它将原来分散在不同业务单元进行的财务、人力资源、IT 等事务性或者需要充分发挥专业技能的活动，从原来的业务单元中分离出来，由专门成立的独立实体提供统一的服务。

所谓共享服务中心（SSC），就是企业将分属于不同业务单元（business

---

⊖ Gunn R W, Carberry D P, et al. Shared Services: Major Companies are Re-engineering their Accouting Functions［J］. Management Accouting, 1993, 75(5): 22-28.

unit，BU）职能管理领域（如财务、人力资源、IT 等）内的工作从原 BU 中分离出来，形成专门的组织进行运作，以确保跨组织协同，履行专业化、简单化和标准化的管理原则，保障职能管理的高度和深度，打造卓越的职能中心。同时，解放 BU，使 BU 将精力转移到主价值链，聚焦于实现主价值链上各职能领域的增值能力和效用。这种方式如果由第三方提供，就形成了业务流程外包（business process outsourcing，BPO）。BPO 与 SSC 的唯一区别是服务提供者的所属不同。共享服务中心通常为独立的事业部或独立的子公司，充分利用互联网等信息技术推动企业生产组织形式或运营模式的变革与创新。企业信息化建设，包括建立企业资源规划系统（ERP/SAP 系统），是实施共享服务的基础和前提。企业通过共享服务中心与内部业务客户签订合同，在提供服务时共享组织成员和技术等资源，为内部客户提供统一的、专业化和标准化的服务，从而达到整合资源、降低成本和提高效率的目的。

　　美国福特公司是第一家建立共享服务中心的公司。之前，福特公司运作使用分权事业部制，各部门规模小、效率低，从而导致部门和人员设置、资本投入等的重复。为了取得业务处理的规模效益，20 世纪 80 年代初期，福特公司在欧洲成立了财务共享服务中心。随后，通用电气、杜邦等公司也陆续成立类似共享服务中心的机构，并在其他国家得到了进一步实践和验证。近年来，越来越多的跨国公司采用共享服务这种组织重构形式。共享服务的业务从最初的财务和会计职能发展到人力资源、采购、信息系统，以及法律、投资、研究与开发等业务。根据德勤（Deloitte）和国际数据公司对《财富》500 强企业所做的调查，早在 2003 年就已经有超过 60% 的《财富》500 强公司设立了共享服务中心。⊖花旗集团商业服务年度调查报告显示，2002 年，超过 90% 的

---

⊖　Zeynep A O, Masini A. Effective Strategies for Internal Outsourcing and Offshoring of Business Services: an Empirical Investigation［J］. Journal of Operations Management, 2008, 26(2): 239-256.

欧洲 500 强企业已经或计划建立共享服务中心。<sup>○</sup>随着跨国公司在中国的业务扩张，许多跨国公司在中国设立了离岸共享服务中心，比如汇丰设立的数据服务中心、泰科国际设立的人力资源共享服务中心，摩托罗拉、飞利浦、美国铝业、百特等也都在中国设立了共享服务中心。

通常情况下，国际化的企业都会为共享服务中心建立独立的组织，比如拜耳商业服务公司（Bayer Business Services，BBS）、西门子商业服务公司（Siemens Business Services，SBS）。根据有关统计调查数据，超过 50% 的《财富》500 强企业正在应用共享服务，90% 的跨国公司正在构建人力资源共享服务中心。

### 4.1.2　HRSSC 的功能定位与类型

#### 1. HRSSC 的功能定位

HRSSC 是企业集团将各业务单元中与人力资源管理有关的行政事务性工作（如员工招聘、薪酬福利核算与发放、社会保险管理、人事档案信息服务管理、劳动合同管理、新员工培训、员工投诉与建议处理、咨询与专家服务等）集中起来，建立一个服务中心。该中心为集团的业务单元提供人力资源管理服务。企业集团的人力资源部门则专注于战略性人力资源管理的实施，从而提高人力资源的运营效率，更好地服务业务单元，使人力资源管理实现战略转型。HRSSC 通过服务创造价值，它的本质是由信息及网络技术推动运作管理模式的变革与创新。共享服务中心的主要职能是提供集中服务，因此，共享中心要建立专业化的人事服务队伍，制定专业的服务流程和服务标准，来满足内部客户的需求。

和传统的管理模式相比，HRSSC 实现了"三个转变"。

---

○　Citigroup. Citigroup Business Services Annual Survey of European Shared Services. NewYork: citigroup Inc., 2002.

（1）人力资源服务方式由"high touch"（高频率的面对面接触）转变到"high tech"（基于技术的交流）。传统的人事服务工作，员工大多通过和人力资源人员面对面接触来解决相关问题。基于互联网技术的发展，HRSSC建立后，大多数人事服务会借助信息平台。员工通过自助、在线互动等方式可以解决大多数人事服务问题。

（2）服务质量由"个性和随意化"转为"标准和规范化"。从集团化管控的角度来看，共享服务中心显著地提高了人力资源管理的标准化，保证了各分支机构管理的规范性。分支机构的所有人力资源业务都进入共享服务中心后，HR服务的流程、标准是一致的，相应地，服务水准也是一致的，有助于改变过去不同分支机构HR服务差异性较大的现象。

（3）部门定位由管理者转变为服务和支持者。人力资源共享服务中心也使人力资源工作者的角色发生了转变，从管理者变为服务者。在HR圈内有个经典的故事是，某央企成立HRSSC时，从人力资源部抽调员工到服务中心工作，但是谁都不愿意去——工作调动后，他们的角色从干部变成了"服务员"。

## 2. 共享服务模式分类

关于共享服务模式的分类，国内外学者有着类似的研究。外国学者奎因等（2000）从人力资源共享服务的市场化程度、服务对象、服务内容、组织形式、服务范围大小等方面进行研究，将HR的共享服务模式分为：基本模式、市场模式、高级市场模式和独立经营模式。基本模式是以处理日常事务和行政类工作为主，目的是降低运作成本，规范流程；市场模式在基本模式的基础上，增加了专业咨询服务并将控制职能和服务职能进行了区分；高级市场模式则从共享服务的市场的角度出发，为顾客提供有效的解决方案，有能力为外部的客户提供服务；独立经营模式是独立的经验实体，可以为更多的组织服务，从而赚取利润。

根据相关研究结论和实践观察，对 HRSSC 模式的划分可以从两个维度考虑，如图 4-1 所示。

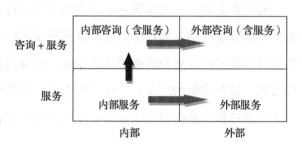

图 4-1　HRSSC 的模式

一是按照服务对象（或市场化程度）分为内向型和外向型，即为内部客户服务还是为外部客户服务。对内服务的人力资源共享服务中心是大型跨国组织通过集中化地创新内部市场系统来重新建构其 HR 服务的提供方式，只向内部提供 HR 服务。这些公司包括 SAP、IBM、惠普、飞利浦、西门子、福特、宝洁、汉高、摩托罗拉、爱立信和壳牌等。大多数企业的共享服务中心都是限于为内部服务。对外服务的 HRSSC 是一个大型组织建立的共享服务中心，它不仅向自己的组织提供 HR 服务，还向外部客户组织提供外包服务，如英国的 BAE System。

二是按照服务专业化水平，分为基本服务模式和咨询服务模式。基本服务模式主要为 HRM 某些职能的日常操作提供支持，重在人事服务。另一种是咨询服务模式，即服务共享中心不仅为企业的各个子公司提供最基本的日常操作服务，还像咨询公司一样为业务单位提供更高层次的顾问服务，根据其业务要求来定制服务内容。

通常来说，新建的服务共享中心往往是内向型的基本模式，因为常规活动比较容易整合，而且最能体现其规模效益与成本降低的效果。当内部服务成熟后，部分企业的 HRSSC 可能会向两个方向发展：一是拓展服务范围，即从内部服务发展到内部服务 + 外部服务；二是拓展服务能力，即从内部服务发展到内部人事服务 + 内部 HR 咨询。咨询服务模式可以作为成熟的共享服务中心的功能完善。然而，作为跨国公司的共享服务中心，则需要更加关注共享服务组织发展的延展性。混合型服务中心或将成为大部分企业的发展目标。通过这四种模式的划分，我们可以看到，共享服务模式的发展趋势越来越市场化，经营目标由低成本变为提供最有效率、最有质量的服务；工作内容由以业务为中心变为以客户为中心，并由客户自由选择服务供应商；经营理念由抵补变为赚取利润。

### 4.1.3 HRSSC 的价值

#### 1. 共享中心的一般价值

共享服务最基本的作用在于降低成本。德勤和国际数据公司对《财富》500 强企业的调查表明，共享服务项目的投资回报率平均为 27%，员工人数可以减少 26%。<sup>⊖</sup>美国管理会计师协会（Institute of Management Accounting，IMA）对《财富》500 强企业中实施和未实施共享服务的公司进行了比较，研究结果表明，后者所选择的六项共享功能的成本平均下降 83%。<sup>⊜</sup>

除了节约成本以外，共享服务还具有优化资源配置、提高系统效率、提高客户满意度以及强化核心能力等优势。Hirschfield 认为，通过合并原先散布在组织中的行政和交易行为，共享服务中心能够在优异的工作、技术专家、技术发展水平之间取得平衡以提供最理想的服务。<sup>⊜</sup>Donna 等进一步指出，共享服务可以将业务经理从日常任务中脱

---

⊖ Tim R. Tech Report: Shared Services Share Where［J］. CFO, 2000, 16( 10) : 101-106.

⊜ Denburgh E V, Denis C. Doing More with Less［J］. Electric Perspectives, 2000, 25 (1) : 44-55.

⊜ Hirschfield R. Shared Services Save Big Money ［J］. Datamation, 1996, 42( 15) : 76-78.

离出来使其集中于战略性的业务规划。<sup>○</sup>Connell 指出，共享服务通过利用大公司和小组织的协力，在提高生产率、提高顾客满意度、降低成本等方面产生效果。<sup>○</sup>Forst 认为，顾客满意，而不是降低成本，应该成为共享服务的总目标。<sup>○</sup>此外，企业通过共享服务可以增加其敏捷性与灵活性。Martin 指出，共享服务为组织增加了新事业单元、消化兼并、迅速扩展的灵活性，并使业务单元专注于核心业务和追逐新机会。<sup>○</sup>Denburgh 指出，共享服务可以提高重组、兼并和分拆的灵活性，在不增加支持人员的条件下适应公司发展。<sup>○</sup>共享服务的上述作用使其在跨国公司的实践中得到了迅速发展。

### 2. HRSSC 的价值

人力资源部门作为一个共享服务部门，其职责一般是为内部其他部门提供低成本、规模化、标准化和专业化的 HR 服务。HRSSC 的运作如同经营一家公司，因为 HRSSC 在公司内是一个独立的运营体。HR 部门已经不仅仅是传统的成本中心，即使它不产生利润，但至少应做到收支平衡，也有 HRSSC 用收益和损失来评估运营的财务结果，这为公司节省了许多财务成本。这一管理模式在公司的内部运作中引入市场机制，并采用政策条例来管理公司其他部门在 HR 方面的需求，所提供的服务更有章可循、更专业。HRSSC 与其他部门是平等的业务关系，它要对自己提供的服务承担责任，其他业务部门有权选择外包商，即 HRSSC 与外包商是竞争关系，这与传统的只作为管理职能部门存在的 HR 部门不同。

- ○ Donna K, Hirschfield R. The Benefits of Sharing [ J ]. HR Focus, 1996, 73( 9) : 15-16.
- ○ Connell R. Learning to Share [ J ]. Journal of Business Strategy, 1996, 17( 2) : 55-58.
- ○ Forst L I. Shared Services: A Leg up on Acquisition Payoffs, Mergers & Acquisitions [ J ]. The Dealer makers Journal, 2001,36(4) : 26-30.
- ○ Martin J F, Mark D.Shared Service Centres the Irish Experience [ J ]. Accountancy Ireland, 1999, 31(4):7-9.
- ○ Denburgh E V, Denis C. Doing More with Less [ J ]. Electric Perspectives, 2000, 25(1): 44-55.

构建人力资源共享服务中心的目的是整合专业资源，降低运营成本，提高运作效率和提供优质服务。

（1）集中服务，降低人力资源运营成本。始于共享服务中心的 HR 三支柱转型大多是成本导向的。企业创建 HRSSC 后，公司内业务单元的人事行政工作集中起来统一由共享中心来完成。共享中心不行使人力资源的管理职能，它与业务单元是服务与支持的关系，即根据业务单元的需要提供服务。集中服务有利于资源的集中利用，从而形成规模效应，从规模中实现效益的同时降低成本。实现途径可能包括：首先，人员聚集可以将流程的颗粒度降低，尤其使 SSC 工作简单化，工作负荷相对饱满，降低效率损失形成规模经济；其次，流程标准化使工作变得相对简单，而且共享中心的地址可以选在中小城市，使公司的用人成本相对低廉；再次，之前人力资源事务性工作分散在各个分支机构，往往面向诸多的外包提供商。采用 HRSSC 后会提升公司总体的谈判地位，避免重复购买和重复沟通的事务；最后，工作事务的规模化和流程化。公司所有人员的 HR 数据处理、薪资核算、绩效核算、员工异动、考勤管理等全交由 HRSSC 处理，降低了相应的人事岗位人员配置。以某大型企业集团为例，从人员配置来说，按照传统的直线管理模式，即使一个分支机构只有百十个人，也需要配置人事专员。2010 年建设 HRSSC 后，该公司员工从不到 4000 人发展到如今的 5500 人，但公司人事岗位的员工人数反而下降了。人力资源工作效率大大提高、作业成本明显降低。

（2）实现 HR 服务专业化、标准化和统一化，改善服务质量，提高效率并利于 HRM 聚焦战略。共享服务中心建立统一的服务标准和流程，集中服务。HRSSC 通过专业分工，打造专业化的队伍来提供专业服务，减少和避免以前分散在各业务单元中的因人力资源工作标准不统一造成的不公平性和执行标准不一致造成的偏差。因此，HRSSC 提高了人力资源政策执行的公平性，提高了员工满意度。

　　尽管人力资源管理者越来越被认为是战略业务合作伙伴，但人力资源大量的时间仍花费在一些诸如记录、合规和提供服务之类的传统人力资源工作上。专业化、标准化的集中服务，提高了人力资源的运营效率，也使集团人力资源部门摆脱行政事务专注于战略性人力资源管理，聚焦于员工能力提升、团队建设和战略绩效的落实。建立 HRSSC 后，业务单元可以更加专注于核心业务的开展，提高业务单元的运营效率，从而使其更加专业化，更具有竞争力。同时，人力资源共享服务中心在为业务单元服务的过程中，增进与业务单元的合作伙伴关系。

　　（3）流程的标准化和统一化，有利于公司对 HR 的风险控制和总部管控。当公司没有建立共享服务中心时，各个分支机构的人力资源政策缺乏一致性。以一个有诸多法律主体的集团企业为例，受 HR 管理者的知识、经验和阅历的影响，以及流程颗粒度的不同，其流程一般都有很大的提升空间，给企业管理造成很多漏洞，容易产生风险，同时也不利于总部的管控。而一旦将其集中到 HRSSC，集团内部各不同法律主体的 HR 业务流程的标准化和规范化程度均会有不同程度的提升，这就为企业的风险控制提供了很大的可能。而且，HRSSC 提供集中的服务内容，并与提供服务的内部客户签订完整的服务协议，其运作更加透明化，也因此更利于公司总部对人力资源业务的审计和监控。同时，其专业化的分工、明确的职责与角色，也可增强企业（或集团）对劳动力的分布、预测和规划。

　　HRSSC 带来的价值在若干企业的实践中得以体现。根据怡安翰威特的调研[⊖]，HRSSC 可以带来 25% ～ 40% 人力资源运营成本的下降，不仅包括 HR 团队自身效率提升带来的成本降低，也包括帮助业务主管、员工从事务性工作中解脱出来带来的成本降低。例如，一家全球领先的

---

　　⊖　资料来源：根据 http://www.aon.com/china/human-resources/thought-leadership/chinaconnect/201211/HRSSC.jsp 相关资料进行整理。

零售企业进行人力资源转型，在分析 HRSSC 的投资回报率时发现，一个店长用在发薪、考勤、员工入离职等事务性工作方面的时间占到全部工作时间的 10% 左右，这家公司在全球有成千上万名店长，设立共享服务中心后，节省下来的时间非常可观。HRSSC 可以带来的长期回报包括提升员工满意度，节省管理者的时间，改进 HR 服务率，减少出错带来的损失。要实现这样的回报，企业规模及各 BU 的人力资源政策、流程一致性是前提条件，只有这样才能具备规模效应，回报率才会高。

以中兴通讯公司为例，公司把"为公司员工提供满意的 HR 共享服务"作为设立 HRSSC 的价值目标。HRSSC 明确了服务规范标准，在服务质量、服务态度、处理效率、信息反馈等方面有了明显的改善；成立了"机要文控室"，规范了人事档案管理，并在逐步实现档案数字化、信息化管理。除了传统的柜面服务以外，HRSSC 开展了多样化的服务，设有 7000 多条热线服务和贵宾上门服务等方式，推出了"入职服务前后延伸"，为新员工办理入职、参加培训、融入组织提供便利和保障。HRSSC 在流程梳理、服务延伸及创新、服务范围拓展等方面的工作开展，确保了员工满意度的提升。2009 年上半年，HRSSC 客户综合满意度为91.38%，比年初确定的目标值高出 6.38%，较成立之前提升了 13%。

DHL 实施人力资源转型的运行效果可以从以下方面进行对比分析。⊖

在薪酬福利方面，对薪酬福利团队人员及工作进行高度整合，成立共享服务中心后，人员效率提升 16.7%，劳务工薪酬支付全国进行统一，开展个税网上申报及远程报表填报，年假信息管理及薪酬福利问题解答服务，薪资变化保密沟通服务等。

在招聘方面，转型前全国有 34 名人力资源专员，平均支持比例为1∶209。转型后由 10 名招聘人员负责全国所有岗位的招聘及相关操作

---

⊖ 梁淑魏.DHL 公司人力资源共享服务中心建立研究［D］.长春：吉林大学，2.12.作者进行了整理。

流程，平均支持比例为 1：605，减少了参与招聘的人员数量，招聘效率明显提高。同时，按照管理和非管理岗位划分工作职责，有针对性地进行人员招聘和人员共享；建立 e-recruitment 网上招聘系统，从对外发布到筛选简历，通知、推荐候选人，全部实现了系统化操作，同时，网上在线人才库节约了简历筛选和资料输入的时间。在招聘流程中候选人数量与面试数量，面试数量与聘用数量的比率，聘用人员的留任比率，通过人力资源共享服务中心的实施，都有不同程度的提高。

在培训及绩效发展方面，该团队减少了 2 名管理人员和 2 名专员。沟通层级减少，从四级沟通（总部—区域—分区—员工）改为直接与员工沟通。通过 e-learning 网上培训系统，将各分公司各自组织的通用培训纳入培训系统，避免了各行其道，员工可以根据实际情况选择合适的学习时间、地点和进度。在线课程均采用标准化设计和大规模开发，学员均摊的生产及服务成本相当低廉，也节省了学员的出差成本。

## 4.2　构建 HRSSC 的三大基础

在正式着手构建 HRSSC 之前，企业必须进行必要的准备，确保具备构建共享中心所需的三个基础：一是有足够数量的组织，使构建 HRSSC 形成规模效应；二是统一流程所需的人力资源技术基础，即建立 "一个公司"（one company）背景下的共享服务愿景；三是 IT 的支持。

### 4.2.1　有足够数量的组织形成规模效应

只有实现规模效应，降低人力资源运营成本，HRSSC 才有构建的必要。因此，人力资源共享服务通常更适合大型集团企业，并不适合单一机构的公司。大型企业员工规模庞大、工作地点分布广泛，如果在每个业务单元设立人力资源组织，工作流程不统一且运营成本高。把各级子公司重复性的事务集中处理，更容易产生整合规模效应，从而降低单位成本。积极创建 HR 共享中心的组织大多有以下特征：一是企业集团（包括分公司和分支机构）员工数量庞大；二是企业在全国各地或者世界各地设立数量众多的子公司或分支机构；三是人力资源部员工数量大，例如在子公司或者分支机构中都设立人力资源部；四是企业集团重视人力资源及政策的执行，重视员工发展，强调员工信息管理和其对公司的满意度、归属感；五是企业集团有以提高人力资源管理效率为出发点来提高企业竞争力的愿望。特别地，当业务复杂度较高（如员工上万人、人力资源部上百人）时，人力资本将发挥重要作用。因此，需要将员工服务和效率、成本放在较重要的位置，建立 HRSSC 可以给企业带来明显收益。20 世纪 80 年代，美国福特公司作为第一家建立共享服务中心的公司，随后，通用电气、杜邦等公司也陆续成立类似共享服务中心的机构。一项调查数据显示，超过 50% 的世界 500 强企业正在应用共享服务，90% 的跨国公司正在构建人力资源共享服务中心。国内企业的人力资源共享服务还处于初级阶段，只有少数大型公司有较为成熟的经验，如华为 SSC、腾讯 SDC。

　　HRSSC 适合大型企业，对那些规模较小但成熟度较高的企业来说，一个不错的选择是外包服务。虽然在公司内部没有足够的规模经济效应，但在外包公司那里，就有规模经济效应。在一项针对亚洲领先企业的调研中，81% 的企业都已设立或正在设立 HRSSC，其中，31% 的企业选择自建 HRSSC，14% 的企业选择将 HR 事务性工作外包，36% 的企业选择混合模式，即部分自建部分外包。

### 4.2.2　建立"一个公司"背景下的共享服务愿景

　　虽然成本是企业在建立 HRSSC 时考虑的重要因素，但是，根据怡安翰威特的全球调研结果，一致性和质量，而非成本，是实施全球共享服务的关键驱动因素。尤其在中国，由于和发达国家相比其存在人力成本优势，所以，提升服务质量和客户满意度往往是主要驱动因素。此外，跨国公司在业务规模扩张的背景下容易出现各个 BU 目标各异、管理重复、资源共享效率低的状况。整合资源，实现"一个公司"的管理模式就成为公司管控的迫切需要。HRSSC 的构建在很大程度上是大规模企业实行"一个公司"、提升 HR 服务质量和客户满意度的驱动结果。

共享服务愿景就是告诉员工 HRSSC 将要做什么，不做什么。它将告知全体员工，人力资源共享中心是一个什么样的组织——包括共享中心将以何种形式提供哪些服务，目的或作用是什么（如创立一种统一的、高品质的服务交付途径，发挥规模效益等）。共享服务愿景还要向员工解释企业为何要构建 HRSSC，即构建共享服务中心的背景——响应"一个公司"战略。在越来越多对多元化母公司价值增加的质疑声中，企业为了保持竞争力，转而开始寻求协调与统一（Nilsson & Rapp，2005；Lindeberg & Malmlöv，2011），"一个公司"战略应运而生。在"一个公司"战略下，那些集团化公司、跨国公司在公司战略与具体经营战略间建立起清晰的联系，制定一致的战略和统一的控制方式，从而实现品牌体验、合规性、供应链协作、跨国界创新和销售渠道的整合等优势（Accenture，2010），最终成为真正意义上的同一家公司。它在很大程度上改变了公司原有的管理控制模式，推动了管理信息技术的发展。HRSSC 正是"一个公司"（也有可能是"one HR"，仅仅是 HR 的统一）要求下的产物，其实质是企业对人力资源管理职能的整合优化，及对人力资源管理成本和服务质量的统一控制。而 HRSSC 的集中化属性也决定了其只能在"一个公司"的战略背景下存在。例如，2005 年，ABB 公司提出"one simple ABB"战略，并于次年在中国建立了共享服务中心。2006 年，联合利华公司在人力资源领域落地 "one unilever" 战略。为了响应 "one siemens" 战略，西门子公司将其人力资源部重组为全球战略组织、人力资源业务伙伴、全球服务共享组织三个部分。IBM 公司的 COE 采取 "一张脸" 的模式，非常看重全球政策、方案的一致性，这也构成了 HRSSC 的前提，同时，一致性也为 IBM 公司带来了成本的降低和效率的提高。

● 名企实践 ●

## 飞利浦 HRSSC 的背景与内容

飞利浦公司在发展过程中的权力下放使下属分支机构的管理差异较大、各行其道。以薪酬体制为例，飞利浦下属的各个公司经营内容不同（如灯具、医疗机械等），行业差别较大，采取不同的薪酬体制。飞利浦总部便提出了 "one philips" 的理念，即追求简单化，综合集团力量统一管理和部署。飞利浦总公司于 2003 年年底在上海成立了 "shared service"，包括人力资源、政府网络关系、财务、营销以及整个客户服务领域。人力资源共享中心作为一个整合的 HR 团队，为飞利浦（中国）的分支机构提供人力资源产品与服务。飞利浦（中国）公司的人力资源部改为人力资源共享服务中心，作为常设机构，人员固定，为工厂人力资源管理提供服务，按照专业模块划分为招聘、员工组织发展、报酬三个业务模块。例如，飞利浦的中国招聘服务中心⊖集中集团力量，建立了共享网络、共享简历库。下属业务单位（或分公司）的人力资源经理直接向自己业务单元的老板汇报。在分工上，中国总部负责整个体系的资源共享，强调公司体系的整体一致性，比如不同职级人员的角色和工资标准。但不同地区的工厂，当地政府的政策、当地人员所需要的人力

---

⊖　飞利浦的另外两个招聘中心设在欧洲和北美。

资源服务都会有很多差异。因此，工厂的人力资源经理在为当地员工提供服务时，需要根据当地政府政策、生活环境、文化背景等各个方面做小小的调整。比如，业务单元中的某些职位（如医疗系统销售人员）的薪酬标准可能有所差别，会按照市场标准进行调整，但是最终不会超出总部制定的该级别的限制。业务单元人力资源管理经理在策略统一的大前提下增加了灵活性和人性化。

・名企实践・

## 施耐德 HRSSC 转型的背景

总部位于法国吕埃的施耐德电气有限公司（Schneider Electric SA，简称施耐德）是世界 500 强企业之一，是全球能效管理领域的领导者，为 100 多个国家的能源及基础设施、工业、数据中心及网络、楼宇和住宅市场提供整体解决方案。自 1987 年在天津成立第一家合资厂以来，施耐德电气（中国）根植中国 20 余载，在中国拥有 26 000 名员工，3 个主要研发中心和 1 个施耐德电气研修学院，26 家工厂、8 个物流中心、5 个分公司和 40 个办事处，从最初的中低压配电及工业自动化行业领先者，发展成能够为能源与基础设施、工业、数据中心与网络、楼宇和住宅五大市场的客户提供全生命周期的能效解决方案。中国已经成为其在全球的第二大市场。⊖在公司快速并购发展的过程中，施耐德很多事业部的系统、政策都未与全球总部统一。为了让公司更彻底地整合并购活动和企业文化，施耐德从全球总部的角度出发，推行了"一个公司"的项目，其中包括建立 HRSSC，从而开启了 HR 部门的转型。

施耐德建立 HRSSC 主要基于以下需要：

---

⊖ 资料来源于施耐德（中国）公司官方网站。

- 管理规范性的要求。施耐德在全球没有统一的 HRIS 系统，各地的人力资源管理流程也相对不规范、不一致。因此，通过建立 SSC 可以帮助人力资源管理实现全球管理一致性，还能够配合业务更好地进行企业战略分析研究。

- 薪酬福利管控要求。施耐德的薪酬福利在各个国家的管理并不一致，工资核算系统也不尽相同，有些甚至外包。公司通过 SSC 的建立对薪酬福利进行系统化的管控。

- 人力资源整合的要求。施耐德 HR 管理存在较强的地域概念，每个国家衡量 HR 绩效的做法也都不一致，不能实现资源共享，通过 SSC 的建立可以进行整合、共享。

- 以客户为导向的服务体验提升的要求。建立 SSC 促使 HR 树立顾客导向的理念，充分了解公司内部的客户需求，提供更好的服务体验。

### 4.2.3　IT 的支持

信息技术的发展改变了人力资源管理的工作方式，如今，档案管理、薪酬计算等事务性人力资源工作通过人力资源信息系统就能完成。HRSSC 的一个主要任务是为全公司人力资源政策的制定提供数据和信息，以及通过电话中心或内部网络与直线经理和员工互动（Reilly & Williams, 2000）。在进行这些大量的、标准化的或者可以复制的工作（如培训、人员数据维护）时，就必须用到远程信息技术（Cooke, 2006）。在共享中心模式之前，企业每个分公司或业务单元有独立的人力资源部门，每个部门各自拥有 e-HR 系统，它们之间开放的功能并不统一，无法实现共享。

HRSSC 的前提之一是信息化，需要 HR 数据集中、准确。中国的员工更加习惯于"面对面"（high touch）而非"自助式"（high tech）的服务，主要原因是 IT 没有得到充分运用。共享服务的前提是要有实现共享业务的 IT 系统做支撑，通过自助服务系统来减少 HR 事务处理的工作量，实现效能提升。在系统正式使用前，企业不仅要对工作人员进行培训，更要对内部客户进行培训，因为业务单元直线经理和员工不了解新人力资源信息系统的功能，无法熟练操作新系统，这往往是 HRSSC 价值大打折扣的一个重要原因——有学者将内部客户使用 HRSSC 时拥有的知识、技能定义为内部客户人力资源管理特定的人力资本，研究表明，它与客户察觉到的服务价值呈正相关关系（Meijerink，2013），内部客户所掌握的新系统的使用技巧正是这种人力资本的一个重要组成部分。

因此，企业在构建 HRSSC 时必须保证其具备统一的 IT，普遍的做法是购买现成的技术或升级企业的现有技术。企业要在购买新 IT 系统还是升级现有的技术中做出权衡。首先，HR 领导者要确定实施 HRSSC 对 IT 方面大体的需求。其次，评估现有技术工具的功能，找出哪些需求能由现有技术提供，哪些不能由其提供。最后，测算升级旧技术以满足技术需求的成本和购买新技术的成本，做出决策。为了达到领先公司的效率水平，中国企业需要提升网络自助服务功能，并实施有效的变革管理，转变服务目标群体以面对面为主的服务获取习惯；HRSSC 不仅是事务性工作的整合，它还是数据、信息、管理水平和能力等各种要素资源的整合。进行这些整合，要求企业具备信息化的手段、更高的管理水平和运营质量。HRSSC 是在企业资源计划（ERP）的基础上建立起来的。在最近 5 ～ 10 年里，中国领先企业伴随着 ERP 的浪潮，已经实现了数据的准确和集中，下一步需要强化管理人员自助服务（MSS）和员工自助服务（ESS）功能，建设呼叫中心，从而实施升级模式。

具有这些良好的基础，公司设立 HRSSC 成功的可能性更大。以中兴通讯公司为例，其实施 HRSSC 的背景如下所述：

- 业务规模：公司的人力资源部门遍布全球，岗位重叠，人员烦冗，希望在整个集团范围内将人力资源等事务性工作的处理方法标准化、规范化，提高管理效率。
- 业务差距：公司的组织创新现状与期望达到的目标之间存在较大的差距。
- 管理基础：具有较高的流程管理水平和 IT 手段，拥有能够理解这种变革的管理人员和执行人员，有能力制定并进行自我调整以适应新的业务流程和规则。
- 成功经验：已经引入了财务共享服务管理模式并取得了很好的效果，在共享服务的管理上有了一定的经验。[⊖]

## 4.3 共享内容设计

共享内容设计是决定将哪些人力资源流程重新设计后纳入 HRSSC 中及 HRSSC 如何运作的过程，概括起来主要包括服务范围的确定标准和地域分级、分层服务模型、HR 服务流程的再设计三个方面。共享内容设计的结果将为后期 HRSSC 的组织设计提供依据。

### 4.3.1 服务范围的确定标准和地域分级

从理论上说，所有事务类和运营类的工作都可归入共享服务中心，享受规模效益。但是，由于每个企业人力资源管理的特点和背景不尽相同，人力资源专业人员的技能专长也各有千秋。因此，不同企业在选择设计共享服务中心的模块时有不同的考虑。国外学者 Reilly & Williams（2003）认为，战略性的工作通常被排除在共享服务中心之外，因为它

---

⊖ 根据相关二手资料整理，主要参考陈淑妮，谭婷，崔翯也 . 共享服务中心：专业化人力资源管理新模式［J］. 中国人力资源开发，2011(11)：47-51.

们是公司的决定，而不取决于最终用户的意志。高级管理问题（如员工激励系统、人员发展、继任等）也不属于共享服务的范畴，因为它们是高敏感度话题，需要高层的支持。另外，对于那些人力资源共享范畴内的工作，不同公司间的实际操作存在一定的共性。这就意味着，并不是所有的事务性工作都适合纳入 HRSSC 中。适合纳入未来 HRSSC 的工作往往具备量大、事务性、容易标准化 / 集中化、能够清晰定义并文档化、要求高合规性、可自动化处理等特性，而不具备这些特征的工作就不适合放到 HRSSC 中运作，因此，HRCOE 和 HRBP 仍会有少量的事务性工作。

人力资源部门通常向企业内部客户，即其他业务单元提供三类服务：事务性服务、专业性服务、战略性服务。其中，事务性服务主要指那些大量的、例行的、规模敏感的服务（如工资计算、福利管理、档案管理等），而专业性或战略性的服务则要根据具体业务部门的情况来设计（如绩效考核方案的设计）。HRSSC 一方面要为 HRBP 和 HRCOE 分担事务性工作，另一方面还要为其提供数据和信息支持。

不同的企业对这三类服务的划分不同，以事务性服务为例，企业通常把福利管理纳入 HRSSC 中。但是，有的企业内部提供的福利是相同的，可以集中纳入一个共享中心；有些企业因为业务多元化等原因给各个业务单元提供的福利是不一样的，就需要企业对福利管理相关事务进一步分类。因为牵涉到企业后期需要在何地建立、建立多少个共享服务中心，即 HRSSC 体系的布局问题，所以，企业对这三类服务的划分还要考虑地域层级问题。德勤（2011）提出了 2×3 流程分割矩阵法划分人力资源服务（见图 4-2），就考虑到地域层级对 HR 服务划分的作用。该矩阵通过与业务的关系（即该 HR 活动在多大范围或区域内具有一致性）、增加价值的方法（即提供事务性服务，还是战略性服务）两个维度，把跨国公司的人力资源业务分为六个类别。根据矩阵我们可以看到，那些可重复的事务性工作将被分到方框 1、3、5 内。

| 与业务的关系 | | 低成本 / 事务性服务 | 战略性服务 |
|---|---|---|---|
| 业务单元内部（本地） | | 1.内部现场支持<br>• 根据当地服务需求分散在各地<br>• 需要当地输入 / 数据采集或当地项目，包括管理和法定原因（如有需要）<br>• 本地操作 / 终端客户密集型 | 2.业务单元 / 部门内部的业务伙伴<br>• 存在于特定职能 / 业务单元<br>• 专注生产线或管理<br>• 知识和专业技术转移<br>• 决策（需要专业知识）/ 行动密集型 |
| 集中化管理（区域） | | 3.地区 / 区域事务性流程<br>• 邻近地区 / 区域的联合组织<br>• 专注可复制的事务性操作<br>• 标准化服务<br>• 流程密集型<br>• 可以涵盖国家或地区 | 4.地区 / 区域性业务伙伴<br>• 专注专业知识——在区域范围内运用专业技能<br>• 打造区域"最佳实践"<br>• 问题 / 知识密集型<br>• 邻近的地区性 / 区域性组织 |
| 集中化管理（全球） | | 5.全球低成本流程 / 外包<br>• 全球统一组织<br>• 专注可复制的事务性操作<br>• 标准化服务<br>• 流程密集型<br>• 可以涵盖国家或地区 | 6.企业专家中心<br>• 专注专业知识——在全球范围内运用专业技能<br>• 打造全球"最佳实践"<br>• 问题 / 知识密集型<br>• 全球性组织 |

增加价值的方法

图 4-2　人力资源服务的 2×3 流程划分矩阵

通过服务分类，可以分析当前人力资源部门内部资源与时间的分配情况，如事务性工作所占的比例、处理事务性工作花费的时间等，分类得出的结果（方框 1、3、5 内的服务）将为后期流程再设计和 HRSSC 组织设计提供指导。例如，美孚公司在建立 IT 共享服务组织时，将成熟的事务性服务（即有标准定义的服务，高度自动化，规模敏感，可以远程配置的活动如数据中心、网络）集中在全球中心；具有区域性特点的（如应用程序服务，有独特的区域需求，存在特殊的地区劳动力问题）服务由区域中心提供；需要人员互动的服务（如客户支持）则在本地提供（Aon Hewitt，2009）。相对而言，本地 HRSSC 服务属于本地的客户化服务，满足区域 / 部门的差异性需要大于实现规模经济的需要。

因此，在 HRSSC 构建中，特别对跨国公司而言，其需要依据实施的战略结构来划分全球的、区域的、地区（本地）的不同层级的共享中心。例如，拜耳公司的 HR 业务流程中就包括三种不同类型，一是在全球的每个地区都能以同样的方式进行的全球化流程（global processes），可以纳入全球 HRSSC 中；二是有一个共同基础但是在不同地区会有差异的核心的全球化流程（global-at-core processes），可以纳入区域 HRSSC；三是在不同的地区完全不同的 C 流程（C processes），则可以纳入地区 HRSSC。在服务共享模式方兴未艾的时期，很多公司希望建立全球服务共享中心来服务全球客户，尽管这种模式在很多业务模块中运转良好，但是建立的难度很大。对业务复杂，需要适应当地语言文化、法律规章的跨国公司来说，区域中心可以作为单一的全球中心的过渡或替代方式。这些公司都会建立一系列配合良好的共享服务中心，将不同的业务放置在合适的地点，自上而下或者自下而上地完成工作流程，从而促进效率的提升，增强区域的文化认同。地区中心与前两者相比，可以说是更现实的，它可以作为虚拟 SSC 的实际形式，让共享中心能提供更灵活的服务形式，既能保持主要的专家技能，也可以维持或者减少整体的运营成本。在表 4-1 中展示了服务共享模式的三种战略结构。⊖

表 4-1　建立不同结构的共享服务中心的标准

| 全球中心<br>（global center） | 区域中心<br>（regional center） | 地区中心<br>（satellite center） |
| --- | --- | --- |
| 以需求为基础的服务和流程驱动<br>持续的流程和政策执行<br>全球技术支撑<br>无语言、时差、法律方面的问题 | 需要对当地文化高度理解<br>能提供全球中心所不能提供的特殊服务及专家<br>客户人数超过了预期规模或者小国家拥有了大国家的特征 | 比区域中心更小<br>能提供区域中心所不能提供的特殊服务和专家<br>规章制度／文化方面的限制<br>非标准化的语言<br>提供"面对面"的服务 |

⊖　Gospel, Howard and Sako, Mari. The Unbundling of Corporate Functions: the Evolution of Shared Services and Outsourcing in Human Resource Management ［ J ］. Industrial and Corporate Change, 2010,19(5): 1367-1396.

例如，西门子公司是全球领先的技术企业，创立于 1847 年，业务遍及全球 200 多个国家，专注于电气化、自动化和数字化领域。作为世界最大的高效能源和资源节约型技术供应商之一，西门子在高效发电和输电解决方案、基础设施解决方案、工业自动化、驱动和软件解决方案，以及医疗成像设备和实验室诊断等领域占据领先地位。2016 财年（2015 年 10 月 1 日～2016 年 9 月 30 日），西门子在中国的总营收达到 64.4 亿欧元。西门子在中国拥有约 31 000 名员工，是中国最大的外商投资企业之一。<sup>⊖</sup>西门子在全球建立了 7 个共享服务中心，其中，美洲 2 个、欧洲 3 个、亚洲 2 个。中国区的共享服务中心成立于 2010 年，服务于整个东北亚区的国家。共享服务内容主要包括人力资源、财务和采购三大部门，并作为一个单独的团队组织进行运营。西门子的人力资源共享服务中心（global shared services，GSS）共 110 名员工，已实现的职责包括：员工主数据管理、薪资发放、福利管理、外籍员工的管理、签证管理、差旅报销管理、HR 系统管理等。培训事务性工作主要负责西门子东北亚区内部员工的培训课程选择、报名、安排、反馈调研、费用结算等。

总体而言，HRSSC 的服务覆盖范围通常包括人员招聘、薪资核算、福利发放、社会保险缴纳、劳动合同管理、人事档案管理、人力资源信息、职业培训、员工沟通、投诉建议处理等。因此，企业集团的人事共享中心要设立相关的专业部门开展专业活动，如招聘部专门负责招聘，类似于内部猎头；薪酬福利部负责薪酬的核算与发放，社会保险的缴纳、异动，劳保福利的发放等；培训中心负责新员工培训、员工技能培训、管理人员培训等；员工关系部负责员工劳动关系管理、劳动合同管理（合同签订、变更，劳动争议处理）、员工档案管理、员工投诉，员

---

⊖ 资料根据西门子公司官网（https://www.siemens.com/cn/zh/home/company/about/siemens-in-china.html）整理得到。

工建议管理；人事信息中心，基于管理信息系统建立专门人事信息，生成各种管理报表供管理决策使用。一项对建立了 HRSSC 企业的调查表明，HRSSC 实现比例最高的十项职责依次为：人力资源信息系统维护与支持，奖金核算与发放，工资核算发放与经费计提，入职、离职手续办理，公司劳动力年检及与薪酬相关的审计支持，社保、福利等服务内容，员工考勤与假期管理，员工调任与再安置（员工劳动关系和档案管理等），外籍人员管理，员工服务热线及政策、信息解答咨询。

· 名企实践 ·

## 华为公司 HRSSC 的服务范围

华为的 HRSSC 建设致力于"让 HR 服务触手可及"。<sup>⊖</sup>从 2012 年开始，所有 HRSSC 都分三阶段：初创期（ESS / MSS / 呼叫中心 / 入离职管理）、发展期（其他 HR 事务流程和数据分析）、全业务（外派福利 / 学习发展 / 绩效管理 / 员工关系）。HRSSC 可以为员工提供考勤、发薪、社保、劳动合同、人事信息、卡证、签证、绩效、外派补助、户籍、入离职、探亲机票等 HR 业务问题的解决方案。华为的业务覆盖中国、亚太、欧洲中东非洲、美洲（销售占比约为 38%、15%、35%、11%），相应地，华为 HRSSC 在全球设置四个大区，即中国 HRSSC、亚太 HRSSC、欧洲及非洲 HRSSC、美洲 HRSSC。以中国 HRSSC 为例，包括：①呼叫中心，负责人工接线，解答员工各种问题；②运营支持部负

---

　　⊖　华为公司不仅仅有人力资源共享服务中心，还有四个非 HR 的共享服务中心。①财经共享服务中心：财经领域建立的是多级共享服务模式，年人均处理发票达 8 000多单。②IT 共享中心：完成 19 个 IT 应用系统智能机器人在线服务的推行，业务量增长 31% 的同时，平均处理时长缩短 36%。③全球技术支持中心：交付领域全球技术支持中心（GTAC）远程交付率从 28% 提升至 54%。④投标共享中心：销售领域覆盖全球的四大投标共享中心已全部完成建设并投入运营，并整合形成统一的交易共享中心（deal hub），成为公司所有交易文件的统一出口。

责自助平台，各种内部线上系统；③事务处理中心，负责线下的面对面服务，涉及各种发薪、考勤和保障事务。

### 4.3.2 共享服务交付的分层服务

共享服务交付模型决定了由共享中心提供的服务将怎样交付给内部客户，即 HRSSC 的运营模式。随着共享服务模式的日渐成熟，大型跨国公司越来越专注于构建以客户为中心的共享服务交付模型，常用的提高客户体验的内部结构策略有：提供自主服务、用户友好型的员工／直线经理门户网站；为员工、直线经理解决问题，配备专业人员的呼叫中心等。

HRSSC 是 HR 效率提升的驱动器，其使命是为 HR 服务目标群体提供高效、高质量和成本最佳的 HR 共享服务。为此，对于确定纳入HRSSC 的服务而言，通常需要一个分层的服务模式来使工作效率最大化。目前，最受青睐的共享服务交付模型是分层服务模型，该模型起源于 Reilly & Williams（2000）提出的人力资源员工的三层次工作角色：人力资源前台办公人员和呼叫代理（第一层）、人力资源顾问（第二层）和人力资源专家（第三层）。第一层共享中心员工直接与客户接触，第二层顾问负责提供关于特定职能规则的更详细的帮助，第三层专家则要解释更复杂的政策问题。

许多咨询公司随后帮助企业建立了分层共享服务交付模型，不同公司在分层设置上有一定的差异（见图 4-3）。我们根据企业的实践操作，将其总结为以下几个层面。

第 0 层 - 网络自助服务：对于纳入这一层级的工作，管理者和员工可以通过网页自助服务解答 HR 问题和完成 HR 事务处理。例如，员工查询工资、了解相关人事政策等都可以通过这一层的服务获取信息。基于优秀企业的管理实践，通常自助服务可以解决约 60% 的业务量。

第 1 层 –HRSSC 呼叫中心 / 服务代表：接受过综合培训的 HRSSC 服务代表将解决涉及领域较为宽泛的一般问题，他们通过电话、邮件进行问题处理，解答标准化问题。这一层通常可以处理 32% 左右的问题。

第 2 层 –HRSSC 专员：升级到第 2 层的查询将由在特定 HR 领域掌握专业技能的 HR 专员负责处理，本地 HR 和 / 或 HRBP 可能根据具体的查询内容选择介入，负责解答非标准化问题。这一层通常可以处理 5% 的问题。

第 3 层 –HRSSC 专家：升级到第 3 层的复杂查询，这些问题往往都是政策设计的问题，由 HRSSC 内部的职能专家负责处理。这一层需要处理的工作量不应该超过 1%，但也有企业把第 3 层和第 2 层合并。

第 4 层 –HRBP 处理。通常在完善的 HRSSC 中，至少 90% 的 HRSSC 工作可以通过自助服务或员工互动中心完成，自助服务和员工互动中心不能处理的问题被转移到事务后台处理，专家中心则负责政策规划及战略性活动（如薪酬福利规划）等。最后还不能解决的问题，就需要在业务现场的 HRBP 来协助处理了。

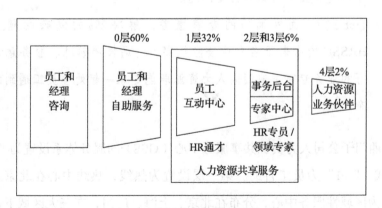

图 4-3　分层共享服务交付模型

例如，施耐德电气公司 HRSSC 对 HRIS 与 HR Operation 中的 "Help

Desk"进行了服务区域与流程的分级。① HRIS 的服务分级根据区域覆盖面划分：Tier 1 的 HRIS 支持中国区服务，Tier 2 的 HRIS 支持亚太区服务，Tier 3 的 HRIS 支持全球总部服务。② Help Desk 的服务分级根据客户的询问需求划分：Tier 0 为员工自助服务，包括知识数据库、内部网站等；Tier 1 为"Help Desk"的专员直接帮助解决问题；Tier 2 为"Help Desk"专员无法解决，会直接把问题需求转给相应职能的同事进行解决。

宝钢集团建立了员工自助、电话咨询、专家咨询三层次服务体系。

- Tier 1 为员工（经理）自助服务，解决 80% 的问题。借助于"数字化宝钢"及完善"全流程、全功能、全在线"的宝钢 e-HR 系统，通过员工自助，可以查询员工本人的薪酬、培训、岗位等信息，还可以查询公司的政策、办事指南等信息。通过经理自助，可以查询团队信息。

- Tier 2 为电话、邮件咨询服务，解决 18% 的问题。借助于标准化的业务流程和日常的专业政策培训，HRSSC 服务代表通过电话、邮件处理员工遇到的常见问题。

- Tier 3 为"面对面"的专家服务，解决 2% 的复杂问题。在 HRSSC 内有若干名专业技能扎实、沟通技巧熟练、服务意识良好的业务专家，他们同人力资源职能专家一起处理员工遇到的复杂问题。

西门子公司人力资源共享服务中心（GSS）的服务体系设置为"3 + 1"式。"+1"为员工自助。第一层设置为热线，热线中心在北京。第二层为区域性服务中心，分布在北京、上海、广州，在三大区域下还会设立一些小的服务点（如南京、武汉、深圳等）。其主要面对西门子（中国）本部的员工。同时，西门子还有很多工厂，总人数占整个服务群体的 50% 左右。对于这些工厂，西门子通过 onsite 服务团队提供相应服务。以上海的工厂为例，西门子会委派 GSS 员工驻扎在工厂。因此，整个第二层的服务体系就是 RO（regional office，区域性服务中心）+ onsite 的形式，这两条服务线面向西门子的不同客户群。第三层为后台运营中心，分别在北京和苏州。其涵盖的职责为更加集中化的 HR 工作。运营中心不直接面向客户，而是主要支撑第一层和第二层的服务。

　　HR 经理可以根据企业的实际情况设计共享服务交付模型。在这个过程需要注意的是，内部客户的自助服务要靠人力资源门户网站来实现，这对 IT 的要求非常高，所以，此时企业应再次审视新信息技术平台，对其进行功能上的扩充或改造，直至满足交付模型的要求。分层服务模型不仅决定了未来共享中心员工的工作方式（共享中心分为哪几层，每层员工怎样开展工作），还对各层员工的能力提出了要求，因此，分层服务模型设计的结果将对 HRSSC 岗位说明书的形成有重要指导作用。

　　当然，上述的分层服务模型在实践中也会遇到具体的问题。以跨国企业辉瑞（中国）公司为例，按照辉瑞人力资源共享服务运作流程，员工遇到人力资源相关问题时可以通过逐步递进的三层服务解决：第一层级为人力资源在线服务系统，员工通过在线搜索的方式获取人力资源相关政策，经理通过在线操作完成团队人员的数据管理和变化操作；第二层级为人力资源共享服务呼叫中心，员工或经理在第一层级自助服务中遇到问题可以拨打呼叫中心的热线电话寻求人工解答；第三层级为本地人力资源运作团队，呼叫中心遇有无法解答的问题时，会请员工联系支持自己业务集团的业务伙伴获取帮助。企业在设计这三个层级的支持模式时，预估前两个层级应该可以解决 90% 以上的问题，只有不到 10% 的复杂问题需要业务伙伴协助处理。但在实际运作过程中，HRSSC 服务并没有收到预想的效果，甚至加重了 HRBP 的工作负担，究其原因

主要有如下三方面。<sup>○</sup>

第一，在线系统上的内容不能保证实时更新。在线系统的更新由亚太区域人力资源团队专人负责，频率为月度更新。本地运作团队将需要更新的内容在每月固定的，时间提交上去，负责人整合审阅后再提交给人力资源共享服务中心进行上传，最终体现在系统中供员工自助搜索。提交日期为固定的，不能提前，每月一次的频率无法增加，从启动更新流程到最终上传成功需要 15 个工作日，对很多需要频繁变化的流程指引来讲，这个更新的频率和灵活程度远远满足不了实际的需求。员工自助搜索到的内容往往与实际政策流程有所出入，这时候员工就会求助于呼叫中心，而呼叫中心所掌握的资料与系统显示的资料一致，同样无法解决，只能请员工联系他的业务伙伴。

第二，系统本身的变化不能及时传递给员工。人力资源在线服务系统及与之相连接的绩效管理、人才管理、薪酬管理等子系统的功能设计和操作变化均由全球人力资源技术团队直接负责，很多时候系统的入口变更、界面更新、操作流程改变都不能及时地通知给本地人力资源部门，通知给呼叫中心或员工本人更慢，最终，问题又会聚集到业务伙伴处。而业务伙伴在遇到此类问题时也不知所措，只能通过自己摸索尝试解决问题。

第三，呼叫中心的服务范围和服务质量达不到预想的要求。一是语言障碍，辉瑞（中国）的人力资源共享服务呼叫中心采用外包形式，地点设在菲律宾马尼拉，工作人员均从当地招募，接线员的普通话达不到标准水平，与中国员工沟通起来并不顺畅。如果遇到员工普通话不太标准，方言浓重或是语速过快的情况，根本无法有效交流，需要反复询问、重复员工的问题。二是解答质量低，即使接线员顺利领会了员工的问题，也并不能马上进行解答，而是要从知识手册中搜寻问题答案，在

---

○ 郭允晰.辉瑞中国人力资源业务伙伴职能发展战略研究［D］.北京：对外经济贸易大学，2015：21-22.作者进行了重新整理。

搜索不到答案的情况下需要员工进一步等待，接线员与呼叫中心领班确认答案后再为其解答。员工在线等待时间过长，问题往往也不能得到解决。三是呼叫中心只负责解答政策文件里有明文规定的内容。所有需要进行一定程度分析和判断的情况一概转至业务伙伴。对于所有系统操作以及线下表格填写的具体问题只能提供操作手册，无法做具体问题的分析指导。员工如有进一步的询问同样转至业务伙伴处理。

这种状况导致 HRSSC 能够实际帮助员工解决的问题非常有限，HRBP 每天不得不花费大量的时间去解答员工及经理的疑问。

■ 名企实践 ■

## 美的集团 HRSSC 的服务内容

美的集团是一家领先的消费电器、暖通空调、机器人及工业自动化系统的科技企业集团，提供多元化的产品和服务，包括厨房家电、冰箱、洗衣机及各类小家电的消费电器业务；家用空调、中央空调、供暖及通风系统的暖通空调业务；以库卡集团、安川机器人合资公司等为核心的机器人及工业自动化系统业务。美的截至 2016 年 12 月 31 日年度合并收入超过 1500 亿元，在全球拥有数亿名用户及各领域的重要客户与战略合作伙伴，并拥有约 13 万名员工。<sup>⊖</sup>

美的集团总部及直属单位 HRSSC 于 2013 年 9 月成立，主要服务对象包括职能部、国内营销公司、海外营销公司、国内研发中心、海外研发中心、研究院全体各种职业通道的员工（包括管理类、专业类、操作类）。其主要功能包括：集中处理人力资源基础事务性工作（如薪酬福利核算与发放，社会保险管理，人事档案，人事信息服务管理，劳动合同、户籍档案管理，员工入职、离职、调动手续办理，员工投诉与建

---

⊖　参考美的官网（http://www.midea.com/cn/about_midea/Group_profile/index_pc.shtml）相关资料整理。

议处理，咨询与专家服务等），通过流程再造使业务流程标准化、专业化，从而节约成本，提高效率。HRSSC 实现了人力资源事务流程的统一化。例如，员工入职流程（含跨事业部调入）如下所述。

（1）招聘专员在确定员工到岗日期后，提前将录用通知书、个人简历、结构化面试表（HR 及业务部门）、个人信息采集表、背景调查表、学历验证信息等资料提交至 SSC。

（2）新员工入职当日，体检合格后，由招聘专员带领新员工到 SSC 处办理入职手续，补充签订的资料包括：内部亲属关系承诺书、劳动合同、保密协议等。

（3）手续完毕后，SSC 出具人事介绍函，员工凭人事介绍函到部门综合主管处报到。

（4）另外，由 SSC 启动新员工入职流程，在流程中上挂相关附件。员工离职流程（含跨事业部调出）为：①离任申请按照分权手册，经相关领导批准签字后，由招聘专员进行离职面谈；②面谈通过后，离任员工进行相关工作交接，并填写相关表格（调出员工不必提交辞职信）；③到达约定的离职日期，员工将相关表格提交至 SSC，由 SSC 启动 MIP 流程。

### 4.3.3  HR 服务流程的再设计

传统模式下人力资源工作通常按模块划分，比如，人力资源部下设薪酬绩效组负责薪酬管理与绩效管理的全部事宜。而在 HRSSC 模式下工作则要按流程划分，比如，完整的薪酬管理大致包括薪酬方案设计、方案生效、薪酬计算与发放几个环节，在整个过程中，薪酬方案设计将由 HRCOE 完成，新方案的宣导、方案实施效果的反馈由 HRBP 执行，薪酬的计算等事务性工作由 HRSSC 完成。所以，企业必须对原有的人力资源流程重新设计，并且涉及 HR 三支柱之间的分工和协作。

怡安翰威特在一篇名为《全球共享服务中心的趋势》的报告中提出，

程序标准化是成功的共享服务中心的先决条件。[一] 因为 HRSSC 之所以能发挥极高的效率，就是因为在各种层面尽可能统一了烦琐复杂的业务流程，让业务的处理变成"流线型"（stream-line）。例如，图 4-4 是传统的工资支付流程，而调整后的工资支付流程变成了流线型（见图 4-5）。[二]

图 4-4　传统的工资支付流程

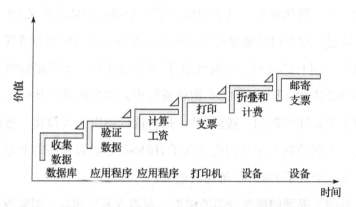

图 4-5　HRSSC 观念下的工资支付处理流程

由传统的人力资源管理模式向 HRSSC 模式转变的路径有三条：一是先将流程重新设计标准化再将流程集中至共享中心；二是先集中再重新设计；三是流程设计、集中化同时进行。三种路径各有利弊，第一种路径适合愿意缓慢变革、风险厌恶型的组织，但需要其承担高劳动力成本环境下额外的变革流程的费用；第二种路径的优点是速度快，但在培训新员工使用新系统前要先培训他们使用老系统；第三种路径虽然实施过程更加复杂，但由于流程再造和组织结构调整在很多时候是相互依存的，一些流程再造（比如在绩效考评、职位变动处理、员工档案信息管

---

　　[一] Aon Hewitt.Trends in Global Shared Service Center，2011.

　　[二] 资料来源：布赖恩·伯杰伦. 共享服务精要这 [ M ] . 北京：中国人民大学出版社，2004. 参考第三章和第六章的文字与图表整理得到。

理等方面应用工作流系统时）需要靠远程工作来实现，可以将工作的中断程度降到最低，更受青睐。

无论采用哪种途径，流程再设计都要遵循简化、标准化这两个原则。根据最佳实践对流程进行再造，去除每个不必要的环节，并使人力资源事务性工作更标准化。飞利浦公司在 HRSSC 构建的前期也简化了业务流程。当飞利浦开始简化诸如学习、绩效管理、发放奖励、工作等级、长期激励等人力资源业务时，还有 75 个不同的国家和地区使用这些流程。为了简化流程，飞利浦成立了一个精益团队来定义 60 个全球的业务流程。这个团队被授权为地区开发未来可能使用的新流程，而不仅仅局限于固有的流程，最终收获了丰富的成果。飞利浦公司为了简化人力资源流程，删除了 15 个招聘流程中人力资源业务伙伴的"接触点"和 8 个直线经理的"接触点"，招聘流程得以大大简化。通过流程的简化，飞利浦在三个月内就完成了 HRSSC 建设过程中的业务流程的再造，大大加快了 HRSSC 的建设进度。

根据前文提到的服务分类的结果，对地方差异明显、国家或区域内相同、全球内相同的事务性工作进行流程再设计时，关注的重点都不一样。在设计地方流程时要考虑地方业务单元需求的特殊性，而在设计国家级流程时要考虑不同国家的合法性。以拜耳公司的 HRSSC 构建为例，在 2005 年它就对其所有的 HR 业务流程进行了定义和组织，形成了 28 个不同的业务群。这些业务群可分为三个部分：①全球化的流程，在全球的每个地区都能以同样的方式进行，包括绩效管理、短期激励措施等；②核心的全球化流程，这些流程建立在一个共同的基础上，但是在不同的地区会有一些差异，包括招聘和培训；③C 流程，这些流程在不同的地区会完全不同，包括工资单支付。拜耳的 6 个全球化流程被直接运用在其全球 HRSSC 的业务中。其他需要更多响应当地灵活性的流程则分别被应用于以地区和国家为基础建立的 HRSSC 中。

　　流程再设计的结果对构建 HRSSC 的很多方面都有影响，它将决定每个共享中心需要配备多少员工，每个员工的职责是什么，他们将怎样完成工作以满足企业人力资源信息技术产生的新需求等。因此，流程再设计的最终结果是形成全面的文件，包括定义流程政策、程序的文件，用户指南，后期员工培训材料等。

## 4.4　HRSSC 组织设计

　　HRSSC 组织设计主要包括 HRSSC 体系的布局与选址、每个 HRSSC 的内部结构设计以及 HRSSC 的治理结构设计。它会给人力资源组织地理位置布局、人力资源员工工作方式带来巨大的变化。

### 4.4.1　HRSSC 的布局与选址

#### 1. HRSSC 的布局

　　HRSSC 把原来企业集团中分散的 HR 业务功能集中统一到 HRSSC 中，包括招聘、培训、绩效、薪酬等职能都基于 HRSSC 来实现。下属企业减少了 HR 部门或 HR 相关工作的人员数量。企业集团由 HRSSC 按照统一的标准来提供 HR 服务，减少了以往重叠的 HR 机构，同时，提供的服务也更加标准化。但是，对于不同类型、规模的大型公司，设立 HRSSC 的数量会有较大差异。企业共享服务中心是一种新型的业务架构，根据企业规模大小和地域分布情况，共享服务中心可以设置一个，也可以在不同区域设置多个。

　　根据人力资源管理服务分类的结果，企业可以选择建立一个全球共享服务中心与几个区域共享服务中心的组合，也可以建立几个相互独立的国家或区域共享服务中心。前一种体系随着组合中区域 HRSSC 的数量减少，标准化程度和规模效应升高，而后一种体系随着区域或国家中心的数量增加，执行的效率越高，灵活性也越高，但成本也会相应增加。以拜耳集团为例，拜耳集团在规划 HRSSC 体系时，在德国设立了拜耳全球服务共享中心，负责执行六项全球流程（因为集团总部在德国），同时设立了区域或国家中心负责其他地区的流程实施。

一般而言，HRSSC 通常在集团公司这一层面上统一设立一个共享服务中心，但是具体的设立情况也需要具体斟酌，需要考虑企业集团规模、业务形态、产业分布状况等。如果企业集团的业务单元集中在同一个地区，则建立集团统一集中的共享服务中心即可。如果业务遍布全国甚至全球，就可以按照区域建立分区域的人力资源共享中心。区域人力资源共享中心负责本区域内的人力资源服务。区域型 HRSSC 是指公司建立不止一个共享中心，可以按照企业集团业务板块的区域划分在一个或几个区域之间选择建立几个区域 HR 共享中心。这种模式的优点是按照区域划分更加贴近企业，能够根据不同区域的特殊要求提供更加专业的服务，减少共享服务中心运作的复杂流程，同时，通过流程优化来降低企业集团和各业务单元原人力资源服务的总体运营成本。全球性的跨国企业大都按照区域建立了人力资源共享中心，如按全球中心、区域中心（比如，亚太地区）、国家中心三个不同范围的地域划分。例如，我国的中兴通讯公司已经构建了 10 多个海外 SSC 平台（大多是以国家为区域单位构建的，包括加拿大 SSC、美国 SSC、德国 SSC、俄罗斯 SSC、南非 SSC 等），国内 6 大平台已经全面覆盖全国 30 个研究所 / 办事处。如果产业众多，且无关多元化，则考虑按照产业建立人力资源共享中心，使服务更加专业化和具有针对性。

• 名企实践 •

## 中兴通讯 HRSSC 的布局与架构

中兴通讯是全球领先的综合通信解决方案提供商。公司成立于

1985 年，是在香港和深圳两地上市的大型通信设备公司。公司通过为全球 160 多个国家和地区的电信运营商和企业网客户提供创新技术与产品解决方案，让全世界用户享有语音、数据、多媒体、无线宽带等全方位沟通。目前，中兴通讯在全国拥有 28 个省级公司，在海外有 15 个研究所、120 多个分支机构，提供的产品和服务包括有线及无线产品、业务产品和终端产品等四大领域。2016 年公司实现营业收入 1 012.3 亿元人民币，是全球第五大电信设备商、第六大通信终端厂商。

　　中兴通讯 HRSSC 设在运营服务部内，除在海外区域设置 HRSSC 平台外，在国内包括总部 HRSSC 和设在深圳、上海、南京、京津、西安及川渝区域的六个平台，如图 4-6 所示。总部 HRSSC 设有总监，主要负责统一政策平台的建立、服务与工作规范、咨询热线、IT 业务处理平台、计件标准与规范、全流程跟踪与监控等工作。六个 HRSSC 平台分别设一名 SSC 平台经理，主要负责工作常驻地及辐射区域当地的人事业务办理工作。总监对各平台经理在业务上进行指导和考核。总部 HRSSC 总监及各地平台经理直接向运营服务部部长汇报。[⊖]

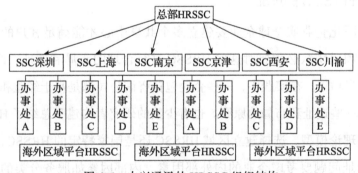

图 4-6　中兴通讯的 HRSSC 组织结构

　　中兴通讯 HRSSC 的工作运营包括三个方面：①业务面主要负责入职手续、劳动合同、社保、公积金、户证、档案等人事业务处理，具体分为前

---

⊖　根据相关二手资料整理，主要参考陈淑妮，谭婷，崔翯也.共享服务中心：专业化人力资源管理新模式［J］.中国人力资源开发，2011（11）：47-51.

后端。其中，前端员工直接面对顾客，收集和发放各项人事材料，接受顾客的咨询，后端员工承接前端员工，负责各政府部门联络，办理调户和各项社会证件以及劳动合同审核盖章、数据核算等后台业务。前端和后端员工定期实行岗位轮换机制，互相配合实现对员工的界面及有效服务。②监控面主要进行人事业务流程的管理和监控，提升员工业务处理与快速反应能力。③服务质量评估与员工投诉面负责对服务中心业务的服务质量及时评估与优化，同时负责顾客投诉，不断提升 SSC 的服务质量（见图 4-7）。

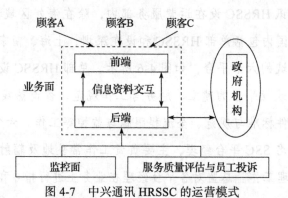

图 4-7　中兴通讯 HRSSC 的运营模式

### 2. HRSSC 的选址

集团化企业或全球企业要建立多个共享中心才能满足客户的需求，因此，项目团队必须要对这些 HRSSC 进行合理的布局和选址。成功的选址事半功倍。在实践中，一些企业包括咨询公司都是基于经验和案例，总结出一些选址和布局的原则。也有少数的研究者构建和总结了 HRSSC 选址的理论模型。选择建立区域 HRSSC 还是国家特定的 HRSSC，即中心的选址问题要考虑企业的内外部因素。内部因素如服务分类的结果、内部客户群数量规模和位置等，员工数量较多的国家可以建立国家共享服务中心，而那些员工数量相对较少的国家之间可以建立区域共享中心；外部因素如社会-经济因素、税收和补贴因素、基础设施因素、生活环境因素、运营成本因素、办公空间因素、劳动力要素等（见表 4-2）。

表 4-2　影响 HRSSC 选址的外部因素

| 社会－经济因素 | 税收和补贴因素 | 基础设施因素 | 生活环境因素 | 运营成本因素 | 办公空间因素 | 劳动力要素 |
|---|---|---|---|---|---|---|
| 经济增长<br>劳动生产率<br>货币稳定性<br>教育投资<br>对外国投资的态度<br>基础设施投资 | 创造就业机会的要求<br>资本投资的要求<br>员工培训成本的补贴<br>税务规则<br>退出成本 | 公路／铁路／机场<br>场所便利性<br>通信网络<br>信息系统服务可用性 | 住房成本和供应情况<br>生活费用<br>教育和成人培训的可获程度<br>医疗服务<br>犯罪率<br>对外国居民的态度 | 劳动力成本<br>通信成本<br>公用事业费用<br>资本投资的折旧<br>税收成本<br>信息系统购买成本 | 租用空间出租率<br>租赁条款的灵活性<br>建筑可获程度<br>接近就业来源<br>时区兼容性 | 外语技能<br>熟练劳动力的可获程度<br>劳动力（包括社会）费用<br>教育水平<br>招聘成本<br>服务和团队合作精神<br>外国雇员的工作许可证<br>缺勤率 |

也有研究者提出了包含 16 个选址因素的标准，如图 4-8 所示。

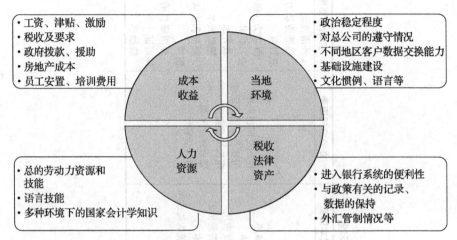

图 4-8　共享服务中心 4 维度 16 要素选址标准

一般认为，在制定选址决策时，应该重点关注如下因素。

- 规模效益：集中运作的 HRSSC 可发挥规模优势，降低运营成本以及管理难度；如果公司存在其他共享中心，共同地址建设，成本更低。

- 人才：需要重点考虑可供选择人才的数量和质量、语言能力（全球运作公司尤为重要）、离职率和工资成本等。

- 基础设施：包括电信质量、电力质量和稳定性、房产等。

- 业务展望：业务开展难易度，政治和自然灾害、税收、7×24 小时运营、数据 /IP 保护、供应商成熟度等。

对于跨国公司在中国的分公司或中国本土企业而言，HRSSC 的选址和布局不用特别考虑语言、政治、汇率方面的差异，所以只需考虑成本收益和人力资源方面的因素。对大部分企业而言，选择在总部和分部所在地分别建立 HRSSC 是最简便的方式。例如，某国有特大型企业，目前员工有 10.58 万人，人力资源工作人员共 2352 名。公司主要业务是海上油气开采，总部在北京，在天津、上海、深圳、湛江四个片区设立了分公司。2011 年公司已经完成了财务共享服务中心的建设，于同年开始筹划建设 HRSSC。由于组织结构较为分散（一级人力资源部 1 个，二级人力资源部 12 个，三级人力资源部 32 个，还包括 1 个下设 6 个分公司的人力资源公司），该公司决定建设混合型的 HRSSC，在北京建立中国区的 HRSSC，在天津、上海、深圳、湛江分别建立地区级的 HRSSC（见图 4-9）。该公司在设立 HRSSC 组织架构时并未考虑选址的相关因素，只是简单地将中国区 HRSSC 置于总部，地区性的 HRSSC 置于各个分公司所在地而已。这可能是基于控制的考虑，作为大型国有企业，方便控制是其首要的考虑因素。

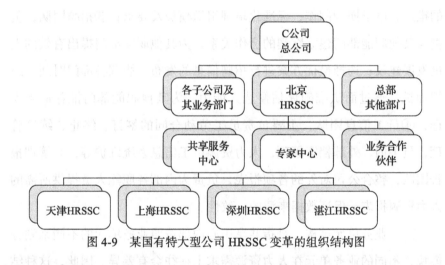

图 4-9　某国有特大型公司 HRSSC 变革的组织结构图

### 4.4.2　HRSSC 的内部结构

HRSSC 内部结构应该能保障流程的有效性并能提高流程运行效率。从 HRSSC 的组织架构上看，其一般包括：①员工呼叫中心，支持员工和管理者发起的服务需求；②HR 流程事务处理中心，支持由 COE 发起的主流程的行政事务部分（如发薪、招聘）；③HRSSC 运营管理中心，提供质量、内控、数据、技术（包括自助服务）和供应商管理支持。

具体到流程事务处理中心的设置和分工，其通常有三种类型。

（1）流程结构。这是目前采用最多的一种结构，即在每个 HRSSC 内部根据 HR 流程划分模块，比如将一个 HRSSC 内部分为流程 A 组、流程 B 组等，按流程（HR 模块）进行管理。这种结构最大的优点是流程标准化程度高，工作效率高。例如，DHL（中国）公司 HRSSC 的组织分工包括：①薪酬福利团队，负责全国 73 家分支机构统一计算和发放工资、寄送工资单、员工薪酬福利咨询；社保在当地办理的部分由操作中心与人力资源外包商合作完成；②培训及绩效发展团队，负责集中管理培训师津贴、费用申请和报销；绩效管理系统集中管理；培训课程的推广，电子期刊制作，标准化培训组织模板及要求；③招聘团队，负责与其他职能部门建立默契的合作关系，为其他职能部门提出有效的人员发展建议；选择最优方案进行招聘信息的发布，协调各部门时间，组织面试，通过面试准确评估候选人能力，为其他职能部门推荐适当人选；④员工信息团队，主要负责员工劳动合同的签订、终止、续签管理，员工内、外部档案管理，人力资源员工信息系统维护等；⑤管理报告团队，整合公司对外的各项报表，负责为内部各职能人员提供所需的人力资源报表，保证数据来源的一致性。⊖

（2）业务单元结构，是指共享中心内部按照业务单元的不同来划分模块，不同的业务单元在人力资源需求上往往会有差异。因此，这种结构能更精准地聚焦于内部客户的需求，但流程标准化程度和工作效率会有所降低。

（3）区域结构，类似于业务单元结构，是通过划分区域来划分共享中心内部结构。选择这种结构的原因是：不同的区域存在法律、环境等

---

⊖ 梁淑巍 .DHL 公司人力资源共享服务中心建立研究［D］. 长春：吉林大学，2012：32. 作者进行了整理。

因素的限制，需要具备特定区域的相关知识。同样，它的标准化程度和工作效率也会低于流程结构。

根据 HRSSC 体系的设计，一个共享服务中心需要向某一区域内的所有内部客户提供服务，因此，选择哪种内部结构取决于该 HRSSC 服务区域的内部需求，比如，该区域内业务单元需求差异性较大，可选择业务单元结构。同时，项目团队要考虑如何将前面设计的分层交付模型嵌入到选定的内部结构中。比如在分层交付模型中，每一层按流程、业务单元或区域进一步分类，这样将会保证企业向客户提供服务时更具针对性，从而提高 HRSSC 工作效率。

从当前实践 HRSSC 的企业调查结果来看，HRSSC 的内部员工职责分工情况为：15.5% 的企业是按照不同的事业部（或业务单元）对 HRSSC 进行内部分工的；77.5% 是按照不同的服务职能（如招聘、薪酬福利、劳动关系）进行划分的；按照地理区域划分的还是少数，只占 1.4%。当然，这和调查的样本特征有关。

至此，项目团队要根据内部结构和共享内容形成清晰的内部结构图和 HRSSC 岗位说明书，用以指导 HRSSC 的人员配置。

• 名企实践 •

## 施耐德电气公司 HRSSC 的组织架构

施耐德电气公司的"one HR"模型包括：① HRBP，面向实体管理，主要向当地 HR 主管或业务主管汇报，关键作用在于形成业务共识，与领导者密切协作，通过持续加强后备力量来创造业务价值；② COE，主要负责"薪酬福利"与"学习发展"两大模块。"学习发展"团队主要进行一些培训项目的设计，后期的执行交付由 SSC 完成。而"薪酬福利"团队近几年的职责覆盖面越来越窄，与运营相关的职责基本已被 SSC 覆盖；③ SSC，施耐德亚太共享服务中心建立于 2009 年，向全球人力资源部门汇报。主要服务国家和地区包括中国、新加坡、马来西亚、泰国、菲律宾、印尼、越南、印度、韩国、日本、澳大利亚和新西兰，主要服务内容包括亚太区人力资源调配、招聘、HR 运营、HRIS、绩效、外事服务。截至 2013 年第四季度，HR 服务团队约 700 人，服务全球 12 万名员工，SSC 人均服务员工数为 165 名。整个中国区共享服务中心员工数为 82 名，有单独的运营负责人。从全球 SSC 负责人至中国区 SSC 最基层员工的汇报层级总共分为 5 层，人员架构较为扁平化。直接汇报人数也控制在 7 人，即每位经理管理 7 名员工。

施耐德电气（中国）HRSSC 内部的组织架构分为：① HR 运营团队，几乎包含了所有与人力资源运营相关的职责模块，如人力行政、薪酬福利、学习发展运营、热线服务（help desk）等。运营团队分两个小团队，其中，商业运营团队主要针对施耐德电气（中国）总部及各事业部员工，工业平台团队主要服务于施耐德在中国设立的 20 多家工厂的蓝领员工；②国际人才流动管理中心，服务对象为在中国工作的外国人、中国派到国外的员工，提供国际流动过程中的各种服务工作；③人力资源信息化系统；④招聘团队，为公司招聘所有级别的员工并承担整个招聘流程的工作。

· 名企实践 ·

## 腾讯公司 HRSDC 的组织架构

腾讯 2010 年设立了人力资源平台部（shared deliver center，SDC）。腾讯 SDC 的职责定位是：通过对集团各区域共性 HR 解决方案的集成、e-HR 信息化的集成、人事运营服务的集成，实现对业务端 HR 共性需求的标准交付、员工端 HR 基础事务的及时受理、HR 内部 COE 及 BP 端 HR 运营工作的有效剥离与整合支撑。SDC 强调在共享和服务的基础上，推进共性业务的支撑、标准化流程的管控、专业化整体解决方案的落地、服务效率和满意度的提升，无论是对公司、业务单位，还是对 HR 内部的 COE 和 BP 而言，SDC 都是"可依赖、可减负、有长效运营机制和支撑能力"的资源共享、能力共享、团队共享交付平台，是专业的伙伴式服务和咨询中心。

SDC 建立了三个具有 HR 平台特性的服务和咨询机构。⊖

（1）区域 HR 共性解决方案的服务与咨询团队。其职责是为区域业务板块的发展提供高效、周到、细致的业务支持和服务管控，提供让公司和业务更信任的 HR 共享资源管理平台。具体表现为：负责区域的人才招聘、人才培训、综合 HR 事务服务平台的建设和运营，确保公司各项 HR 战略、政策、措施在区域的传承和落地有充分的资源平台支持；满足区域业务长期发展和持续成功对 HR 专业服务支撑的需求；满足区域员工对组织氛围、各种 HR 服务的需求。

（2）HR 信息化建设的服务和实施机构。其职责具体表现为：输出 HR 信息系统建设机制和流程，并推动其优化和落地执行，确保企业内部 HR 系统的有序性、高效性、安全性；深入挖掘和快速响应 HR 业务部门和 HR 系统用户的需求，通过专业化需求分析，总结和提炼出与 HR 系统建设规划相匹配的方案，并推动开发实现；承担 HR 系统的运维工作，跟踪 HR 系统的运行健康度，通过各类数据的分析，找寻 HR 系统待改进提升的"优化点"，并将其转化为新的需求规划，推动 HR 系统循环改进。

（3）基础人事运营的服务和咨询机构。该机构是以提高效率、降低成本、提升服务满意度为目标，以共享、标准、高效为特点，处理各

---

⊖ 根据 http://www.sohu.com/a/161981527_99896961 相关资料整理。

种 HR 重复性、操作性事务的集成化服务平台。基础人事运营服务和咨询机构分为"经济"基础、运营管理、服务质检体系三个层面：①"经济"基础：底层的运维有效性管理，包括成本 - 价值理念、资源规划与投放、关键指标体系；②运营管理：包括运营平台建设和信息系统建设两个部分，涵盖交付管理（业务接入、业务标准化、交付控制）、数据管理（服务数量、人力布局）、作业平台系统建设、呼叫系统建设、知识库系统建设等多方面的内容；③服务质检体系：关注多维客户，确保各种能力的循环改进。

作为一家互联网行业的领军企业，腾讯将用户体验与感受放在首位，并试图把 HR 的工作与公司的产品思维进行结合与实现。因此，SDC 有三点属性。

- 用户属性：互动性、针对性；易触达、超预期；稳定、透明、可持续。
- 产品属性：产品化思维、端到端、可自选＋定制化。
- 好玩属性：更多的乐趣与个性、更多的关注与尊重、更多的边界与创新。

腾讯 SDC 中的很多业务可以通过微信实现并且产生互动。例如，腾讯内部 HR 服务与互动平台——HR 助手。利用微信平台作为入口和互动媒介，并融合后台数据处理和业务处理能力，为全员提供随时、随地享受 HR 便捷服务的移动平台。如员工需要公司开具收入证明，腾讯微信会针对所有内部员工开启一个叫作"HR 助手"的客户端。用户在 HR 助手页面上只需用手指进行简单几项操作，需求就能直接被后台受理。后台的受理过程会对员工的身份进行验证和鉴别，并将该员工的个人内容放入模板，输入人名后打印盖章，随后递交到距离该员工最近的 HR 服务窗口并通过微信通知员工前来领取。

## 法国液化空气集团 HRSSC 的组织架构

　　法国液化空气集团是全球工业与医疗保健领域气体、技术和服务的领导者，在巴黎泛欧证券交易市场上市（A 类），同时是法国指股 CAC 40 指数、欧元区斯托克 50 指数及富时社会责任指数的成员企业。2016 年集团销售额达到 181.35 亿欧元，业务遍及 80 个国家，员工约 67 000 人，为超过 300 万名客户与患者提供服务。液化空气集团于 1916 年进入中国，目前在中国设有近 90 家工厂，遍布 40 多个城市，拥有逾 4000 名员工。中国已成为集团继美国、法国、日本和德国之后的第五大市场。集团在华主要经营范围包括工业及医用气体的运营，由全球工程技术业务单元开展的工程技术业务，以及先进事业技术部和上海研发与技术中心从事的创新业务。公司业务已覆盖中国重要的沿海工业区域，并继续向中部、南部和西部地区拓展。⊖

　　该集团（中国）公司 HRSSC 总体设计目标为以下几个方面。第一，支持公司战略决策。人力资源部门需要根据中国公司的业务发展战略，从"数量"和"质量"上对公司的人力资源战略进行研究与分解，确保每个目标和任务都能落实到具体的工作岗位上，加强人力资源部门在决策支持、公司发展战略规划、资本运作和信息管理等方面的支持功能，促进公司战略目标的实现。第二，职责清晰，增强内部沟通。明确人力资源部门内的纵向授权管理和横向职责分工，增强 HR 部门的内部沟通。通过职责分工和相关业务整合，使 HRSSC 在提高效率的同时符合相关人事管理制度和风险控制管理的要求。第三，通过人事流程的标准集中化实现效率提升。在中国总部与各个区域、各个业务线执行统一标准的人力资源政策、统一的福利政策。按照统一要求集中编制中国公司

⊖　资料来源：根据法国液化空气集团（中国）公司官网（https://www.airliquide.com/cn/china）相关资料整理。

各个子公司人力资源报表，对外提供准确、一致的人力资源信息。通过
HRSSC 把分散的人力资源整合为集中化、标准化的管理流程，为整个
公司集中地提供高效、低成本和高质量的服务。在具体实施中，由于分
公司较多、分布分散，很难一步到位实现所有职能。公司首先在华东区
试点，把 HRSSC 覆盖职能定位为薪资、员工关系和招聘三个模块。然
后，逐步推广到各个区域从而完成全国人力资源共享服务中心的构建。
人力资源共享服务中心架构设计如图 4-10 所示。人力资源共享服务中
心的岗位设计应满足 ISO9000 内部控制的具体要求，在保证工作效率
的前提下将内部控制环节在共享服务中心内部做到合理落实和分配，并
采取管理监督的措施。各个岗位必须根据人力资源共享服务中心的整体
架构和相关职能来设计，并构成一套较完整的岗位职责说明书。<sup>⊖</sup>

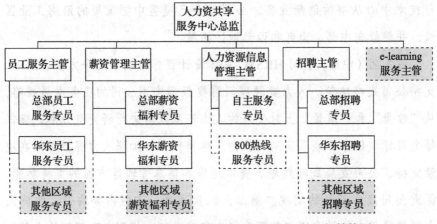

图 4-10　液化空气集团（中国）公司 HRSSC 的组织结构图

## 4.5　HRSSC 的人员配置、培训与考核

　　HRSSC 的人员构成主要是事务处理人员，呼叫中心服务代表及少

---

⊖　根据相关资料整理，主要参考林明泉.跨国公司人力资源共享服务中心构建研究
　　［D］.上海：上海外国语大学，2013：28-29.

量负责 e-HR、流程和质量管理的人员。合理的人员配置是 HRSSC 运行的重要保障。这个环节一方面要考虑负责构建 HRSSC 的项目团队，另一方面要考虑 HRSSC 正式运行所需的人员配置，包括不同类型员工的来源与管理以及员工上岗前的培训。

### 4.5.1　HRSSC 内部的人员构成

HRSSC 项目团队是构建 HRSSC 的具体推动者和实施者，是变革成功的关键因素之一。通常而言，项目团队的成员应该包括企业高层管理者、各个业务单元管理者、HRSSC 经理候选人以及人力资源专家。

高层管理者对企业整体的运作有更全面的了解。他们将指导构建过程中的关键决策，一方面与企业内部正在进行的其他变革相协调，另一方面保证变革的方向与"一个公司"战略一致。将各个业务单元的管理者纳入项目团队中，有助于更好地理解每个业务单元人力资源相关的需求，提高 HRSSC 设计的有效性。

HRSSC 经理候选人必须提前选定，并确保其参与构建 HRSSC 的过程。这样能够激发经理人的变革积极性，更有助于 HRSSC 经理对共享组织有更全面、更深刻的认识，从而在日后开展共享服务中心工作时能够准确地把握大体方向。HRSSC 经理作为项目团队中最核心的人员将带领团队共同设计、搭建共享中心，协调业务单元需求。在这个过程中，人力资源专家将运用专业知识和丰富的经验为 HRSSC 经理提供如流程设计、服务交付模型设计等专业设计方面的建议。共享中心正式运行后，HRSSC 经理主要负责中心的日常运营、把控中心战略方向，对中心的整体服务水平和质量负责，与业务单元直接对接。一个优秀的 HRSSC 经理应该具备以下特质：企业家精神；了解如何管理愿景和目标；能够应付不断变化的环境；优秀的人际交往能力——良好的判断力和强有力的领导能力；管理冲突的能力。

HRSSC 内部的组织架构偏向于扁平化。HRSSC 人员构成可以分为三个层级（Reilly & Williams，2003）。第 "0" 级的自助服务不需要特定的工作人员。第一个层级是一线员工或者呼叫中心，他们与客户有最直接的连接，解决客户面临的实际问题，比如员工福利、差旅管理。第二个层级是 HR 顾问，他们只在一些比较偏向实际的规则方面提供具体的帮助。第三个层级是 HR 专家，他们既可以作为 HRCOE 的一员，也可以单独为 HRSSC 工作，他们的工作就是阐释更为复杂的政策方面的问题。其中，第二和第三个层级的人员既可以坐在一线办公室与客户直接联系，也可以在后台工作，将其专业知识直接通过特定技术渠道汇集到一线人员那里（见图 4-11）。<sup>⊖</sup>

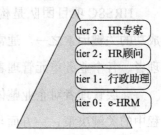

图 4-11　HRSSC 内部的组织
结构和人员构成

### 4.5.2　HRSSC 内部员工的配置与能力要求

如何合理配置 HRSSC 员工的规模，这是 HRSSC 设置面临的一个重要问题。通常采用 HRSSC 的员工人数与服务对象人数的比值来反映 HRSSC 员工的配置比，例如，博世（中国）的 HRSSC 员工配置比约为 1∶246。综合当前已经建立 HRSSC 的公司的经验，HRSSC 员工配置人数通常与以下几个因素有关。①服务对象的规模。共享服务中心的人数与服务对象规模成正比关系，在 10 000 人以上的企业中共享服务中心人数在 50 人以上的比例明显增高。② HRSSC 覆盖的人力资源服务范围。随着 HRSSC 覆盖的人力资源服务范围增加，共享服务中心的人数也随之增加。③信息化条件。如果共享中心中更多的 HR 事务通过规范化、标准化的方式实现信息化操作，特别是更多员工的人事服务工作可

---

⊖　Farndale E, Paauwe J, Hoeksema L. In-Sourcing HR: Shared Service Centers in The Netherlands［J］. The International Journal of Human Resource Management, 2009, 20(3): 544–556.

以通过自助服务平台实现，那么共享中心需要的人员配置将大大减少。

根据前文提到的共享服务交付模型，HRSSC 内部员工主要分为两大类岗位：一类是提供基础事务性服务的前台普通员工，另一类则是负责处理特殊案例的后台人力资源咨询师。在配置这两类员工时要注意他们在来源及管理上的差别。

第一类员工与内部客户通过人力资源信息技术平台、电话，甚至面对面接触，他们应对的客户需求大多比较基础，但涉及人力资源管理的各个模块，而且数量非常庞大，这决定了他们的日常工作以机械的流程化工作为主，工作强度比较大。这类员工只需要具备基本的沟通技能、计算机操作技能和基础的人力资源专业知识就能完成工作。因此，在配置这类员工时选择企业内部现有的低层 HR 工作人员，或从外部招聘初级人力资源工作者即可。

然而，前台员工重复、枯燥的工作性质不可避免地将导致其满意度的下降，进而导致这类员工的高流失率，为了缓解这个问题，企业通常可以采取下列几种方法。

- 在招聘阶段进行有效筛选，除了考察候选人是否具备岗位说明书所规定的特定技能外，还要考察候选人的性格特质，选用那些性格保守、喜欢从事程序化工作的人，做到人与岗位的匹配。
- 定期的工作轮换制管理，员工按流程、业务单元、区域等分组进行轮换，既在一定程度上丰富了工作人员的工作内容，又能扩大其专业知识面，有助于培养人力资源通才。
- 建立前台工作人员的职业晋升通道，不仅要建立前台到后台的职业通道，还要把握 HRSSC 与三支柱中另外两个支柱之间的联系，建立前台—后台—业务伙伴—专家中心之间的晋升通道，丰富前台员工的职业生涯。

第二类员工任职要求明显要比第一类员工高得多，他们必须对人力资源某一领域的专业知识有深入的理解，并对公司各个业务单元有一定的了解，才有能力处理前台员工无法解决的特殊案例，以及向专家中心提出新的政策需求。因此，企业最好以内部竞聘的方式挑选这类员工，在现有的各个人力资源模块里挑选那些进入公司时间相对较长、经验较为丰富的从业者。

由于这两类 HRSSC 员工岗位的特殊性，和以往的 HR 从业者相比，对其知识和能力的要求也会有所不同。通过访谈了解到，大多受访企业对 HRSSC 的能力要求可以归纳为以下几点：①熟悉法律法规、政策，具有一定的人力资源工作实务操作经验；②较强的自我学习与创新能力；③具备较强的分析、解决问题的能力；④较强的服务意识并以客户为导向，对人力资源工作有较高的工作热忱；⑤对所服务的业务熟悉并能换位思考；⑥良好的沟通技能。

例如，华为全球人力资源共享服务中心（HRSSC）招聘岗位是人力资源事务员，负责华为集团全球 HR 业务的日常事务处理，解答海外员工及 HR 对人事事务处理的疑问，宣传相关操作方式变更，不断提升 HR 数据质量，保证前后端起薪、职级等关键信息传递的准确性；通过电话、邮件渠道受理公司内部海外员工关于 HR 事务的问询，并使用事件管理工具登记处理全过程。胜任这些岗位不仅要求应聘人员具备较强的知识储备和学习能力，而且要求其具有良好的英语口语表达能力，此外，还要求其能熟练操作计算机办公软件系统，运用 Excel 工具处理数据和各种报表。对性格和岗位的匹配度也有较高要求，需要应聘人员性格开朗、沟通力强、有良好的团队合作能力并具备一定职业操守和保密意识。

相对单调的工作方式和要求并不算低的技能之间的矛盾，会使 HRSSC 通常面临员工离职率较高的问题。所以，公司必须在配置 HRSSC 员工的同时，考虑员工的职业发展。例如，西门子公司非常重视人力资源服务中心员工的发展方向，并予以较大的弹性空间。在中心内部，将其员工定义为三类专家：HR 业务领域的专家、流程管理的专家、系统运用的专家。基于这三者的定位，西门子公司给这些员工提供了以下三种发展方向。

（1）服务经理。专门负责区域性的服务与客户管理。

（2）项目管理经理。西门子共享中心的业务优化和风险管理，都是基于项目的形式开展的。共享中心相比传统的 HR 服务模式，会增加更多的项目管理工作，项目管理能够帮助员工成为专家型的人才。

（3）发展成为 HRBP、HRCOE。由于共享服务中心员工熟悉运营流程，并且了解企业文化及公司内部运作情况，HRBP 和 HRCOE 会倾向于吸收具有本公司共享服务中心工作经验的员工。

• 名企实践 •

## 博世（中国）HRSSC 团队的职责与能力要求

博世（中国）HRSSC 成立于 2013 年 7 月，主要为博世（中国）的员工提供人力资源操作方面，如招聘、薪资、培训组织、国际派遣等集中式的卓越服务。截至 2015 年，博世（中国）共享服务中心员工有 130 人，服务对象为博世（中国）的 3 万名员工。HRSSC 员工配置比约 1 : 246。HRSSC 在各个职能领域都取得了很好的成绩。招聘、薪资、国际派遣和培训组织各团队均成功实现了既定目标，并收到业务部门的良好反馈。联络中心共收到员工各类订单 96 000 多条，服务完成及时率达 93.2%。博世 HRSSC 有三支核心团队。<sup>⊖</sup>

### 1. 薪资团队

工作职责：负责按时发放工资，办理养老医疗等各类社会保险，交纳个税，制作公司每月的工资报表，薪酬数据分析及统计等工作，完成

---

⊖　资料来源：http://chuansong.me/n/799631549663。

人工成本、人工费用的报告, 为各部门提供薪资福利方面的咨询服务。

能力特征: 具备扎实的 HR 专业知识, 精通薪资、考勤、信息管理等模块以及相关法律法规应用。通过强大的 IT 工具和流程支持, 接触不同的博世事业部, 遵从地方法规的独特性、市场的差异性、行业的多样性、政策操作的灵活性, 全面了解并熟悉整个博世集团的薪酬福利管理。

### 2. HR IT 团队

工作职责: 主要包括 SAP 系统组织管理模块、人员信息管理模块、薪资模块以及考勤模块的应用和推行, 目前分为项目团队和日常支持团队, 分别负责 SAP 模块的推行和应用过程中的问题处理。

能力特征: 作为 SAP 百科全书, 帮助未实施 SAP 的公司将现行政策、流程操作等通过系统实现; 也是系统专家, 通晓系统配置逻辑, 负责解决操作方面的所有问题; 在熟练掌握系统应用逻辑的基础上, 立足系统, 理解各家公司在系统配置中的管理智慧, 并做到融会贯通。

### 3. 国际派遣团队

主要职责: 负责协调和管理国外博世公司派遣到中国的员工, 以及从中国派遣到国外博世工作的员工。

能力特征: 不仅需要了解、熟悉全球和中国的有关政策, 而且需要了解国家的相关规定 (如税务、签证、合同、社会保险等), 帮助外籍同事在中国工作以及中国同事及家人出国工作的准备, 并协助他们顺利地在中国和国外安顿下来, 以及管理派遣期间的有关事项。

### 4.5.3 HRSSC 人员的上岗培训

不管是第一类还是第二类员工, 在正式上岗前都要接受必要的培训。

第一, 文化理念的培训。HRSSC 想要在全公司营造共享氛围来推动 "一个公司" 战略的实施, 其员工就必须树立全新的共享服务理念:

通过向内部客户提供有偿的优质服务来管理自己；强调团队合作；向业务单元提供有关最佳实践的建议并让其自己决定哪些对他们有利；如果不能向客户提供他们所需的全部服务，就应该和他们一起寻找最佳供应商；不断降低成本，提高服务水平和能力；通过客户满意度和业务单元的成功来衡量自己的成功；定期、公开与客户沟通（Booz & Hamilton，1998）。

第二，专业知识的培训。除了新流程的培训外，还要考虑如何将地方人力资源团队多年积累的经验和知识转移到共享中心内的问题。工作观察（job-shadowing）是解决这一问题的有效培训方式，通常在 HRSSC 正式运行的前几个月，将新员工安排到地方人力资源团队中进行为期两周左右的跟踪学习。共享中心员工观察老员工如何操作日常活动，从而学习流程操作、处理异常状况的经验以及与其他部门、供应商的互动方法。

第三，行为规范的培训。HRSSC 本质上是为其所覆盖范围内的员工提供人事服务，HRSSC 很多员工的工作属于服务性。这和传统的人力资源部作为行政管理部门，甚至"权力"部门存在较大差距。HRSSC 员工必须具有服务意识，表现出良好的服务行为规范。因此，加强员工的职业化服务规范，也是培训的重点之一。表 4-3 是西门子公司 HRSSC 人员的职业化服务规范。

表 4-3　西门子公司 HRSSC 人员的职业化行为规范

| 职业化行为规范 | 合格标准行为 | 合格行为与特殊的贡献 | 影响他人与榜样 |
|---|---|---|---|
| 客户需求服务理念 | 重视客户的需求，能够站在客户的角度考虑问题，并持续以客户的接受和满意作为服务结果的衡量标杆 | 重视客户的需求，能够提供岗位职责要求之外的服务实现客户的需求；或者经常帮助其他员工对客户的需求进行分析理解，以提高服务质量；能够虚心对待客户的反馈意见（批评等） | 重视客户的需求，主动与客户沟通，理解客户的需求和意见，对本团队或跨团队如何提高客户满意度提出可行性建议 |

（续）

| 职业化行为规范 | 合格标准行为 | 合格行为与特殊的贡献 | 影响他人与榜样 |
|---|---|---|---|
| 质量观念 | 对每一项工作，能够持续保持对工作质量的严格要求和对控制流程的执行 | 对每一项工作，能够持续保持对工作质量的严格要求和对控制流程的执行，并能够对他人的违规行为提出指正 | 对每一项工作，能够持续保持对工作质量的严格要求和对控制流程的执行，并经常提出改善工作流程和工作质量的可行性建议 |
| 职业化行为规范（例如，遵守出勤、请假制度、保密制度） | 持续遵守各项工作规范、规定，无任何违规行为 | 持续遵守各项工作规范、规定，在特殊情况下，有额外突出的表现行为（例如，牺牲个人时间，在身体不适的情况下为客户提供服务等） | 持续遵守各项工作规范、规定，并对团队或部门整体的职业化服务行为规范提出建议 |
| 持续性改进的意识 | 主动、及时地理解学习更新的工作流程、工具和规范 | 能够帮助其他员工改善工作流程和工作质量，或者牺牲个人时间完成本职工作以外的改进任务 | 能够对跨部门服务流程优化提出建议；主动承担并按时完成部门服务优化项目；对服务供应商的工作改善提出可行性建议 |
| 快速回复服务理念 | 对任何客户需求都能够遵守24小时回复规范、反馈，并按承诺的时间跟踪进度 | 能够帮助其他员工对客户的需求做出及时的回应；主动提醒他人对客户做出反馈；能够对服务供应商的任务负责并及时跟踪；主动根据客户的利益，及时提供服务信息 | 主动跟踪客户抱怨的处理；能够对服务供应商的任务负责并及时追踪；同时，对部门整体如何提高客户及时响应提出建议并执行改进方案；能在服务产品提供中，主动建议并执行与客户的沟通 |
| 复核工作习惯 | 能够学习、执行操作各项细节，能独立认真地完成工作；严格执行流程的每一项检查点，要求复查工作结果 | 能够详细操作各项细节，能独立认真完成工作，严格执行流程的每一项检查点，要求复查工作结果，并能协助同事检查工作结果 | 能够详细描述、设计操作各项细节工作；严格执行流程的每一项检查点，要求复查工作结果，并提出补充服务流程质量漏洞的检查点和改进建议 |

（续）

| 职业化行为规范 | 合格标准行为 | 合格行为与特殊的贡献 | 影响他人与榜样 |
|---|---|---|---|
| 分析性思维能力 | 对于个人职责范围内的服务问题,能够清楚地分析问题根源,能够根据 SLA 标准和客户要求的实际情况客观地排序处理优先任务,能够同时处理多项服务任务并按时完成 | 对于团队合作服务流程中的问题,能够分析问题根源,并提出可执行的改进建议;能指导同事安排任务执行的优先等级,能够同时处理多项服务产品并按时完成 | 对部门整体的常见问题或错误,能分析问题根源,并能够以改进项目的形式实施改善建议,能够同时执行多个项目并按时完成 |
| 高效利用资源整合 | 熟悉工作所需的各类资源(工作手册、工具、合作团队的联系人/职责分工等),掌握资源使用的方法,对工作职责范围内需要了解、掌握的并已公布的相关政策和通知完全理解并能运用于工作服务中,能够主动获取相应资源,提高工作效率 | 熟悉工作所需的各类资源(工作手册、工具、合作团队的联系人/职责分工等),并经常补充资源的内容,对工作职责范围内需要了解、掌握的并已公布的相关政策和通知,主动、及时学习最新的政策内容;能够及时提出服务反馈意见,帮助完善公司政策内容,帮助团队成员提高工作效率 | 对部门整体知识资源管理的有效性提出可行性建议,主导知识库的改进和补充;主动推广部门同事对知识资源的使用和共享;主动与支持部门沟通,对公司具体的执行政策设计和内容完善提出可行性意见 |
| 团队工作 | 能够明确自己在团队任务中的角色和职责,并主动配合团队其他成员完成工作任务,主动分享工作经验和建议 | 能够在团队任务中担任领导角色,主动承担团队新工作任务,并帮助团队成员互相配合工作,能够协调纠纷事故,能理解并协助同事工作,对其他同事的工作改进从积极的方面提出建议,避免相互指责和责任问题争论 | 能够团结部门所有成员,获得团队成员的认可,并能够通过自己的影响力调动部门成员的积极性,有效完成部门指标及任务;能够主动改进与其他团队的合作关系 |

### 4.5.4　HRSSC 的考核

在三支柱模式下,人力资源部门作为一个新兴的部门,其职责是为企业内部其他用人部门提供低成本、标准化和专业化的人力资源服务。

在市场机制的作用下，HRSSC 应该如同企业外部一个真正的公司一样进行经营和运作，不仅要考虑成本更要考虑经济效益。最大的变化是，HRSSC 与其他部门之间的关系已经由原来的行政管理性质转变为提供服务的性质。与目前流行的企业外包公司相比，HRSSC 不过是外包公司的企业集团内部化，集团内部各部门有权选择外包公司，也有权选择内部的 HRSSC 提供的服务。因此，HRSSC 与外部外包商是竞争关系，这与传统的只作为管理职能部门存在的 HR 部门不同。在某种意义上，HRSSC 可以理解为企业的外包中心，所有的服务、问询都可以量化，并可以跟踪每一笔业务进展及客户满意度，所以，共享服务是一种精益管理模式。

因此，企业在考核 HRSSC 人员的业绩时，可以参考对销售等部门的考核方法来确定 HR 相关人员是否已完成当年的考核指标，这样可以督促 HRSSC 人员转变工作思想、工作思路，提高服务意识，提升企业的人力资源管理水平。德勤（2011）针对已经建立共享服务中心（不仅仅是人力资源共享服务中心）的公司进行的统计显示，大部分公司将绩效指标、服务水平协议、客户满意度调查视为共享服务中心治理结构的核心组成部分。

Farndale，Paauwe & Hoeksema（2009）在调查了荷兰 15 家实施了人力资源共享服务中心的企业后，总结出这些公司 HRSSC 部门的关键指标，包括：第一次与客户接触就完成客户请求的比例（%）；呼叫中心的用户等待时间（秒）；呼叫周期（分钟/秒）；从接到顾客邮件到回复顾客邮件的周期（天）；每位全职 HRSSC 处理的事务数量（件/月）；客户投诉量（次/月）。

西门子公司人力资源共享服务中心的运营关键绩效指标被划分成四个维度：财务指标，如利润率、单位产品成本；运营和流程，如人员服务数量、数据质量（精确率等）；顾客服务，如员工满意度；员工，如离职率等。基于这四个维度，西门子 GSS 再根据不同的产品，设立针对性的关键绩效指标。

　　HR 智享会的调查报告表明，参与调查的企业 HRSSC 的评估指标包括：客户满意度（被调查企业的采用率达到 62%）、服务响应时间（采用率达到 59.2%）、事务信息获取准确性（采用率达到 56.3%）、事务处理量（平均员工服务数量，采用率达到 52.1%）、事务处理准确性（采用率 49.3%）、优化改进的项目量（采用率 28.2%）、投诉率（采用率 26.8%）、预算与实际运营成本（采用率 19.7%）、人员培养数量（采用率 14.1%）、新服务的增加与覆盖面（采用率 8.5%）、员工自助服务平台的使用率（采用率 5.6%）。

　　企业构建 HRSSC 绩效指标常用的方法是平衡计分卡，通过财务、客户、内部流程、学习与成长四个维度来衡量共享中心的运营和管理水平。根据企业实际和现有文献，财务维度的指标一般有：总成本、单位服务成本、人员成本及单位人员成本；客户维度包括：客户满意度、客户沟通、服务水平协议（service level agreements，SLA）达成程度、客户投诉率；内部流程维度包括：单位人员服务对象数量、出错率、服务响应时间、业务连续性管理；学习与成长维度包括：创新点数量、员工培训实施比例、员工培训效果、内部知识分享次数。

　　由于绩效指标与客户满意度调查这两种方法在其他人力资源管理工作中经常使用，可以借鉴的文献和资料比较多，本书不再详细介绍。下面将详细说明服务水平协议这一治理工具。在 HRSSC 正式运行前，业务单元和 HRSSC 需要提前达成服务水平协议。它规定了需要交付的服务、具体的要求和参数、覆盖的业务单元、总成本、费用如何支付、服务交付的时间框架、外部供应商的管理等内容，还包含一系列关键绩效指标（成本、质量、时间等方面）。通常企业可以将外部标杆和内部历史绩效相结合来避免目标绩效脱离实际。商定服务水平协议的过程是 HRSSC 不断获取客户需求的一条途径，它帮助客户和 HRSSC 共同确定和理解期望，从而避免协议内容脱离实际，还能帮助 HRSSC 聚焦于对客户重要的活动，从而加强两者的联系。服务水平协议不是一次性文件，它应该被用于定期的内部客户会议和关键绩效指标跟踪来衡量实际服务水平与协议的差距，因此，要根据客户需求的变化持续改进协议内容。

**·名企实践·**

## 施耐德电气 HRSSC 的关键绩效指标

施耐德电气公司对 HRSSC 的考核指标主要包括以下内容。

（1）人均服务员工数，设定目标为 1：192。

（2）财务预算（控制与往年预算的平衡）和运营有效性（人均费用每年降低 5%）。

（3）热线服务 "help desk"：一次性解决问题的比例（first issue resolution rate）；公司按照紧急程度将用户需求分为 3 类（最紧急的为 8 小时内，其次为 24 小时，最后为 40 小时），考察员工对不同需求的解决速度。

（4）运作效率，包括工资计算与发放的准确性（99.85%）和准时发放（100%）；招聘周期（经理级别 75 天，经理以下 45 天，蓝领 15 天）、招聘质量（试用期通过率 >90%）、招聘渠道有效性（猎头 <12%、员工推荐 >25%、直接搜寻 >25%、招聘网站 15%、内部流动 10%、校园招聘 8%、其他 5%）、客户满意度等。

（5）外籍员工派遣管理：新增外籍员工数、人均服务外籍员工比例（>50 位员工）。

（6）HR 系统的运营和维护：系统和报告的准确率、为员工提供系统培训。

（7）培训运营：培训小时数（每人 7 小时 / 年）、e-learning 线上学习小时数（每人 4 小时 / 年）、培训出席率（>90%）、培训系统使用率（>90%）。

（8）SSC 部门的离职率，中心员工满意度。

（9）客户满意度调查：招聘进行月度调查，运营中心进行半年调查，全球进行年度调查，这些满意度调查会作为 SSC 服务的重要指标计入各自团队的关键绩效指标。

# HRCOE 的运作

HRCOE（human resource centers of expertise）又称人力资源领域专家，主要借助本领域精深的专业技能和对领先实践的掌握，负责设计业务导向，创新的人力资源政策、流程和方案等工作，并为 HRBP 提供技术支持。HRCOE 在人力资源转型中具有重要的作用，怡安翰威特的全球福利工作领导者 Carl Redondo 在咨询工作中发现企业的决策越来越中心化，美国的跨国公司纷纷开始设立全球专家领域中心，让领域专家在全球各个中心工作，扮演从 HRBP 工作中分离出来的薪酬和人才管理等角色。毕马威全球人力资源领域专家中心的 Robert Bolton 也表示，在欧洲，尤其在英国的跨国企业中，设立 HRCOE 成了一种潮流，而且这些 HRCOE 正朝着预测和管理人力资本的方向发展。

然而，HRCOE 作为 HRBP 三支柱模型核心理念的重要组成部分，在实践中却往往最容易被忽视。美国人力资源协会（Chartered Institute of Personnel and Development，CIPD）近期一个文件将 HRCOE 称为 HRBP 三支柱模型中"被忽视的孩子"，并表示现在是时候将人力资源管理的焦点由人力资源运营转向人力资源专家领域中心。研究 Orion Partners 公司的咨询师 Allan Boroughs 也指出，运用 HRBP 模型所进行的人力资源运营管理在质量和效率上都产生了实实在在的好处，但是这些好处没有能够流向模型的其他方面。COE 在目前的急速转型中被严重忽视了，人力资源管理的未来是 COE 的，目前看来最有改进空间的也是 COE。⊖

## 5.1　HRCOE 的角色职能与实现

### 5.1.1　HRCOE 的角色和职能

HRCOE 把公司内部员工安置、员工发展、薪酬、组织绩效、组织设计、员工关系和组织关系等方面的专家或小组集中到一起，以便让业务部门充分利用这些资源来解决业务问题。HRCOE 具备了被组织认可、能够创造价值的能力，并且这些能力还能被其他部门所利用和传播。知识管理是 COE 的一个重要特征。COE 在日常工作中不断努力获取组织内外的知识和经验，以提升自身的知识和经验水平，同时促进其他部门的工作，带动整个组织进步。专注于解决和适应外部客户和本地市场需求驱动的业务需求上的差异，COE 可以设计和运用保持全球商业和地理一致性的管理流程。

COE 通过应用人力资源领域专业知识，深刻理解商业要求以及市场趋势，推动整个组织的实践和发展。COE 一般由职能或跨职能团队组成，团队可以是实际存在的也可以是虚拟的，其在组织中主要承担的具体角色包括以下几种。

（1）设计者：制定人力资源管理制度、流程和方案，建立组织人力资本指标。HRCOE 作为组织人力资源管理的设计者，需要根据组织的战略、计划和目标，制定人力资源管理的战略、计划和目标，并且与业

---

⊖　Vicki Arnstein.HR Transformation: Putting the "Expert" in Centres of Expertise, http://www.personneltoday.com/hr/hr-transformation-putting-expert-centres-expertise/.

务发展的要求联系起来，制定人力资源管理的具体流程、制度和方案，合理配置资源。

对全球性的大型公司而言，由于其地域和业务的复杂性，HRCOE 需要为不同的地域／业务线配置专属资源，以确保设计贴近业务需求。其中，总部 COE 负责设计全球／全集团统一的战略、政策、流程和方案的指导原则，而地域／业务线 COE 则负责结合地域／业务线的特点进行定制化设计，在全公司一致的框架下，保持业务所需的灵活性。此外，HRCOE 还有帮助组织理解、汇报和管理人力资本指标的职责，为组织提供有效的工具，向组织传递劳动力数据的发展趋势、识别风险，以及分析具体人力资源计划的回报与影响。

（2）技术专家：在专业领域为业务单元和 HRBP、HRSSC 提供专业支持、服务和咨询。在 HR 三支柱中，HRBP 负责不同团队的个性化工作对接，SSC 负责提供共性服务和基础性工作，COE 负责专业主义，尊重专业逻辑，发挥专业价值。HRCOE 作为人力资源部的智囊团，要在制度执行过程中向 HRBP 和业务部门详细解释制度的内容和实施流程，并且在 HRBP 和业务部门遇到问题时，提供及时、准确的咨询和指导。HRCOE 既需要设计适用于整个组织的常见问题的解决思路，也需要为 HRBP、特定业务部门遇到的困难提供特定的解决方案，运用专业知识，提供创新的组织架构设计、薪酬绩效等人力资源方向的技术方案。此外，还要处理 HRSSC 产生的复杂问题，为各个部门各个环节提供专业指导。某些问题可以由某个具体领域的专家解决，必要的时候还需要招聘、薪酬、绩效等各个领域的专家一起合作，共同制订解决方案。

（3）管控者：人力资源管理过程监督管控及风险管理。HRCOE 的管控者角色表现为对人力资源管理全过程的监督和管控。例如，对人力资源管理流程的介绍和解释，根据实施情况对流程进行补充和再设计；为加强组织职能运行效率引进新的管理技术和工具，提高人力资源管理者乃至组织所有员工的能力等。此外，风险管理也是非常重要的，HRCOE 必须时刻保持警惕，及时识别组织管理中可能存在的问题，并提供解决方案。HRCOE 站在公司的角度，对一线人力资源政策与流程的合规性，提出自己的专业意见，给予专业指导与监督，特别是 HRBP 在不同团队不同阶段的政策导向与纠偏，监督与制衡 HRBP 在各区域的运作，管控政策、流程的合规性，控制风险。HRCOE 可以通过思想领导或实施减少人力资源管理风险的相关政策，努力增强人力资源管理者对风险的管控能力和对组织的社会责任感。

COE 要负责制定组织人力资源战略规划、行动方案和公司范围内的相关政策。需要强调的是，COE 开展工作的出发点有两个："一个公司"的战略要求；HRBP 提出问题的本源。

（4）知识传递者：组织内外部知识经验分享。为了使组织人力资源管理紧跟时代潮流，及时学习领域新知识和新工具、识别新动向，HRCOE 既要时刻保持学习状态，同时，还要促进组织内外部的知识经验分享。为组织创造一个知识自由流动的氛围是 HRCOE 的工作职责：一方面，HRCOE 应该经常与组织管理层交流先进的管理理念和实践，推动先进理念和工具在组织的运行，同时，还要在 HRCOE 之间、人力资源部各模块之间和业务部门之间分享与传递知识及实践经验；另一方面，HRCOE 作为组织内外知识经验分享的桥梁，应该与外部的思想领导者保持联系，广泛获取外部先进的知识和宝贵经验，为组织注入新鲜力量。

DHL 公司实施人力资源管理的三支柱模式，其中，HRCOE 在人力资源的招聘、薪酬与福利、员工发展、组织绩效、员工关系领域都有着相当丰富的知识和经验。其角色包括：①根据战略目标，COE 为公司制定人力资源整体的战略决策和实施方案、人力资源计划，进行资源配置；②根据人力资源的不同职能，设计相应的人力资源配套计划，并制定操作流程和规范；③COE要关注各个人力资源领域的最新发展趋势，例如行业的薪酬给付水平并做调整，以符合公司发展的需要。DHL的HRCOE决策的主要方面如下：

第一，人才吸引和保留。人才吸引和保留是DHL公司重要的人力资源战略，公司每半年或一年回顾关键岗位和关键人才。根据员工以往的绩效表现、能力、行为表现和个人性格来选择人才，每个业务部门的候选人控制在5%～10%。HRCOE会根据公司的文化及不同的岗位职责，选择不同的人才测评工具，用于人才任用、选拔及考核。

第二，薪酬与福利。为了确保薪酬的内部公平性和外部竞争性，公司每年都会选择通过购买专业咨询公司的市场报告，了解市场、行业和竞争对手的薪酬状况，以便专家做出相应的调整，比如，年度薪酬调整的平均幅度，年终奖金与月度工资比例等。COE要参考行业和市场的福利给付情况，以及国家劳动部门要求，设计合适的福利套餐。

第三，培训及人员发展流程。专家团队负责整个组织培训机构的选择，培训课程的制定，以此来满足组织对员工个人能力发展的需求。专家团队还开发了My Learning World网上自主培训系统，并负责统一的培训需求调查方法与工具，业务伙伴负责与业务部门沟通，搜集信息。

第四，绩效管理。专家团队根据公司的战略，设定考评工具、方案、内容。

第五，组织设计与发展。人力资源专家从公司的高度制定组织的战略和战术性计划、工作流程设计、职位设计、文化建设等，同时为业务部门设计符合其需求的体系。

以森马公司为例，在HR三支柱架构里，总部COE主要进行战略性管控，统一公司的组织文化、领导力、干部梯队、评估体系、职级体系，以及短、中、长期的人员激励方案。负责的具体工作包括：一方面是组织绩效，包括效能管理、战略和经营计划的承接；另一方面是人才，COE 只针对经理级别以上的，包括干部梯队的管理、中高层的发展。还有专门针对专家、技术顾问的团队，它也由 COE 统一和外部沟通。另外，股份制公司的高层以上职位的招聘、公司招聘渠道建设、大学校园里的雇主品牌宣传也由其负责。概括起来，COE 的工作就是两大块三件事：第一块是"关注事"，把公司的战略落实到每个人，确保战略转化为行动。第二块是"关注人"，一是人才引进，包括招聘的实施、品牌的推广以及渠道建设；二是人才发展，包括在位人才的发展和核心人才梯队的建设。除这些 HRM 功能之外，针对不同的业务单元，需要个性化的解决方案，则完全由每个业务单元的 HRBP 负责。此外，COE 是政策中心，它要对 HR 管理现状进行评估，比如，组织氛围诊断、员工敬业度调研、人力资源管理结构与战略的承接、公司的人才结构。另外，每年由 COE 来领导很多 HR 项目，COE 是这些项目的统筹者，但是很多 HRBP 都会参与。通过这些形式，COE 会源源不断地给 HRBP 团队输入专业知识，或者说，同步更新专业知识。这样，HRBP 在公司层面的执行管理方向是统一的，同时，也可以在框架内提供个性化的解决方案。

### 5.1.2　如何发挥 HRCOE 专家作用

推行 HRBP 模型时，说服人力资源部员工转换到新的职位是非常困难的。尤其对那些被安排到人力资源领域专家中心的员工来说，刚开始他们可能会有一种权利丧失的感觉。当人力资源主管感到失去控制权时，他们唯一的办法就是开始承担起更多的业务战略伙伴的角色，利用专业知识对专业项目发挥杠杆作用，从而真正承担起 HRCOE 的角色。此外，英国人力资源组织（Chartered Institute of Personnel and

Development，CIPD）研究部门负责人 Vanessa Robinson 指出，组织设立人力资源领域专家中心后，需要思考如何与不同的人力资源管理部门共同携手工作，而不能仅仅依靠 COE 自身的独立发展。否则，业务部门可能无法从人力资源部得到最好的服务，因为他们往往向自己熟悉的人寻求帮助，而不知道现在有一个领域专家中心可以为他们提供更好的服务。[⊖]由此可见，HRCOE 的建立是不容易的。要想 HRCOE 真正发挥专家作用，组织和 HRCOE 都要做出努力。如何更好地发挥 HRCOE 的专业作用，提供以下建议。

### 1. 明确角色要求，实现人与角色的匹配

在成立人力资源专家中心时，组织首先需要确定成立该中心的目的和目标，明确 HRCOE 应该担任的角色和承担的职能，然后选择合适的人担任合适的职务。组织必须清楚地描述 HRCOE 应该专注于为业务提供怎样的解决方案和咨询服务，并且了解建立一个领域专家中心需要投入多少时间和成本，这样有助于建立一个合理的期望。公司应该预料到，建立一个领域专家中心的初始成本会远远高于建立一个共享服务中心的成本。此外，对专家中心而言，吸引和留住优秀的人才是至关重要的。HRCOE 一般需要由那些在某个领域有着渊博学识和丰富实践经验的人来担任，HRCOE 不一定要是通才，但至少应该在某一个领域内比其他人精通，并且对其他相关领域也有一定的了解。组织可以充分利用各种相关信息，提供及时、有价值的管理指标和报告，为与人力资源管理相关的决策提供指导。组织还需要促进业务经理思想的转变，因为业务经理刚开始可能并不愿意或还没有准备好与这些新定义的人力资源管理角色共事，所以，组织必须努力帮助业务经理更好地接受 HRCOE，并且做好与 HRCOE 合作的准备。

---

⊖ Vicki Arnstein.HR Transformation: Putting the "Expert" in Centres of Expertise, http://www.personneltoday.com/hr/hr-transformation-putting-expert-centres-expertise/.

### 2. 与业务挑战对齐

人力资源管理者总是被视为行政服务的提供者，而不是帮助组织实现战略目标的战略伙伴。为了打破这个认识规律，满足业务发展的需要，人力资源管理者必须由传统的、以职能为导向的角色向以业务为导向的角色转变，重视业务发展所关注的项目和流程。和 HRBP 一样，HRCOE 的角色也会逐步演化，对其业务敏锐度提出越来越高的要求，HRCOE 需要具备各种各样的能力和技能，将专业知识运用于更加专注于业务的工作环境。通过将更多的精力用于寻找应对诸如企业并购、人才管理、旷工和组织改革等业务挑战的解决方案，在共同目标的基础上建立关系，HRCOE 可以更多地参与业务发展，并做出贡献。HRCOE 应该充分利用组织的各种敏感数据，利用数据为决策提供参考和支持，提高决策的科学性和准确度，以应对业务发展不断变动的要求。在全球一体化的进程中，所有劳动力数据都将逐步归拢在一个平台，特别是跨国公司。未来的人力资源专家，也应该是一个 HR 数据发掘专家，通过公司各种数据分析员工的行为习惯、思维模式、人格特质以及个体、部门及企业的绩效等，给公司的人力资源管理提供更准确的决策依据。当然，对这些数据保密是非常重要的，HRCOE 必须格外注意对数据的保护。

### 3. 专注于解决方案交付

HRCOE 需要灵活性。通常情况下，人力资源专家中心实行项目制，即当需要为组织或业务部门制订和交付某项解决方案时，专家中心的成员会组成团队一起工作，任务完成后，团队随之解散。这对 HRCOE 的项目管理能力提出了一定要求。为了适应从传统模式向以业务为导向的新模式的转变，HRCOE 需要拥有不同的领导风格和掌握不同的职业管理模型。如今，HRCOE 和业务之间的距离正在不断缩小，为了顺利交付设计好的解决方案，并且检验实施效果，HRCOE 必须以一种与业务完全整合的方式运行。为此，HRCOE 必须时刻专注业务需求，并且保持所期望的业务成果透明化，使大家都能看到 HRCOE 为业务部门提供的解决方案实现的成效。HRCOE 可以先在短期内快速实现几个业务的成功，从而获得他人信任，建立良好的口碑，这有利于之后工作的开展。但在之后的工作中，还是需要 HRCOE 专注于解决方案交付，为组织及业务发展出谋划策。

### 4. 确定 HRCOE 的发起者和可能的参与者

HRCOE 工作实施的效果和领导层支持的质量、强度和一致性是直接相关的。没有利益相关者的参与，HRCOE 的努力很难获得成功。与利益相关者的沟通交流也很有必要，尤其是那些可能受到影响的领域的领导者，他们会对 HRCOE 的工作产生很大的影响。所以，组织可以把倡导成立人力资源领域专家中心的管理层召集起来，让他们拥护和帮忙宣传 HRCOE 的存在价值，为整个项目提供行政领导的支持和战略引导。行政倡导者应该站在总览全局的位置上，与整个组织的利益相关者交流和探讨 HRCOE 的所有价值和意义，至少确保 HRCOE 计划能得到信息技术和业务管理团队的支持，而不是仅仅从某个单一业务单元的兴趣出发，聚焦于业务部门中的某个具体问题。此外，确定关键的利益相关者作为 HRCOE 的参与者也至关重要。由于 HRCOE 的工作需要触及组织的各个部门，所以，获得利益相关者的支持是非常关键的，让高层管理者参与其中，可以保证每个人都协同合作，为了一致的组织战略目标而努力。

### 5. 与 HRBP 和 HRSSC 保持密切联系

人力资源管理三个模块之间保持联系、进行数据分享是非常重要的。HRCOE 容易陷入被禁锢在"象牙塔"里的危险。保持与 HRBP

和 HRSSC 的交流，确保各种数据的可获得性，可以避免这一危险。HRCOE 需要与 HRBP 保持非常好的关系，来了解业务的发展方向和战略优势，这样他们在制订解决方案时可以对现实状况有清楚的认识，而不是仅仅坐在"象牙塔"里进行决策。与 HRSSC 的联系也是一样的，通过与 HRSSC 共享数据，HRCOE 可以了解到组织劳动力的基本状况，为制度、流程制定提供参考，从而使制定的制度更加贴近实际需求。此外，HRCOE 还可以从 HRBP 和 HRSSC 处获得关于制度、流程实施的反馈意见，了解当前制度在组织员工中的认可度、接受度和满意度，根据需求推行相应的政策，或者对不足的地方做出适当的完善。

### 6. 加强与公司其他部门的沟通

HRCOE 需要保持与其他部门的紧密沟通甚至合作，制订各种沟通交流计划。沟通交流计划必须明确定义 HRCOE 和组织其他部门交流的结构和程序，这要求 HRCOE 和其他参与者进行交流，确保所有参与者都清楚这个计划的目的和 HRCOE 期望实现的成果。此外，HRCOE 还要确保定期与内部客户进行交流，不管是通过周期性会议、内部邮件还是其他形式，以使客户可以及时获知可能的工作环境或流程的变化。同样地，沟通交流计划应该是双向的，它还可以为内部客户对组织人力资源管理的意见或建议提供一个反馈渠道，使 HRCOE 从客户那里获得有价值的信息，或是通过客户的反馈意识到某项制度的不合理之处，及时做出改进。

## 5.2　HRCOE 的能力要求和提升计划

HRCOE 在很大程度上与传统的管理咨询顾问提供的服务内容类似，基于需求或问题出发，通过战略、策略、政策、机制的构建，为公司的人力资源领域或领域内的细分项进行整体方案的设计。这种工作内容对人员的能力要求也会比较高，比如，底蕴的深度、知识的广度、系统与战略思考等。

### 5.2.1　HRCOE 的能力要求

作为组织的设计者、管控者、技术专家和知识传递者，HRCOE 必须具备必要的能力、素质，才能成功地承担起这些角色，真正发挥该有的作用。与传统的人力资源管理模式不同，HRBP 模型对 HRCOE 的能力有了更高的要求，HRCOE 必须在拥有基本人力资源管理能力的基础上，再发展和塑造一些新的能力、素质，以适应角色和职能的变化。HRCOE 作为人力资源领域专家，一方面需要时刻关注组织变化并制定相应的制度、流程，这要求 HRCOE 拥有强大的专业核心能力；另一方面，HRCOE 还要为业务部门和 HRBP 提供专业咨询与指导，这又对 HRCOE 的咨询能力提出了更高的要求。下面从两方面具体探讨与传统人力资源管理者相比，HRCOE 还需要额外具备的能力、素质。<sup>⊖</sup>

#### 1. 专业核心能力

专业核心能力是 HRCOE 必须具备的基础能力，包括以下内容。

（1）业务知识，明确影响业务发展的竞争性因素和理解业务如何创造利润与价值的能力。HRCOE 要对组织的整个业务系统及其运作方式有清晰的认识，掌握组织业务发展的战略方向、核心竞争力以及目前面临的机遇与挑战。除此之外，HRCOE 还需要了解组织各业务部门内部的文化氛围、领导风格和其存在的具体问题，对组织业务的内外部情况都有大致的认识。

---

⊖　Arthur Yeung, Patricia Woolcock, John Sullivan. Identifying and Developing HR Competencies for the Future: Keys to Sustaining the Transformation of HR Functions [ J ] . Human Resource Planning, 1996,19(4):48-58.

（2）以客户为导向，从客户的立场看待问题的能力。HRCOE 的工作应该以客户的需求为导向，例如，根据组织的发展要求设计政策和流程，或根据业务部门或 HRBP 的问题提供专业咨询和制订解决方案。

（3）有效的沟通，提供清晰、一致和有说服力的口头和书面信息的能力。HRCOE 不仅要根据战略制定制度和流程，还要推动这些制度、流程的实施。这要求 HRCOE 有良好的沟通表达能力，能够让其他人明白其制定的制度或流程的具体内容、实施步骤、期望达到的效果以及价值和意义，并在其他人理解有误时提供有说服力的解释。

（4）良好的信誉和诚信。HRCOE 必须做到口头和行动统一，在所有工作中保持行动的一致性，并且遵守承诺，不轻易许下诺言。一旦答应客户的要求就要努力完成，在组织内建立良好的信誉和口碑。

（5）系统的远见，从更宏观、更广阔的角度看待问题，理解各个组成部分之间内在关系的能力。HRCOE 必须拥有系统分析问题的能力，从组织所运行的整个大环境来分析组织所处的位置和面临的机遇与挑战，制定适用于整个组织的全面的人力资源管理政策和流程。

（6）谈判和冲突解决，在不同的目标和倾向中达成共识、获得一致认同的能力。人力资源管理经常要面对各种错综复杂的问题，不同的人对同一问题往往会产生不同的想法和目标，HRCOE 不得不与拥有不同想法和目标的人进行谈判，最终形成一个各方都认可的方案。当发生冲突时，HRCOE 还需在冲突各方之间进行调解和协商，最后达成一致。

## 2. 咨询能力

除专业核心能力以外，由于 HRCOE 还有为 HRBP、业务部门以及组织管理者提供专业咨询的职责，所以，HRCOE 还必须具备相应的咨询能力，以更好地为客户提供服务。具体包括以下内容。

（1）影响和劝服能力，即让别人接受自己的观点和提议的能力。

在 HRCOE 设计好一项新政策和新流程后，必须说服高层管理者接受他的想法，新政策才有付诸实践的可能。此外，在提供专业咨询时，HRCOE 也需要有一定的影响力，才能使咨询者接受为其提供的解决思路和建议。

（2）咨询技能，诊断问题、提供解决方法并与客户进行沟通的能力。当客户前来咨询时，HRCOE 需要尽量在短时间内判断客户所表达问题的关键之处，并且与客户反复沟通，以防止信息不对称，尽快为客户提供解决方案。

（3）推动和实施变革，不受反抗因素的干扰，坚持构思、设计和实施新计划的能力。一项新政策的实施往往会受到众多阻碍因素的干扰。若无法排除这些干扰，一项新政策很容易就被扼杀在襁褓中，所以，HRCOE 必须拥有坚持推动和实施改革的魄力与能力。

（4）合作和团队建设，鼓励团队成员朝着共同目标努力工作的能力。HRCOE 的工作往往以项目制的形式进行，在一个可能包含不同部门员工的团队内工作，HRCOE 作为组织者或参与者，需要努力确保每个团队成员有统一的工作目标，齐心协力地推动工作前进以实现目标。

### 5.2.2　谁适合做 COE

由于 HRCOE 对素质能力和经验有很高的要求，所以，寻找合适的人来担任 HRCOE 是非常有难度的，普通 HR 并不能胜任 COE。公司 COE 团队通常由以下几种人组成。

（1）HRM／HRD。资深人力资源经理、人力资源总监，而且要有 5～8 年的专业经验积累，专业一定是需要时间积累和沉淀的。

（2）企业高管。非 HR 部门的业务骨干、企业中高层，尽管他们不是 HR 出身，但其身居高位，天然就有对团队管理、员工关系、组织文化等领域的感知和话语权。

（3）外部顾问。公司董事、第三方机构的专家、培训师、大学教授
等外部专家。

从 COE 的来源途径上，也是常规的三条途径。

- 培养（build），即从公司选拔有经验的专才加以培养，主要是有
  潜质的人力资源从业者，专业骨干。
- 外购（buy），即从业界招募有丰富经验的专家，特别是同业内的
  资深人力资源专家。
- 借用（borrow），即和领先的顾问公司、高校合作，吸引优秀的
  顾问资源，基于项目或者流程进行合作。

在华为，很多 BP 是从 COE 转岗过来的，要求其至少精通 COE 的
一两个专业领域。同时，也要求 COE 从 BP 来，要求其懂业务，方法
论、模板工具，不能够纸上谈兵，必须从业务需要入手，针对业务的痛
点形成大的、完整的、有效的解决方案，提供给 HRBP，让他们去解决
业务的痛点。这就是华为形成的 BP 和 COE 之间相互协助的模式。和华
为这种模式类似，越来越多的组织开始建立 HRBP 与 HRCOE 人才资源
池，即将 HRBP 和 HRCOE 组成一个浮动的特战队，然后根据项目的需
要，挑选拥有特定专业知识和经验的 HRBP 与 HRCOE 组成工作团队为
项目提供服务。项目结束后团队自动解散，HRBP 与 HRCOE 回到人才
资源池，等待下一个项目，重新进入新的工作团队。这种模式替代了传
统的 HRBP 和 HRCOE 永久地在某个部门或团队中提供服务的模式，可
以使 HRBP 和 HRCOE 接触到不同的工作内容与工作环境，使 HRBP
和 HRCOE 能够更好地应对业务发展需求的变化。此外，由于 HRBP 和
HRCOE 不是被固定安排在某个业务部门，他们可以更好地保持客观独
立性。目前，还有其他存在争议的做法，如建立一个两层的 HRBP 和
HRCOE 模型，一层的 HRBP 和 HRCOE 专注于业务发展的关键战略问题

和机会，另一层的 HRBP 和 HRCOE 则支持常规性业务问题与提供日常解决方案，然后由业务环境来驱动这些扮演不同角色的 HRBP 和 HRCOE 工作。

此外，为了便于人才的招揽，通常情况下 COE 会建构在大都市。

### 5.2.3 HRCOE 能力提升计划

当确定了 HRCOE 需要具备哪些能力后，接下来就要帮助 HRCOE 获取和增强这些能力。虽然直接雇用已经具备相应能力的人来担任 HRCOE 也是一种选择，但是，考虑到文化适应性和成本问题，以及对 HRCOE 的需求远远超过人才的供应，大部分企业仍然选择自己来培养 HRCOE。能力培养比定义需要的能力难度更大，定义所需要的能力只是第一步，而要帮助 HRCOE 建立和提升这些能力需要投入大量的时间和精力，最好能运用有创造性的能力提升方法和战略。在总结现有的理论和实践经验的基础上，归纳出一套帮助 HRCOE 建立必备能力的能力提升计划。⊖

（1）定制计划，进行能力测评。大部分企业在开始 HRCOE 能力提升计划之前，都会进行一次能力测评，目的是测评 HRCOE 目前在特定的能力领域所处的水平，然后定义与理想水平的差距，明确努力方向，为之后能力提升方案的实施提供参考和引导。能力测评的具体方式有很多，比较常用的是 360 度能力测评法。HRCOE 可以根据测评的个人反馈结果定义自己的发展需求和方向，组织也可以根据所有 HRCOE 的平均测评结果确定整体的能力水平，然后将结果与确定好的标杆进行比较，如与行业平均水平或组织以往的水平进行比较。

（2）与 HRCOE 和培训发展等部门沟通交流。组织一旦确定了 HRCOE 所必须具备的能力和目前的差距，接下来必须与 HRCOE 和

---

⊖ Arthur Yeung, Patricia Woolcock, John Sullivan. Identifying and Developing HR Competencies for the Future: Keys to Sustaining the Transformation of HR Functions [J]. Human Resource Planning. 1996, 19(4): 48-58.

培训发展等部门进行沟通交流，清楚地表达对 HRCOE 能力的要求和期望，明确可以为 HRCOE 能力提升计划提供的资源，以及没有达到预期目标的后果。此外，组织还可以提供一些成功的案例和楷模，为 HRCOE 能力提升计划提供参考和学习对象。根据不断提高的业务发展需求和组织目标，各个能力层次的 HRCOE 都必须不断提升自身能力，以适应新的需求和应对人力资源管理面临的挑战。

（3）绩效管理。当 HRCOE 不清楚新能力的建立与个人职业和奖励之间的关键联系时，交流沟通的效果将会打折扣，所以，组织可以将 HRCOE 能力的建立和提升与工作绩效管理联系起来。组织可以要求 HRCOE 在做工作计划时，制订一个能力提升计划，计划具体的方法和步骤，确定想要达到的目标。此外，还可以将能力提升纳入绩效考核的范围，设计一些关于能力建立和提升的指标，与其绩效考核成绩挂钩。通过将能力提升与绩效考核联系起来，组织可以确保 HRCOE 会从个人发展的角度提出能力发展需求。

（4）培训。组织应该为 HRCOE 提供一些培训资源，如内部培训课程、外部实践项目或者与科研院所合作等。组织可以根据 HRCOE 能力测评结果，由内部培训发展部门或者邀请外部专家在公司内开展专门的培训讲座，也可以鼓励 HRCOE 参与外部的能力提升项目，并提供费用和资源支持。现在越来越多的组织开始与科研院所进行合作，为 HRCOE 再次接受学校教育提供资源，并且为 HRCOE 与大学导师建立联系提供途径。此外，还可以在大学设立专门的班级，根据组织需要培养拥有特定能力的人才，为组织提供源源不断的人才来源。

（5）在工作中提升能力。其实在实际工作中，通过正式的培训方式进行学习只占很小一部分，大部分是通过在工作中的锻炼来提升能力的。通过系统的工作安排、HRCOE 学习网络或导师指导，组织可以为 HRCOE 创造有效的即时学习机会，所有这些战略都可以成为拓宽和增强 HRCOE 能力的有力工具。

1）系统的工作安排。例如，通过工作扩大化，在 HRCOE 的日常工作职责之外，安排 HRCOE 参与对关键技能和能力有要求的特定项目或团队，如设计和推行一项重要的业务流程，成立一个新的业务部门，关闭一个工厂或参与一个变革过程。通过职位轮换，要求 HRCOE 在不同人力资源管理角色和不同专业领域之间进行轮换，帮助 HRCOE 建立起对组织整体的认识。此外，还有业务经理与 HRCOE 分享工作职责，帮助 HRCOE 更快地获得业务知识，培养客户意识并且提高信誉。

2）组建 HRCOE 学习网络。在学习网络中，HRCOE 可以与他人分享新知识和优秀的实践经验，提高整个组织信息传递的效率和先进知识的运用。当遇到问题时，学习网络中的 HRCOE 可以一起讨论，不同领域的 HRCOE 从自己专业领域的视角分析问题，最后汇集所有人的智慧，制订出详细、全面的解决方案。

3）导师制。高级人力资源管理者提供的支持和指导对于 HRCOE 能力的提升有非常大的帮助。组织可以为每个 HRCOE 配备固定的导师。导师可以由高级人力资源管理者担任，负责引导和提供咨询。导师必须与 HRCOE 一起制订能力提升计划，并且在实施过程中提供指导和监督。HRCOE 在遇到困难或者有什么想法时，可以向导师咨询意见，与导师一起商讨下一步的计划。这样，导师在帮助 HRCOE 提升能力的同时，也能为自己的个人发展和提升获取强大的人员支持。

总体而言，当前组织正将越来越多的专注点放在吸引、发展和配置最有效的人力资源管理者来承担 HRCOE 的角色。为了更好地承担起这个富有挑战性的角色，HRCOE 需要具备各种各样实用的技能和认真的工作态度。HRCOE 要实现成功需要做出很多努力，如抛弃以前利用真实业务案例作为实践学习资料的方式，采用更加有效的新型学习模式；使用多种形式的培训，如教室教学与导师辅导、社区事件和自学相混合的模式；更加关注培养一种有效的学习文化，鼓励个体对自己的学习负责；更多地意识到知识分享的力量，如社交和合作软件在知识分享中的运用，鼓励创新等。

## 5.3　HRCOE 的配置与考核

### 5.3.1　HRCOE 的配置

专家资源往往是有限的，每个业务单元 / 部门都配备专职 COE 专家，意味着巨大的人才数量需求。在这种情况下，人才质量难以保证，而且还可能带来不同业务单元 / 部门制定的政策割裂，难以实现一致性。因此，必须实现 COE 资源的共享。一般而言，COE 统一设置在集团人力资源部，招聘、培训、绩效、薪酬、劳动关系、员工关系等板块根据需要各设置一两名专家顾问，负责在 HR 工作中提供专业性建议和制定统一的 HR 管理规定等。对全球性 / 集团型的大型公司来说，由于地域 / 业务线的复杂性，HRCOE 需要为不同的地域 / 业务线配置专属资源，以确保设计贴近业务需求。其中，总部 COE 负责设计全球 / 全集团统一的战略、政策、流程和方案的指导原则，而地域 / 业务线 COE 则负责结合地域 / 业务线的特点进行定制化设计，这样的 COE 设置可以实现在全公司一致的框架下，保证业务所需的灵活性。

怡安翰威特的全球调研也支持这一观点，COE 一般只存在于公司总部、重要的子公司或事业部，不会在每个业务单元中都配置。和 HRBP 不同（几百名员工可以配备 1 名 HRBP），COE 往往是几千名员工才能配备 1 名 COE 专家，这就意味着每层组织都配备专职 COE 团队是不现实的。基于 2009 年怡安翰威特的全球调研数据，77% 的全球型公司仅在全球或下一级组织（如事业部 / 区域）设置 COE，而不会在更低层级的组织设置 COE。资源共享的最大障碍是汇报关系，中国企业往往在不同层级的组织都配备 HR，且向业务部门汇报。实现资源共享，需要决心和行动，需要更加注重质量而非数量。

以通用电气为例，它设有四个专家中心，分别为招聘、薪酬福利、运营、学习与发展。其与众不同之处如下所述。

（1）一般企业的 COE 主要负责规划，而通用电气的 COE 既需要制定政策又需要实际执行，所有的 COE 是给不同业务部门的 EHRM 和 HRBP 提供服务的，他们更注重为不同的部门提供标准化的流程。

（2）COE 还从全球运营中心层面，对部分职能进行聚焦、圈定。这涵盖两个层面的内容：①制定标准化流程，从宏观层面对不同业务职能的业务流程进行梳理并统一。例如，对从有招聘需求到发出职位 offer 整个管理过程中所涉及的员工，进行背景核实、入职手续办理等例行操作，通用电气统一了不同地区、国家操作过程的标准，减少差异，同时保留文化差异下不同国家间的特殊性，推行在不同劳动力市场下的"统一标准化流程"。②运营中心的出发点在于服务，落脚点在于"优质服务"，通用电气强调的是服务质量、方法和态度而不仅仅是服务本身，希望能为同事、员工提供良好的服务体验。通用电气于 2013 年提出"卓越服务"理念并大力推行。此理念被细化为 10 条"接地气"的简单承诺（如及时回复员工提问等），较容易被组织中的同事理解并实施。

• 名企实践 •

## 阿里巴巴的 HRCOE 组织架构

阿里巴巴公司的人力资源管理组织如图 5-1 所示，其中，集团人力资源部即为公司的 COE，由组织发展部、校园招聘部、社会招聘部、企业文化部和薪酬福利部构成。组织发展部分为平台 OD 和业务 OD，其中平台 OD 负责公司大体系发展、高管领导力发展和商业教练，业务 OD 则直接驻点在各个事业群，负责事业群相关的组织架构、人才盘点、业务复盘。校园招聘部负责阿里巴巴集团的校园招聘策划、招聘录用分配、大学生培养计划及实施。社会招聘部主要负责高级人才猎聘，并在各个事业群与 HRG 协同。<sup>⊖</sup>

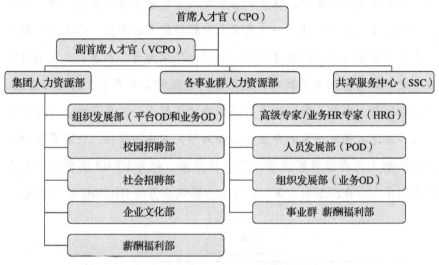

图 5-1　阿里巴巴公司人力资源管理组织

・名企实践・

## 腾讯公司的 HRCOE 组织架构

　　在很多企业中，人力资源部涵盖了人力资源管理所有的职能工作。与大多数企业不同的是，腾讯公司的人力资源部仅是 COE 的一个部门。这是由于腾讯在实施 HR 三支柱，几乎其他所有人力资源管理的新增部门都是从原来由六大板块构成的人力资源部衍生出来的，相当于对人力资源部这个母体的职能进行了剥离，但是招聘和组织发展一直保留了下来。因此，腾讯人力资源部仅仅包括招聘配置中心（C 招聘）、组织发展

---

⊖　马海刚，彭剑锋，西楠.HR+ 三支柱：人力资源管理转型升级与实践创新［M］.北京：中国人民大学出版社，2017：49.

中心（COD）和活力实验室三部分。薪酬福利部包括长期激励管理组、福利管理中心、员工薪酬中心、薪酬福利综合组、绩效管理组。腾讯学院包括领导力发展中心、职业发展中心、培训运营中心。腾讯学院通过绘制部门的战略地图与平衡计分卡，对人力资源战略进行分解，强调通过干部管理能力的提升，强化后备领军人才的能力准备度，提升干部管理的有效性，培养和造就一支有主人翁精神的干部团队。企业文化与员工关系部承接人力资源管理战略，制定出强化沟通、加强员工对公司的信任度和认同感的部门战略，这个部门包括劳动关系组、沟通传播组、组织氛围组。当前，腾讯公司的组织结构仍然在动态变化中。这些职能部门都借助本领域精深的专业技能和对领先实践的掌握，设计业务导向及创新的人力资源管理政策、流程和方案，并为 HRBP 提供适合业务的定制化人力资源解决方案。图 5-2 为腾讯公司的 HRCOE 组织架构。

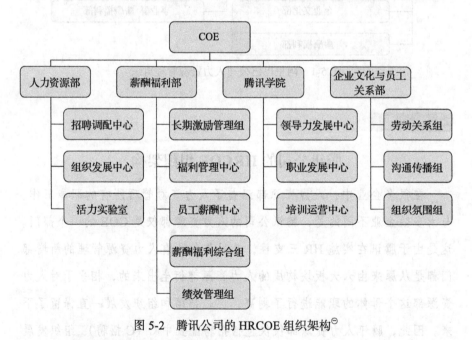

图 5-2　腾讯公司的 HRCOE 组织架构[⊖]

　⊖　马海刚，彭剑锋，西楠 . HR+ 三支柱：人力资源管理转型升级与实践创新［M］.
　　北京：中国人民大学出版社，2017：114.

### 5.3.2　对 HRCOE 的考核

为了明确 HRCOE 的工作是否有成效或是否有需要改进的地方，有必要对 HRCOE 的工作进行考核。考核主体可以由 HRCOE 团队成员、上级、HRBP 和 HRSSC、业务部门或组织高层管理者等与 HRCOE 有工作接触或了解其职位性质和内容的人组成，从而通过各个方面对 HRCOE 的工作进行全面的评价。考核周期不应太短，可以每季度一次或每半年甚至一年一次，因为 HRCOE 的工作一般属于长期性的，一项政策的实施往往需要一段时间才能确定其是否有效，在短期内是很难看出成效的。采取较长周期的考核方式可以减轻 HRCOE 的考核压力，使其能够从容地思考专业领域的问题，有利于做出有创造性的决策。[⊖]

对 HRCOE 可以采取不同的方式考核不同内容。比如，可以建立一些基础的考核指标来检验 HRCOE 工作的价值和可靠度。这些关键绩效指标可以用来引导、汇报和预测 HRCOE 的工作，并测量其对组织的影响。考核指标可以为我们提供历史数据，用于对未来的程序设计和实施做成本收益分析。定义一套明确的、可测量的考核指标和服务水平协议是非常有挑战性的，组织必须经常性地测量所有功能，认真地定义 HRCOE 的目标，建立合理的客户期望，并且通过运用绩效测量工具获得有价值的客户反馈。[⊖]下面介绍两种指标类型。

（1）程序性指标。此类指标测量 HRCOE 制定并实施贯穿整个组织的管理流程的进展情况，以及 HRCOE 提供服务的质量。将计划政策实施后的实际投入产出与组织原来的实践和预测做比较，检验管理流程的实施是否给组织带来足够的价值和收益，是否比实施前有了明显的改善。这种类型的指标包括开发项目的数量、管理流程成本、方案适用

⊖　Patel-J, Andrews L. Seven Key Steps to Establishing a Center of Excellence［J］. Infonomics, 2010, 24(1): 40-41。

⊖　Robert Marciniak. Center of Excellence as a Next Step for Shared Service Center.2012. https://www.researchgate.net/publication/236270555.

度、用户接受度等。

（2）运营性指标。运营性指标测量 HRCOE 部署政策的实用性、稳定性和响应能力，系统服务的质量，在业务部门运行的能力以及对现有服务水平协议的遵守程度等。这种类型的指标包括正常运行时间、访问和内容检索性能、设备使用率、交易量和性能以及客户满意度等。

当然，对 HRCOE 的考核不仅限于这些具体指标。不同的组织可以建立各种各样不同的考核指标，最重要的是要与自己的实际情况相结合。在 HRCOE 不断进步和成熟的过程中，组织可以适时地对考核指标进行调整，以适应组织对 HRCOE 的要求不断提升的需要。考核后，组织应该及时提供反馈，帮助 HRCOE 了解自己工作的完成情况，明确工作的突出表现和不足之处，更好地制定下一阶段的工作目标。

# 人力资源管理三支柱转型的渐进性和挑战

　　自戴维·尤里奇 1997 年在 *Human Resource Champion* 一书中提出"人力资源业务合作伙伴"（HRBP）的概念至今 20 余年，这一概念已被企业界广泛使用，许多公司都对 HRBP 职能进行了探索与创新。根据 Hay Group 的一项调查，目前 3/4 的企业已经或正在进行人力资源转型，设立 HRBP 或者类似的职位。在比较老牌的外资企业中，HRBP 作为正式职位已经存在了 10 年以上，但超过半数的公司认为 HRBP 在自己公司的推行并未达到预期目的。HRBP 在我国企业中处于起步阶段。HRBP 的核心理念就是帮助业务经理提升他的业务，发现业务中存在的问题，然后通过 HR 的专业知识和能力给他们提供支撑，使业务体系更能良性运作。但是事实上，HR 经常很难参与进去，HRBP 甚至成了让很多业务部门反感的人。HR 如何成为业务伙伴并得到认同，这是让现在国内很多企业普遍感到困惑的一件事。

　　人力资源管理三支柱在业界的盛行，在一定程度上让国内更多的企业蠢蠢欲动。追求热点和新潮，也是一部分企业所热衷的。但是，不是任何企业的 HR 部门都需要变成"三驾马车"的组织结构，要看企业发展到了什么阶段和企业的实际需要。如何因地制宜地进行人力资源管理转型，建立适合企业自身特点（如企业发展战略、发展阶段、产品复杂程度、管理基础、人员素质、财务资源等）的三支柱模式，是我国诸多企业在人力资源管理中遇到的问题。在企业层面，首先决策者需要考虑清楚企业现在的战略目标是什么，以及对 HR 有什么相应要求，是否真的需要进行三支柱转型。即使企业需要进行三支柱转型，如何转型也是众多企业需要认真思考和解决的。

## 6.1 转型的渐进性：转型不一定就真的转为三支柱架构

### 6.1.1 转型的不同模式

　　HR 三支柱转型的本质是强化人力资源管理的业务伙伴角色，强调以业务部门的需求为导向，倡导业务部门需要什么，HR 就要去满足和提供支撑。因此，在三支柱转型中，HRBP 的角色及其实现是最重要、最关键的，在一定程度上 HRSSC 和 HRCOE 是为 HRBP 角色实现提供支持条件。正因为如此，也有人把三支柱模式直接命名为 HRBP 模式。

　　完整的 HR 三支柱转型需要企业对自身的 HR 职能模块进行重新设计，将原有的 HR 角色一分为三：HRBP 的功能是贴近业务，解决实际问题，包括员工发展、能力培养，人才政策在业务单元的推行、落实，以及促进团队和谐、留住员工等；COE 由公司内部的员工安置、员工发展、薪酬、组织绩效、员工关系和组织关系等方面的专家组成，主要针对以上方面提出专业建议和设计有效的解决方案，他们是真正的职能专家，有时这项功能又被称为"HR 研发组"，负责 HR 最新工具的研发、最新 HR 市场信息报告的整理，为 HRBP 提供决策依据和技术支持；HRSSC 的功能是在招聘、薪酬福利、费用报销、工资发放等基础工作方面为公司提供全方位统一服务。只有建立起这种组织环境，才能将 HRBP 从事务性工作中解放出来，将其主要时间用于挖掘内部客户需求，以扮演顾问和 HR 客户经理的角色，提供咨询服务和解决方案。

但是，在通往成功的道路上，并不是只有一条路。只要 HR 能够认识到"业务导向"的意义，就可以通过部门人员配置和工作规划，逐步实现心里的想法。而组织架构的变化，则因企业而异，企业人力资源管理架构和分工的转型并不一定都完全按照三支柱架构。这可能是因为：一方面，企业的转型过程是渐进的，企业变革总是从最需要突破的地方着手；另一方面，并不是所有企业都有条件建立三支柱，但是这并不能阻止其对 HRBP 的需求。

具体的组织结构可以根据业务需求选择合适的模式，可以根据企业发展的侧重点将各种职能放在不同的机构中，各机构之间的界限也不是绝对的，可以根据公司业务发展的需求随时调整机构之间的职能。企业需要因地制宜，定制适合企业的转型模式。总结现有的转型经验，我们把转型模式分为三种类型。

### 1. 只有 HRBP 的转型模式

这种仅有 HRBP、缺少 HRSSC 和 HRCOE 的转型大多出现在中小企业里。从形式上看，人力资源部门的三支柱转型中，HRBP 岗位的出现可能是最容易的。在一定程度上，仅仅是业务现场 HR 的角色转变就可以实现 HRBP 岗位的出现，尽管真正实现角色转变是非常不容易的事情。

实际上，HR 三支柱转型，首先要转变观念。很多企业也许现在还没有条件或不需要把自己的 HR 分成"三驾马车"的架构，不过一定要有 HRBP 的思维。这种只设置 HRBP 转型的价值在于，人力资源管理者从过去远离业务，转变为走进业务、理解业务的伙伴，在人力资源组织架构不变的同时，实现服务于业务的角色定位。

但是，这种转型也存在潜在的风险：从业界经验来看，帮助 HRBP 从事务性工作中解脱出来，需要建立 HR 共享服务中心或将 HR 事务性工作外包。没有 SSC 和 COE 的 BP 会做一些什么工作呢？比如员工的入职、离职，或者出具一些 HR 文件、证明材料，同时，员工有问题都会找 BP。HRBP 更容易陷入琐碎的日常事务之中，甚至会变成打杂的，每天忙于一些事务性工作。在转型的过渡期，HRBP 还有大量的事务性工作要自己承担，这会导致他们产生挫败感，从而使很多企业推行 HRBP 不成功。解决这个问题的办法是在 HR 团队中设立一些承担事务性工作的初级角色，他们帮助有经验的 BP 分担事务性角色，让他们聚焦于高端工作。而在共享服务中心建立后，这些角色将逐步转移到共享服务中心。

### 2. HRBP+HRSSC 的转型模式

第二种转型方式表现为，一部分企业把传统的人力资源管理工作中的事务性工作聚集为 HRSSC，现场的 HR 角色转变为 HRBP。但是，这种转型模式并没有设立 COE，相应地，总部的 HR 架构并没有大的变化，也不存在 COE 的明确岗位。其中，HRBP 通常会被直接派驻到业务部门，以处理 HR 相关事务。人事服务平台（或者 HRSSC）则通常在总部，负责公司层面的薪酬福利、人员招聘、内部培训等基础 HR 工作。这种架构能给予 HRBP 充分的自主权，为业务部门提供定制的、系统性的人力资源解决方案。由于 HRSSC 的构建，企业需要在一段时间内，从"以人为主"的 HR 部门转变为强调"基于事件"的流程，使用最佳实践案例为事件管理提供参考，以期利用全新的方式提交人力资源流程和服务，获得规模经济优势，最大限度地共享知识和技能，从而为整个公司的 HR 职能提供高效、高质量和成本最佳的 HR 共享服务。

总的来看，在第一种转型模式中，HRBP 只能称为初级 HRBP，而这种有 HRSSC 支持的 HRBP 可以算作中级 HRBP。从初级 HRBP 到中级 HRBP，许多公司可以选择先从 HRSCC 模块入手，实施人力资源管理信息系统，借此在整个组织中建立起 HR 的通用流程、系统工具和效率标准，大幅度降低管理难度和费用，更为 HRBP 极大地减少了处理 HR 事务的时间和精力。

· 名企实践 ·

## 当当网的过渡性三支柱转型

当当网于 2010 年启用 HRBP 职位，截至 2015 年仍处于比较初级的业务 BP 模式阶段，集团总部人力资源部的结构如图 6-1 所示。共享中心（人事服务平台）包括的内容也相对有限，没有专门设立人力资源专家平台（COE）。公司仍然在根据业务需要进行调整和优化。[⊖]

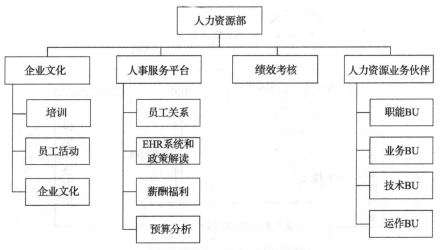

图 6-1　当当网的人力资源组织架构

公司将业务板块分成四大事业群，分别是业务 BU、技术 BU、运

---

⊖　龚焱 . DD 公司 HRBP 机制建设［D］. 北京：首都经贸大学，2015.

作 BU 及职能 BU。业务 BU 主要负责各个产品线的运营，技术 BU 是公司强大的技术研发团队和系统支持团队，运作 BU 主要负责仓储、物流、客服等业务，职能 BU 是公司所有的职能平台，包括人力、行政、财务、法务、防损等。公司针对每个 BU 都建立了 HRBP 中心，HRBP 人员直接向人力资源副总裁汇报。根据事业群的团队规模和业务细分情况配置 BP 人员。例如，业务 BU 和运作 BU 团队规模很大，人员数量均在千人以上，配置了 3 名 BP 人员与业务部门进行对接。总体上，公司人员规模 5000 多人，有 10 余名 HRBP 人员支持，基本按照 1：500 的人员比例进行配置。HRBP 人员一般常驻在业务部门，主要服务于业务经理，将业务部门的各种管理问题反馈到人力资源部。由于公司没有组建专门的人力资源专家中心，问题一般反馈到集团总部人事服务平台或人力资源相关模块的负责人，由他们提供相应的指导方案。BP 工作流程，如图 6-2 所示。

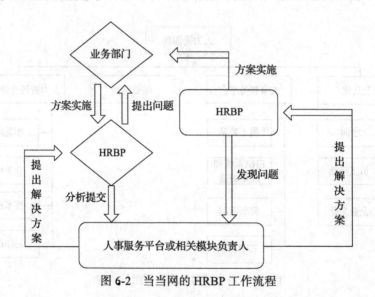

图 6-2  当当网的 HRBP 工作流程

### 3. 设置 HRBP，合并 HRCOE 和 HRSSC 为共享服务中心

由于 HRCOE、HRSSC 均面向公司全体员工（或者一定地域范围

内的员工），而且无论是 HRCOE 在这个范围内制定的 HR 政策、工具，还是 HRSSC 在这个范围内实施的 HR 事务流程、服务，都强调在该范围内保持 HR 政策的一致性。特别地，HRSSC 实施的标准化、规范化的 HR 事务流程和服务，往往也是 HRCOE 制定或者参与制定的。基于两者职能上的共性和相互关系，有些企业会把 HRCOE 和 HRSSC 合并在一起，通常为人力资源共享服务中心。这样，组织架构可能更精简，而且在一定程度上，有助于 HRCOE 和 HRSSC 之间的沟通协作。

**·名企实践·**

# ABB 公司共享服务中心（HRC）

ABB 公司是全球电气产品、机器人及运动控制、工业自动化和电网领域的技术领导企业，致力于帮助电力、工业、交通和基础设施等行业客户提高业绩。基于超过 125 年的创新历史，ABB 公司正在不断地推动能源革命和第四次工业革命，谱写行业数字化的未来。ABB 公司业务遍布全球 100 多个国家和地区，雇员达 13.2 万人。ABB 公司在中国拥有研发、制造、销售和工程服务等全方位的业务活动，40 家本地企业，1.7 万名员工遍布于 139 个城市，线上和线下渠道覆盖全国 300 多个城市。<sup>⊖</sup>

ABB 公司在 2007 年建立了人力资源服务中心（HR center，以下简称 HRC）。它涵盖了专家中心（COE）与人力资源共享服务中心（HRSSC）。HRC 的价值观包括卓越运营（operation excellent）、关注客户（customer focus）、创新（innovation）、信任与尊重（trust and respect）和敬业（engagement）。HRC 定期回顾其所做的工作是否与价值观相符。例如，邀请业务领导和人力资源业务伙伴一起探讨内部客户对 HRC 的期望是

---

　　⊖　资料来源于 ABB 公司官网 http://new.abb.com/cn/about。

什么；每半年中心内部会分享业务情况，使人力资源的工作与业务联系更紧密，更好地服务于客户。

HRC 的优势在于共享资源，降低成本，提高效率。COE 和 HRSSC 是属于一个团队的，因此不存在团队职责模糊不清，沟通不畅等问题。COE 在做战略计划的时候会充分考虑运营团队可能遇到的问题，从而在政策制定的过程中进行规避。目前，ABB 中国人力资源服务中心有 80 多人。HRC 职能设置包括五大部门：薪酬福利、外籍员工服务、人力资源卓越运营（HR operation excellence，HRX）、人才管理和招聘。以薪酬福利职能部门为例，3 人担任专家的工作，进行一些计划、制度、战略的制定；其他人负责工资和福利的计算与发放等。

HRC 在关键绩效指标的设置上，除了采用与其他公司较为相似的衡量指标外，HRC 还成立了业务委员会。邀请五大业务集团的总经理参与讨论 HRC 的关键考核指标的设定，加强业务的参与度以及 HRC 工作的业务导向性。中心会定期召开会议，在会议上回顾近期的关键绩效指标，例如，招聘的及时性，平均花费的时间，工资、福利计算发放的准确性和及时性等，同时听取业务部门的反馈。

### 4.完整的三支柱

当企业条件适合的时候，就可以按照三支柱模式对公司人力资源管理的组织和分工进行转型。和之前的几种模式相比，构建完整的 HRBP、HRSSC、HRCOE，突出 HRCOE 的专家指导作用。HRCOE 负责变革管理，设计 HR 方案，研发 HR 管理工具，整理 HR 市场信息报告以及为 HRBP、HRSSC 提供智力支持。这既能保证 HRBP、HRSSC 的服务质量，也有利于持续提升 HR 的管理水平。HR 从业者的发展通道，也可以在管理领域和专业研发领域中做选择。这种组织架构比较讲究平衡。

并非所有的企业都适合采用三支柱模式。完整架设三支柱模式的公司应具备以下主要条件。

- 公司高层领导的重视度：高层领导重视人力资源管理，有从人力资源管理方面出发来提升企业竞争力的愿望。
- 企业具有较大的规模：企业有庞大的下属子公司或者机构，员工数量众多；各子公司或分支机构均设立人力资源部，且各人力资源部均重复性地设立了很多职能相似的部门。
- 人力资源活动的相似性：各子公司或下设机构的人力资源活动有较高的相似性，可以将某些人力资源工作从下面收归到集团层面进行统一处理。

### 6.1.2　根据企业规模差异，制订切实可行的转型推进计划

正如在第一章中所描述的，企业规模的大小会影响人力资源组织的架构设计。对于规模较小的企业而言，HR 团队人数较少，更需要通才，分工过细反而会带来麻烦。当组织规模和管理复杂度达到一定程度时，就会出现专业分工进一步细化的趋势。此时，HR 的角色由混合角色细分成三支柱的分工，即 HRBP 扮演业务主管顾问或客户经理的角色；HRCOE 负责设计某一领域的政策、流程、方案及提供技术支持；HRSSC 通过流程化、自动化、远程处理，提供人力资源相关服务工作。因此，对于不同规模的企业，三支柱转型的方式也存在差异。企业需要根据自身的情况和需求循序渐进地推行人力资源管理转型。

（1）小型企业。当企业组织规模较小时，HR 是混合角色，即将战略性工作、咨询性工作、事务性工作一肩挑，其职能也按照不同类型划分为培训、薪酬、招聘、绩效等模块，这种传统模式被称为混合模式。这种规模的企业，不可能采取三支柱的分工模式。但是，三支柱的

理念在中小企业中依然可以贯彻，主要表现方式是：企业的人力资源负责人就是 HRBP。例如，一个规模几百人的小企业，HR 团队有 4 ～ 6 人。HR 团队中可以划分一个小团队负责发薪、招聘等事务性工作，其他人尤其负责人更多的是政策制定和关键部门 BP 的角色。事实上，有些小企业推进 HRBP 也具有一定的优势，小企业的 HR 部门天生就接近业务现场，而且不少小企业的人力资源负责人就是业务岗位出身，对业务较熟悉。小企业的 HRBP 需要有非常强的战略意识，能有效安排 HR 事务的优先级，把为企业创造价值的事务放在重要位置。因此，总的来看，当企业规模较小时，HRBP 就是一个广义概念，即整个人力资源部都要贴近业务，还不能细分为招聘、培训、绩效、薪酬等各个职能模块，而是整体都要做 HRBP，在思想观念上就要树立人力资源部是一个服务部门的宗旨。它的工作重心就是怎样为组织提供更好的服务。

（2）中型企业。在中型企业里，HR 转型的成败取决于直线经理和业务经理对转型的认知，毕竟业务经理身边多了一个 BP 的岗位存在，这需要得到业务经理的认同和配合。对想要发展 HRBP 的中型企业来说，可以采取循序渐进的方式，在初始阶段进行试点：一方面，把人力资源部能力最强的员工放到一个领导本身很精通或重视人才管理、支持 HR 工作的业务部门，或者在能够成功转型的部门，或者在最重要的业务部门设置 HRBP；另一方面，需要提高后台职能部门员工的能力，做好对 HRBP 的配合。通过试点的成功，再推广到其他需要配备 HRBP 的业务部门中。通过试点也可以摸索出适合企业的 HRBP 运作方式，包括 HRBP 的汇报方式、HRBP 的选拔标准和能力培养等。

（3）大型企业。对于大型的、跨国的、职能分工很细的企业来说，往往大多数甚至所有业务部门都要设置 HRBP，并逐步构建完整的三支柱。这种企业可以通过把 HRBP 派到业务部门，然后 HRBP 把业务部门的一些需求反馈到后台的人力资源职能部门，与所在业务部门的领导一起推动部门的文化建设。具体对于集团化企业而言，下属企业规模的不同又会影响其具体的转型方法。一般而言，如果下属企业的规模比较小，可以撤销原来的 HR 部门，只保留 HRBP 来处理 HR 相关事宜，如果规模比较大，那么可以将招聘、培训、工资核算等属于常规性的工作收归集团 HRSSC 来统一处理，原来的 HR 部门工作人员精简以后转变成为 HRBP。

此外，结合业务急需度和资源能力，通常中小企业三支柱（HRBP、SSC、COE）建设的推进次序是 HRBP ＞ SSC ＞ COE。因为从业务视角来看，企业最需要 HRBP，然后是 SSC，最后才是 COE。

即便是大企业，真正实现三支柱需要 3～5 年甚至更长的时间，HRBP 和 HRSSC 都是逐渐成熟的。企业必须制订切实可行的转型推进计划，详细、明确地规定每个时间段需要完成什么样的任务，哪个部门在哪个时间段需要提供什么样的资源、完成什么样的目标等，越详细越好。只有提前制订出推进计划并坚定不移地实施，才能保证转型的顺利进行并发挥预期作用。

## 6.2　三支柱转型面临的挑战

### 6.2.1　如何平衡公司管控目标和业务个性需求的关系

三支柱转型本质上是对企业人力资源管控和分工带来的各种问题进行的一种组织优化。这种认识对于客观分析三支柱、辩证应用三支柱非常重要。正如在第 1 章中，我们介绍了三支柱转型的背景，指出通过三支柱转型，有了 HRBP，可以为不同业务单元提供差异化的人力资源管理服务，缓解总部与业务单元之间的战略分歧，同时提升业务单元之间的协同效率；有了 SSC，就可以使人力资源基础性工作逐渐工具化、标准化（或是外包），从而降低人力资源运营成本；有了 COE，就可以为不同业务单元设计系统化的人力资源解决方案，从而促进企业整体运行效率。三种角色相互作用，既实现了企业的战略意图，又满足了业务单元个性化的人力资源需求。从这个意义上来说，"三支柱模型"与"四角色模型"其实为企业提供了一种新型的人力资源管控模式。公司（特别是多体化、集团化的大型企业）必须能够站在人力资源管控的视角进行三支柱转型架构和内容的设计，把握公司整体管控与业务现场个性需求之间的关系。

1. HRSSC 的设置意味着人力资源管控更强调"一个公司"，即加强了管控

构建 HRSSC 的前提之一就是公司强调"一个公司"，已经有相对完善的人力资源体系，且各个 BU，区域的政策、流程相对一致。由于企业将原来设置在下属公司 HR 部门的行政性事务统一合并到 HRSSC中，撤销下属企业原来的人力资源部门，从公司层面组建了 HRSSC，这样一来，公司下属企业的所有人事相关活动收归集团统一处理。HRSSC 通过人力资源实现标准化、规范化、专业化的集约式管理，聚焦公司业务战略，搭建共享服务模式下的公司管控模式。下属企业在处理具体 HR 事务时各自为政的现象得到极大的控制，这在一定程度上实现了人力资源事务的集中管控。

在第 4 章中我们指出，一般而言，企业构建 HRSSC 的目的包括统一服务，降低人事成本等。但是，具体到不同的公司或者公司发展的不同阶段，这些目标还是有不同的优先级的。在调查中，我们也发现一些企业建立 HRSSC 的首要目标是实现相关 HR 事务和流程的集中管控，人事成本的降低与否并非是集团总部优化考虑的目标。例如，某公司在过去十多年的快速发展中，各个生产基地的企业人力资源政策差异非常

大，特别是下属企业随意发放薪酬和福利，这是集团希望能够尽早控制的。因此，该集团公司在建立 HRSSC 时，就要求把各下属企业的薪酬发放（包括高管的薪酬发放）集中到共享中心的业务范围中，管控的目的非常明确。

虽然集团公司有 HR 管控的动因，但其一些下属企业由于具有独立的法人资格，不属于集团统一法人，具体事务都是由各企业 HR 部门独立处理的，上级单位无法进行统一管理。这给集团公司构建 HRSSC 带来了一定的阻碍。面对一些处于迅速扩张，存在较多组织机构变化的情况，人力资源部门内部较多采用当地提供服务的方式进行运作，缺乏统一规划以及长期的人力资源规划，短期内就不可能考虑实施人力资源共享服务。此外，由于其他原因而处在不适合强化管控阶段的企业，搭建 HRSSC 往往不太合适，或者 HRSSC 的职能范围较小。

### 2. HRBP 的设置意味着对业务现场部分 HR 政策的管控放松

三支柱中 HRBP 充分发挥其 HR 专业能力，助业务部门解决业务需要，实现业务伙伴的角色。这里的 HRBP 并不仅仅是简单贯彻、执行总部的 HR 政策，还需要解决业务现场的个性需求，特别是那些总部 HR 政策不能兼顾到的个性需求。这就意味着，总部的 HR 政策在贯彻实施时还是留有一定的空间和弹性，才可以让 HRBP 利用这个空间和弹性，并结合现场业务的个性需要，提供解决方案。因此，这种三支柱转型下的管控模式不同于以往的直管型管控模式。直管型管控模式是将下属企业的个性需求抹杀，公司统一制定规章制度，下属企业必须无条件执行，没有一定的弹性空间。在三支柱模式下，虽然由公司 HRSSC 统一管控下属企业的 HR 事务工作，但是由于 HRBP 的存在，可以很好地处理不同下属企业在 HR 工作上的不同需求，同时在该模式下，集团人力资源部与各业务单元或者各下属企业是平级的关系。这种既监督管理又提供服务的管控模式具有很大的弹性空间，可以很好地解决企业集团与下属企业之间在 HR 管理方面的不同需求，能够让各企业集中精力于重点业务，努力完成考核指标。

在统一框架下的定制化服务，这就是 HRBP 的定位。因此，从这个角度来说，HRBP 的推行意味着公司总部在部分人力资源政策和空间上的管控放松。

### 3. HRCOE 是掌握集团管控松紧、权衡公司 HR 政策一致性和灵活性的关键所在

HRSSC 的统一服务意味着公司 HR 管控的加强，而 HRBP 的定制化服务意味着公司 HR 管控的放松。HRSSC 的服务范围、HRBP 的操作空间很大程度上是 COE 在 HR 架构、流程、规范设计时重点考虑的问题。COE 团队在制定 HR 政策、流程和方案时平衡公司管控目标和业务个性需求之间的关系是至关重要的。例如，在 HRSSC 的覆盖内容中，COE 必须考虑在多大范围内实现"一个公司"：哪些服务内容是全球统一的（构成全球 HRSSC 的服务内容）、哪些是区域统一的（构成区域 HRSSC 的服务内容），还有哪些是容许各业务现场个性化存在的（在很大程度上成为 HRBP 的服务内容），内容覆盖面的设计背后是公司在相应的 HR 职能模块上管控的强度把握。同样，在 HRBP 实现"在统一框架下的定制化服务"中，COE 必须考虑统一框架覆盖的范围是多大，给现场 HRBP 留有多大的自由空间。空间过大，意味着公司统一的地盘过小；空间过小，意味着 HRBP 的地盘过小。极端的情况是，当 HRBP 没有活动空间时，也就意味着定制化服务被取消了，HRBP 变成了完全意义上的监督和执行者。如何实现"在统一框架下的定制化"，做到统一和定制化之间的平衡是很有难度的。因此，COE 必须掌握集团管控的松紧，做好管控目标和业务个性需求的平衡工作。

### 6.2.2　如何解决 HRBP 角色定位不清晰和能力缺陷的问题

#### 1. HRBP 定位和职能不清楚

企业推行三支柱转型，处于业务现场的 HRBP 是非常重要的角色。BP 对业务现场起到专业支持作用，在一定程度上也起到监督和引导作用。企业设置 HRBP 通常出于两种目的：一种是协助业务部门管理层做好员工发展、人才培养等常态性人力资源管理工作，即服务职能；另一种是确保公司的人力资源管理政策体系、制度规范在各业务部门的推行和贯彻，带有一定的制约职能。此外，也有部分企业向业务部门派驻 HRBP 是为加强绩效考核、收入分配、成本费用等方面的管控，防止舞弊，甚至有个别企业因为无法撤换业务部门负责人而派一位 HRBP 去进行牵制。

在调研中发现，在推行三支柱转型过程中，许多公司对于 HRBP 的定位和职责描述不够清晰。许多 HRBP 从业者不知道自己要转变哪些职能，还是按照以往的经验在业务部门做着同样的 HR 工作，只是换个部门依旧做着传统的人力资源管理的各模块事务，不清楚到底要以什么样的原则参与业务部门的工作。有些 HRBP 完全站在 HR 的角度，只是在业务部门推行和实施公司的 HR 政策，而不去考虑其是否和业务部门的需求相适应。HRBP 如果不能发现业务部门在人力资源管理上的问题，就不能真正为业务部门提供战略支持，角色失去其有效性。有些 HRBP 则完全倒向业务部门，一味听从业务部门领导的指示，只是负责部门的一些人力管理事务，而不是站在专业角度告诉业务经理战略决策会带来什么样的影响。

从业务部门的角度来看，业务部门通常以业绩论英雄，其管理层对业务经营工作高度重视，但对人力资源管理工作的要求往往是"不出乱子""不拖后腿"即可，并不真正认同 HRBP 的价值和有效性。很多业务经理对人力资源的认知和需求还仅仅停留在人力资源各个模块的传统职能上，在面对 HRBP 时，通常只希望他们做好招聘、培训、员工关系、团队活动等基础工作，并不打算让其更深层次地介入业务经营和业务发展中。另外，业务部门人力资源管理基础相对薄弱，与此相关的很多问题长期积压。新到任的 HRBP 往往会在相当长的时间内忙于"救火"和解决"历史遗留问题"，无暇参与到业务经营工作中。长此以往，HRBP 很可能沦落为业务部门的补充行政人员，不是"业务伙伴"而是"业务伙计"。还有很多企业在推行 HRBP 时，没有做好事前沟通。这导致参与者不能了解推行这种模式的目的，以至于公司很多员工会认为这是公司的策略，是对员工的不信任，将 HRBP 安插在他们部门专门来打小报告的。这样，HRBP 工作者会在融入部门时受阻，不能深入了解业务和员工的需求。

因此，企业在推行三支柱转型或 HRBP 角色时，一定要在组织上下明确 HRBP 的定位和角色。虽然不同企业在不同发展阶段对 HRBP 可以有不同的理解，但企业要有明确的定位，以帮助 HRBP 从业者顺利实现转型。HRBP 既不是业务战略的制定者，也不是业务部门的从属者，HRBP 是一个资源整合的角色，能根据业务需求整合公司人力资源部门以及人力资源专家提供的解决方案。HRBP 是一个中立的伙伴角色，在 HR 专业知识的基础上帮助业务经理看到人力资源管理中的问题，并提供一些专业的有针对性的建议和解决措施，提升业务单元人力资源管理能力。HRBP 千万不能只是一直没原则地服务，要有管理职能和战略眼界。

此外，对于派往各部门的 HRBP，人力资源部门最好"扶上马后再送一程"：在人选酝酿阶段，要充分征求当事人的个人意愿；确定人选后，要给予他们 1～3 个月的缓冲期，让他们能够利用这段时间有针对性地加强业务知识学习，便于他们进入业务部门后能迅速开展工作；

同时，人力资源部门负责人要多关心 HRBP 在业务部门的工作、生活情况，及时了解他们所遇到的困难，并从组织层面给予帮助，避免在 HRBP 心中留下"孤军奋战"的感觉。此外，人力资源部门还要勤于与业务部门沟通，了解业务部门对 HRBP 工作的评价，及时向 HRBP 反馈，并提出针对性建议。

### 2. HRBP 的能力欠缺，尤其是业务敏锐度

HRBP 要实现其业务伙伴的角色是需要足够的知识和能力作为保障的，除了常规的 HR 知识和能力外，更强调其业务知识，以及运用 HR 业务知识为业务部门提供人力资源管理咨询和解决方案，从而增强对业务的贡献。调查显示，目前国内 95% 以上的 HRBP 来自人力资源部门。很多企业 HRBP 推行不成功是由于 HRBP 自身素质达不到这一岗位的要求。他们最突出的问题是不熟悉公司主营业务，到了业务部门后，要么瞎指挥遭到排斥，要么了解业务太慢不被认可。有些 HRBP 可能在人力资源传统的各个模块中有很深的造诣和能力，但是对业务缺乏了解，特别是缺乏业务敏感度，或者根本没有意愿去了解，不能根据业务需要分析诊断人才发展方面的问题，不能满足业务部门战略发展的需要。另外，HRBP 的专业程度和影响力不够，不能以自身的专业知识发现业务战略问题并为其提出建议，不能得到业务部门的信任，从而不能影响业务部门有效战略的制定和推行，也不会考虑整合、定制一些 HR 服务来满足业务部门的需求。

实施 HRBP 战略比较有见地的想法就是直线经理的 HR 素质与 BP 的业务素质"双提升"。一方面，提升直线经理对人力资源业务的理解，对于懂得授权和员工激励的直线经理，通过培训提高其统筹全局、驾驭现代企业的领导力；另一方面，精挑细选，推出合适的 HRBP 候选人。如前所说，HRBP 既需理解业务，又要掌握通用的人力资源知识。HR

要深入产品一线，深入市场客户，建立客户和产品导向的思维模式，具备产品经理意识，才能为业务部门提供有效的战略支持服务。企业在选择这一人选时，要十分清楚这一职位需要怎样的人才，不是所有的 HR 人员都能从事这一工作。在业界实践中，选拔 BP 有两种路径。

- 一种是从 HR 群体中选拔有全面 HR 知识、具备咨询技能和影响力的人才，并通过在岗实践提升其业务敏锐度。
- 另一种是从业务主管中选择有成功人员管理经验的人才，并通过系统的培训提升其角色认知和人力资源技能。

如第 3 章所述，两种模式各有利弊。根据企业实际情况，选拔合适的 HRBP 是推进三支柱转型的重要保障。

### 6.2.3 如何实现三支柱之间的有效分工与配合

#### 1. 三支柱配合中存在的问题

三支柱模型应该从人力资源管理流程与核心业务流程之间的关系的角度进行定位，把人力资源管理分为三种：SSC、BP、COE。SSC 本质上是为所有业务单元提供常规性、基础性的人力资源服务；BP 本质上是为不同业务单元提供灵活的、个性化的人力资源服务；COE 则是为业务单元提供系统化、集成化的人力资源问题解决方案服务。人力资源业务伙伴、共享服务中心以及人力资源专家三者之间需要紧密地配合、互动，才能保障三支柱的运行。有共享服务中心的支持，HRBP 才能减少行政性事务的工作，以更多的精力来了解业务部门，参与组织战略，完成 HRBP 的角色。有了 HRCOE，HRBP 才有后盾，能够提供有针对性的业务战略咨询和问题解决方案。

在三支柱转型中，HRBP 是践行人力资源管理"外部视野"的关键。HRBP的有效运转，需要其他两个支柱进行支持。以HRBP运行中发现的问题来看，在国内诸多公司的实践中，最常见的问题就是总部对HRBP支持力度不足。很多企业把HRBP派到业务部门后，基本上就不太过问，最多是在半年或年终总结时简单听听工作汇报，在日常工作中未能给予足够的智力支持和政策扶持。也有些企业，是因为与之配套的人力资源专家平台缺失，共享服务中心还处于相对薄弱的阶段，所以，在HRBP开展工作的过程中，公司无法提供足够的支持，HRBP从业者往往会有力不从心的感觉，这便造成其工作热情消退，业务部门对HRBP也感到越来越失望。国内一些公司追赶现代人力资源管理的趋势设置HRBP的角色，但人力资源架构的改革并没有到位，还是依托于传统的直线型职能式人力资源架构，没有把人力资源共享服务中心和人力资源专家一起考虑进去。这就导致HRBP要两头兼顾，既没有完善的体系支撑，又要放大量的精力和时间在日常人事管理上，又要想着如何了解业务、深入业务部门，这样会使其传统职能和业务战略支持的工作都无法做好。结果是，企业HRBP的设置就不能达到应有的效果，反而有可能降低现有人力资源管理体系的效率，出现事倍功半的后果。一项针对已经推行了HRBP的公司的全球调研发现，有53%的公司认为HRBP在本公司的推行是不成功的，其中一个主要原因就是：共享服务中心是HRBP的坚强后盾，它的建立往往需要3~5年的时间，在过渡期HRBP有大量的事务性工作要承担，工作重心与原定的角色会出现一定偏差，容易产生挫败感。⊖

再以COE和HRBP的互动、配合为例，这不仅仅是影响HRBP、也是影响COE推行成功的关键要素。HRCOE和HRBP之间需要形成沟通闭环：HR政策对公司的影响是敏感、广泛和深远的。如果HRCOE和HR BP的沟通不畅，将无法确保HR政策支持业务发展。这就需要

---

⊖ 资料来源：根据 http://www.hroot.com/hcm/243/270558.html 相关内容进行整理。

二者把沟通变成习惯，并将几个关键沟通节点流程化，形成闭环。

- 年度计划时，和 HRBP 共同完成规划；
- 设计时，将 HRBP 提出的需求作为重要的输入；
- 实施时，指导 HRBP 进行推广，随时修正、迭代自己的方案内容；
- 运作一段时间后，寻求 HRBP 的反馈，并将其作为方案改进的重要输入。

三支柱这种分工与协作的关系，需要厘清三者之间的工作界面，并以制度形式予以明确。在向业务部门派驻 HRBP 的同时，人力资源部作为后台部门，将内部职能分为 HRSSC 和 HRCOE 两部分。SSC 负责离职手续、社保办理、劳动合同及档案管理、考勤管理、薪酬发放、员工福利等可标准化的基础服务工作，要求其服务高效、准确；COE 负责设计业务导向、HR 政策创新、流程和方案及管理工具，并为 HRBP 提供技术支持，专家团成员要具有丰富的专业经验和一线工作经历，战略思考、分析、判断能力强；HRBP 则扮演面向业务部门的 HR 客户经理角色，挖掘业务部门各级管理者及员工的需求，提供咨询服务和一揽子解决方案。工作界面厘清后，HRBP 的工作职责也随之清晰，主要包括三个层面。

（1）负责人力资源部的有关制度、政策在业务部门的落实，协助业务部门做好员工招聘、培训发展、考核分配等工作，并把业务部门的需求反馈到人力资源部，确保专家团队设计出的各种政策、流程更加符合业务发展的需要。

（2）协助业务部门管理层推动部门文化建设、团队建设等工作，从人力资源管理视角为业务部门创造价值，保证业务部门的长期健康发展。

（3）逐步参与业务部门的经营决策，为业务部门提供有关业务发展方面的建议。在实际工作过程中，上述三方面内容要循序渐进，尤其是在进行"参与业务部门经营决策"这一工作内容时，不能超越业务部门的管理成熟度和接受度。类似上述的分工描述，在三支柱转型中非常重要。

专业分工模式都会遇到一个问题，即不管如何梳理，还是会存在灰色地带，如何确保三支柱之间无缝衔接而不是互相指责？这就需要黏合剂，例如 IBM 在 2008 年开始推行两顶帽子（dual hat）的模式：公司的一个副总裁同时兼任一个业务单元的 BP 负责人和 COE 负责人。国内也有多家公司在公司、业务单元及国家层面组建 HR 领导团队，通过定期会议的方式处理跨支柱事宜。

## 2. 明确三支柱之间有效的分工与配合

在三支柱转型中，HRBP 是人力资源内部与各业务单元经理沟通的桥梁，负责在业务前线为业务经理提供咨询服务，实施人力资源政策和流程，如绩效管理、员工发展、薪酬奖金分配等，发现问题和采集需求并反馈给 COE。COE 负责设计政策和程序，以满足业务和人才管理的需求，谋求适应企业发展的人才管理需求，并且设计相应的流程指导及负责实现事务性管理任务，支持 HRBP 在业务部门实现有效的人力资源管理。HRSSC 依据规范流程集中为各业务现场提供人事服务。

HRBP、HRSSC 和 HRCOE 之间的配合尤其重要，它是决定三支柱能否良性运行的关键因素之一。特别地，三支柱中最突出的角色"HRBP 团队"的专业度在很大程度上取决于 COE 和 SSC 团队的专业度和配合度。只有得到 COE 和 SSC 的专业配合和支持，BP 才有足够的精力投入到与业务部门的合作上。

三支柱良好的配合需要明确各自的分工边界。以森马为例，在 HR 三支柱架构中，总部 COE 主要进行战略性的管控，统一公司的组织文化、领导力、干部梯队、评估体系、职级体系，以及短、中、长期的人员激励方案。在这些 HRM 功能之外，针对不同的业务单元需要个性化的解决方案，则完全由每个业务单元的 HRBP 在做。HRBP 深入到每个品牌事业部或者相关的业务单元，完全围绕业务展开专业的支持与服务；总部 SSC 主要承担专业人事运营支持的角色。通过这种分工配合，HRBP 在公司层面执行管理的方向是统一的，同时，也可以在框架内提供个性化的解决方案。以招聘活动为例，森马公司的 COE 和 HRBP 的边界为：COE 的招聘管理聚焦在高级经理以上级别的招聘，还有内外渠道建设与整合，校园雇主品牌策划推广，辅导与提升 HRBP 及业务经理的人才评估、选拔技巧等。高级经理以下的员工都是由 BP 来处理的，BP 会有很大的独立空间，可以对这些人才进行有序规划和岗位填充。另外，BP 会帮助业务领导做大量的员工沟通活动以及人才梯队的培养、培训的协调，解决业务领导的一些困惑。

表 6-1 总结了三支柱之间的联系与区别。

表 6-1　共享服务中心、专家中心、业务合作伙伴三者的联系和区别

| | HRSSC | HRCOE | HRBP |
|---|---|---|---|
| 聚焦点 | 员工相关事务 | 改变公司的人力资源实践活动 | 建立沟通桥梁 |
| 主要任务 | 获得规模经济 | 集中各部门的专业知识使其能分配到各种业务中 | 政策落实和业务部门人力资源管理顺利进行 |
| 成功条件 | 成本削减，员工获得更有质量的服务 | 人力资源实践活动更创新、更有目的性地实现了公司的目标 | 各主体信息和需求能及时反馈 |
| 角色 | 员工服务代表的政策专家 | 咨询顾问 / 技术指导 / 纷争解决专家 / 教练 | 协调者 / 反馈者 |
| 对接对象 | 所有员工 | 主要是领域内的人力资源专员 | 直线经理 |
| 对接方式 | 声音，信息技术，面对面等 | 任务团队，咨询服务 | 客户服务代表，面对面 |

三支柱要实现良好的分工和配合，首先强调以流程梳理为基础，进行 HR 职责的界定，便于双方各司其职，为员工提供优质的 HR 服务。公司需要在职责分工前，更加深入、细致地梳理 HR 工作的流程，以流程和流程中的节点为基础进行不同 HR 主体的职责分工，尽量避免采用

HR 某个模块来划分职责。例如，西门子针对"薪资计算和发放"服务产品的流程，定义 HRBP 和 SSC 的职责范围。其中，SSC 为薪资计算过程中的数据维护和流转、系统逻辑校验及维护负责，而 HRBP 会为数据源的质量负责。如果员工不能及时或者相应地拿到全部薪水，HR 将很容易发现问题产生的原因，并及时处理。

　　下面，我们就常规的 HRM 职能活动，分析三支柱的分工与协作（见表 6-2）。<sup>⊖</sup>不过，三支柱的具体分工在不同的公司里总会有一定的差异，并不都是相同的。

表 6-2　HR 三支柱与传统人力资源职能模块的关系

| | COE | SSC | HRBP |
|---|---|---|---|
| 招聘 | 人才盘点与人才规划；雇主品牌；招聘渠道与资源 | 内部招聘供应商（简历搜索、评级）；招聘信息系统；数据化人力资源管理 | 承接 COE 招聘政策；招聘、猎聘、了解、反映业务用人需求 |
| 培训与开发 | 负责培训平台搭建；逐级培训、各专业族培训、领导力培训体系设计；导师制设计；职业发展体系设计 | 新员工培训；区域共性问题的针对性培训；COE 培训计划承接培训、职业发展信息系统 | 承接 COE 培训计划；业务培训需求挖掘与培训实施 |
| 绩效管理 | 牵头组织绩效管理；业内绩效管理最有实践研究；绩效评估方案 | 绩效评估信息系统 | 参与业务的关键绩效指标设计；绩效评估落地实施；定制化绩效评估方案设计 |
| 薪酬福利 | 薪酬调研；薪酬策略；员工固定薪酬与短期激励；长期激励；福利；向业务提供支持；处理 SSC 升级给 COE 的员工咨询 | 录入计算薪酬数据；发薪；解答薪酬问询；窗口办事大厅 | 业务定制化薪酬方案落地 |
| 员工关系 | 员工关系政策及常见问题解答；解决 SSC 处理不了的员工咨询；入职、离职、异地流程管理；毕业生 / 实习生接受 | 员工关系答疑热线；窗口办事大厅；入职、离职、异动办理 | 承接 COE 的员工关系政策 |

⊖　马海刚，彭剑锋，西楠. HR+ 三支柱：人力资源管理转型升级与实践创新［M］.
　　北京：中国人民大学出版社，2017：8-89.

—261

（续）

|  | COE | SSC | HRBP |
|---|---|---|---|
| 组织发展 | 组织设计；干部管理（盘点、任免、评估、培养）；组织变革 | 对组织变动进行发文通知；在人事架构图中根据变动进行修改 | 通过人才诊断，配合业务的组织变革 |
| 企业文化 | 组织氛围；各级沟通机制；内刊 |  | 承接 COE 文化政策，在业务内部进行沟通；宣传策划；各业务部门的记者为内刊供稿 |

但是，即使产品及流程定义清晰，可能仍然会出现职责交叉。这可以通过后续的两个途径来辅助解决。

（1）根据员工岗位要求和技能要求进行职责区分的判断。例如，在大多数企业中，"员工入职"服务包含 HRBP 和 SSC 的共同职责。在企业实践中，会出现在入职合同的签署过程中，入职员工常常对合同约定提出问题，SSC 不一定能够清晰、准确地回答所有问题，特别是合同中的非标条款，例如针对特殊岗位或特殊人选所约定的特殊条款。这对 HR 人员的技能要求更高。在这种情况下，SSC 应该把这部分职责切分给 HRBP，以确保工作质量和降低风险。

（2）本着以客户为导向的原则，先解决问题，再改进工作。当出现 HR 问题或者相关投诉时，最先接触问题或投诉的 HRBP（或 SSC）本着"客户第一"的原则，第一时间进入问题或者投诉处理流程，尽快解决问题。之后再与 SSC（或 HRBP）讨论问题原因，分析是否需要完善工作流程或者提高人员技能。

• 名企实践 •

## 华为公司 HR 三支柱协同模式

如本书第 1 章 1.2.3 中提到的，华为公司构建了 HR 三支柱的组织架构，并且秉承"以客户为中心"的核心价值观，从客户需求出发，变换为业务需求，再变换为 HR 解决方案，是华为 HR 工作的基本思路。三支柱的角色分工如下所述。

（1）BP 作为唯一的业务伙伴，直接承接业务需求，确保业务导向的正确性：首先，BP 要能理解业务需求，然后将其转换为 HR 需求，简单地说就是对齐 LTC 业务主流程，将业务语言转化为 HR 语言；同时，迅速整合各领域专家的经验，形成解决方案；通过提供咨询和具体领域的支持，帮助业务部门执行战略、交付解决方案，确保业务结果的达成。

（2）COE 作为领域专家，通过自身的专业能力确保全球设计的一致性，COE 的首要任务是设计 HR 政策、流程和制度。必要时进行全球制度管理。在本专业领域，对业务单元或区域的需求提供支持，并开发新制度方案的推广计划、培训材料并和 HRBP/HR 运营一起合作。

（3）HRSSC 作为标准服务提供者，帮助 BP 和 COE 从行政事务中解脱出来，确保服务交付的全球一致性：交付行政事务性的 HR 服务、交付 HR 操作和事务性的客户服务、维护基础架构和流程接口、与 HRBP/COE 相互协调，推广新的制度方案及优化运营。同时，管理者应和 HR 共同做好人力资源工作，管理者是人力资源工作的第一责任人，贯穿人力资源工作从战略到执行的始终。管理者作为组织和人员管理的负责人，应重视 SP/BP 中的组织、人才、激励、文化建设措施的制定与执行，重视并参与 HRBP 的组织和队伍建设。

华为公司强调三支柱之间的分工合作，协同作业。我们可以从一个绩效工作的案例来看华为 HR 如何分工。

在个人绩效的评议工作上，首先，总部 COE 模块制定绩效评价整体政策和管理原则，比如，整体一层组织内 A 比例小于 15%，A/B+ 整体小于 65%，C/D 大于 5%，同时，军功、战功、嘉奖等应与绩效考评有关联体现。地区 COE 在接到整体一层组织的绩效比例控制之后，根据内部二层组织绩效测算出各二层组织的个人绩效控制标准，比如，a 代表处：A 比例小于 17%，A/B+ 整体小于 68%，C/D 大于 4%；b 代表处：A 比例小于 13%，A/B+ 整体小于 63%，C/D 大于 7%。

指标下沉到国家层面，BP 需要进行总体方案的设计，比如：①基于代表处业务，企业业务为战略核心，且上年为代表处利润贡献 65%，则企业业务部门 A/B+ 比例相应上升 2%；终端业务贡献利润为 0，整体 A/B+ 比例相应下降；②建立代表处导向，做出能够具体操作的数据和指标来，比如绩效为 A，CR 低于 ×%，平均可以调整到 ×%，绩效为 C，人员不调整，总体后期薪酬测算发生联动变化；③组织各个组织的个人绩效评议、绩效沟通等；④绩效终稿审批通过后，组织主管的绩效沟通赋能，确保导向传递清晰。

SSC 在过程中进行邮件跟催、PBC 撰写标准赋能、完成进度公示、员工问讯等，获取审批通过的个人绩效结果后，进行人力资源系统（HRMS）写入、结果应用。

### 6.2.4 如何赢得管理层支持是人力资源转型的保障

三支柱转型需要组织、人力资源管理者、业务经理三方面都做好充分的准备。人力资源转型是系统性工作，涵盖 HR 组织管控、HR 共享服务中心、流程再造和 IT 实施及 HR 能力提升等领域，项目立项必须赢得决策层的支持。

以 HRSSC 建立为例，如前文所说，HRSSC 构建的背后其实有 HR 管控调整的动机和目的，这就意味着 HRSSC 的建立是一种变革。在这个变革的过程中必然会遇到来自各方面的阻力。HRSSC 的建立本身也是业务流程的再造，是一种涉及结构、技术和人员三方面的激烈变革，变革的阻力很大。大部分的反对者来自独立经营的业务单元而非总部。

虽然 SSC 可以实现成本节约、提高服务质量，但是业务单元的管理者可能并不感兴趣，背后的真正原因主要是其不愿放弃控制权。底层管理人员则害怕变革会使他们失去工作，所以即使不会明确反对，也不会积极支持和配合。如果高层领导对变革没有极大的热情和支持，变革就很难进行下去。HRSSC 转型还可能遇到的问题包括以下几点。①员工流动性问题。中心基层员工，事务性工作业务量大、重复性高，工作时间长，内容过于单调，导致员工流动性较大。②沟通方式转变带来的心理问题。不少 HRSSC 设立在总部，与分公司员工不在同一场地办公，沟通方式为电话和邮箱，员工与共享服务中心的人员有生疏感、不熟悉，信任度降低，有时共享服务中心人员或分工发生变化，员工不能及时获知。还有员工认为共享服务中心的人员在总部工作，都是领导，从而有畏惧心理，不敢主动沟通。

因此，三支柱转型需要"天时"和"地利"，"天时"意味着公司存在变革时机，"地利"意味着 HR 领导者有强烈变革意愿和能力。事实上，对人力资源转型负有首要责任的应该是 CEO 和每位直线经理。因为他们是工作流程和工作成果的最终责任人，必须成为人力资源部的坚强后盾，需要带头使人力资源部全面融入企业实际工作中。

### 1. 企业高层的支持

仅仅凭借 HR 部门经理的影响力根本不可能完成这样一个再造的过程，只有得到来自企业高层领导甚至是总经理、企业总裁的支持才有可能在重重阻碍中实施下去。HRBP 模式推行的最大支持就是来自企业高层对 HRBP 价值的真正认可，这种认可是成功推行新模式最有力的保障。在业界纷纷学习阿里巴巴政委做法的时候，大多数企业忽视了一个重要的背景因素——人力资源管理条线在阿里公司中具有绝对重要的地位。没有这种地位的保障，依靠 HRBP 个人去赢得在业务现场的地位是非常困难的。而组织中人力资源管理地位的高低，从根本上取决于长期以来高管的支持与否。再比如，HRSSC的构建并不是企业做的第一个共享模块。企业往往先着手财务、IT或采购共享，CEO通过这些模块的共享渐渐意识到人力资源共享的必要性。所以，公司一把手的理念是非常重要的。企业一旦着手构建HRSSC，就意味着这是一笔不小的投资，而这笔支出远非HRM或HRD能够决定，往往是公司CEO甚至董事会的决定。

### 2. 各业务部门经理的支持

业务部门经理和人力资源经理必须结成合作伙伴关系，以便迅速而彻底地重新设计和确定人力资源部的职能，从而将一个原本忙于各种活动的部门转变为注重结果的部门。一些企业HRBP推行不成功的原因就包括业务经理不知道HRBP到底应该干什么，还是按照老路来要求HRBP。因此，在推行HRBP之前，应该与业务经理清晰地沟通HRBP的角色，其会做什么，不会做什么，做好期望管理。设置HRBP这一职位影响最大的应该是业务部门的负责人，要改变他们对于人力资源职责和作用的传统认知，清楚地说明HRBP进入业务部门的目的和其对业务部门以及整个公司业绩的益处。

同样，几乎所有HRSSC的落地发展过程也会遇到业务部门不信任、不支持的难题，施耐德SSC获得业务部门支持的经验如下所述。

第一，单点突破：SSC负责人通过一对一交谈的方式，单独去了解业务经理的需求与顾虑。使业务经理较为坦诚地表达自己的顾虑，并且在未来的计划实施中，有针对性地解决。

第二，案例支持：业务经理都是业务出身，并且具有较大的成本意识。因此，SSC项目驱动需要一个较为成功的转型案例给予支撑。

第三，凸显亮点：需要让业务部门了解到SSC不是传统HR围绕式的服务。新的转型模式会提供更为便捷的服务，在不影响质量的同时，额外提供一些新的服务模式。重点是展现转型后的服务亮点，以打消业务经理对于服务质量的质疑。

第四，承诺兑现：SSC 负责人还应承诺通过信息化的实现，提高更多服务的精确度，保证在不增加成本的同时，使业务管理者获得更多的收益，持续提升业务部门的体验度。

### 3. 变革环境的营造

HRBP 在企业中能否成功推行，很大程度上依赖于组织成员对这一职位接受与否。要和各个部门以及参与这种变革的员工充分沟通，要在内部达成共识，让大家清楚 HRBP 的职责以及这种模式需要各个部门做出政策上的哪些改变。在公司决定推行 HRBP 以及相应的人力资源管理模式之前，必须做好充分沟通，消除各种潜在障碍。

HRBP 体系的运行机制设计应符合效率原则。不管是数据分析传输，还是跨部门信息沟通将更加频繁、高效。实践证明，企业仅仅靠几个系统软件是无法彻底解决体系内部的沟通与衔接问题的。之所以外商独资企业的 HRBP 战略落地成功率高，其根本原因除了财力支持外，还在于外资企业制度规范、流程明确，内控和沟通成本比较低。这一点值得借鉴。

# 参 考 文 献

[1] Accenture. Global sourcing [EB/OL]. 2010, http://www.emptum.be/images/publicaties.

[2] Aguirre D, Couto V, Neilson G. Shared Services: Management Fad or Real Value [EB/OL]. 2007. http://www.strategyand.pwc.com/reports/shared-services.

[3] Aon Hewitt. Trends in Gobal HR Shared Services [Z]. Aon Hewitt Inc, 2009.

[4] Aon Hewitt. Trends in Gobal HR Shared Services [Z]. Aon Hewitt Inc, 2011.

[5] Arthur Yeung, Patricia Woolcock, John Sullivan. Identifying and Developing HR Competencies for the Future: Keys to Sustaining the Transformation of HR Functions [J]. Human Resource Planning. 1996, 19 (4): 48-58.

[6] Citigroup. Citigroup Business Services Annual Survey of European Shared Services [Z]. NewYork: citigroup Inc, 2002.

[7] Connell R. Learning to share [J]. Journal of Business Strategy, 1996, 17 (2): 55-58.

[8] Cooke F L. Modeling an HR Shared Services Center: Experience of an MNC in the United Kingdom [J]. Human Resource Management, 2006, 45 (2): 211-227.

[9] Deloitee. Developing a Successful Scorecard for HR Shared Services Utilising Analytics [C]. Annual Shared Services and BPO Conference, 2013.

[10] Deloltte. Shared Services Handbook Hit the Road [Z]. Deloitte MCS Limited.

2011.

[ 11 ] Denburgh E V, Denis C. Doing More with Less [ J ]. Electric Perspectives, 2000, 25 ( 1 ): 44-55.

[ 12 ] Deutsche Post DHL Group ( DHL ) [ EB/OL ]. 2015 Annual Report. http://www. dpdhl.com/content/dam/dpdhl/Investors/Events/Reporting/2016/FY2015/.

[ 13 ] Donna K, Hirschfield R. The Benefits of Sharing [ J ]. HR Focus, 1996, 73 ( 9 ): 15-16.

[ 14 ] Du Y. An Empirical Study on the Construction of Human Resource Shared Service Center Under the Innovation Strategy [ J ]. Human Resources Development of China, 2016, 11-28.

[ 15 ] Farndale E, Paauwe J, Hoeksema L. In-sourcing HR: Shared Service Centers in the Netherlands [ J ]. International Journal of Human Resource Management, 2010, 20 ( 20 ): 544-561.

[ 16 ] Frost T S, Birkinshaw J M, Ensign P C. Centers of Excellence in Multinational Corporations [ J ]. Strategic Management Journal, 2002, 23 ( 11 ): 997-1018.

[ 17 ] Forst L I. Shared Services: A Leg Up on Acquisition Payoffs, Mergers & Acquisitions [ J ]. The Dealer makers Journal, 2001, 36 ( 4 ): 26-30.

[ 18 ] Gunn R W, Carberry D P, et al. Shared Services: Major Companies Are Reengineering Their Accouting Functions [ J ]. Management Accouting, 1993, 75 ( 5 ): 22-28.

[ 19 ] Gospel H, Sako M. The Unbundling of Corporate Functions: The Evolution of Shared Services and Outsourcing in Human Resource Management [ J ]. Industrial and Corporate Change, 2010, 19 ( 5 ): 1367-1396.

[ 20 ] Hewitt A. Trends in global HR shared services [ J ]. Issue paper, 2011.

[ 21 ] Hewitt Associates. Next Generation HR: A Breakthrough Approach to Drive Business Value [ Z ]. 2007.

[ 22 ] Hirschfield R. Shared services save big money [ Z ]. Datamat ion, 1996, 42 ( 15 ): 76-78.

[ 23 ] IBM Corporation. Today's Shared Services Operating Models: The Engine Behind Enterprise Transformation [ EB/OL ]. http://www.ciosummits.com/ media/solution_spotlight/IBM_SharedServices_Whitepaper.PDF.

[ 24 ] Lindeberg J, Malmlöv P. One Company as Corporate Strategy: A Case Study at Saab AB [ J ]. Business Administration, 2011.

[ 25 ] Martin J F, Mark D. Shared Service Centres the Irish Experience [ J ]. Accoun-

tancy Ireland, 1999, 31（4）: 7-9.

［26］ Meijerink J G. Beyond Shared Savings: A Multilevel Analysis of the Perceived Value of HR Shared Services［Z］. University Twente, 2013.

［27］ Meijerink J, Bondarouk T. Exploring the Central Characteristics of HR Shared Services: Evidence from a Critical Case Study in the Netherlands［J］. International Journal of Human Resource Management, 2013, 24（3）: 487-513.

［28］ Nilsson F, Rapp B. Understanding Competitive Advantage-The Importance of Strategic Congruence and Integrated Control［J］. Springer Verlag Ny, 2005.

［29］ Owens A. Improving the Performance of Finance and Accounting Shared Service Centers［J］. Journal of Payments Strategy & Systems, 2013, 7（3）: 250-261.

［30］ Patel, Jeetu, Andrews, Linda. Seven Key Steps to Establishing a Center of Excellence［J］. Infonomics, 2010, 24（1）: 40-42.

［31］ Redman T, Snape E, Wass J, et al. Evaluating the Human Resource Shared Services Model: Evidence from the NHS［J］. International Journal of Human Resource Management, 2007, 18（8）: 1486-1506.

［32］ Reilly P, Williams T. How to Get the Best Value from HR: The Shared Service Option［J］. Gower Publishing Ltd, 2003.

［33］ Robinso D G, Robinson J C. Strategic Business Partner: Aligning People Strategies with Business Goals［J］. Oakland, US: Berrett-Koehler Publishers, 2005.

［34］ Robert Marciniak. Center of Excellence as a Next Step for Shared Service Center, Researchgate［EB/OL］. 2012. http://www.researchgate.net/publication/236270555.

［35］ SAP Executive Insight. The Next Generation of HR Shared Services［Z］. SAP Inc, 2008.

［36］ Scully J, Levin B. HR Shared Services Is Hot and Getting Hotter［J］. Employment Relations Today, 2010, 37（2）: 23-30.

［37］ Stentoft J, Mikkelsen O S, Johnsen T E. Going Local: A Trend towards Insourcing of Production［J］. Supply Chain Forum: An International Journal, 2015, 16（1）: 2-13.

［38］ Stewart T A. Taking on the Last Bureaucracy People Need People : But Do They Need Personnel? It's Time for Human Resources Departments to Put Up or Shut Up［J］. Fortune，1996，133（1）：105-110.

［39］ Tim R. Tech Report:Shared Services Share Where［J］. CFO，2000，16（10）：
101-106.

［40］ Ulrich D. Human Resource Champions: The Next Agenda for Adding Value and
Delivering Results［J］. Harvard Business Press，1997.

［41］ Ulrich D. Shared Services: From Vogue to Value［J］. People and Strategy，
1995，18（3）：12.

［42］ Ulrich D. Human Resource Champions: The Next Agenda for Adding Value and
Delivering Results［J］. Harvard Business Press，2013.

［43］ Ulrich D，Younger J，Brockbank W，et al. Global HR Competencies:
Mastering Competitive Value from the Outside-in［J］. McGraw Hill
Professional，2012.

［44］ Vicki Arnstein. HR Transformation：Putting the "Expert" in Centres of
Expertise［EB/OL］. http://www.personneltoday.com/hr/hr-transformation-
putting-expert-centres-expertise/.

［45］ Zeynep A O，Masini A. Effective Strategies for Internal Outsourcing and
Offshoring of Business Services: an Empirical Investigation［J］. Journal of
Operations Management，2008，26（2）：239-256.

［46］ 安德鲁·克里斯，马丁·费伊. 服务共享［M］.北京：中国人民大学出版社，
2005.

［47］ 伯杰伦. 共享服务精要［M］.燕清联，译.北京：中国人民大学出版社，
2004.

［48］ 陈淑妮，谭婷，崔矞也. 共享服务中心：专业化人力资源管理新模式［J］.
中国人力资源开发，2011（11）：47-51.

［49］ 丛龙峰，王金杰. 人力资源业务合作伙伴的四种典型模式［J］.中国人资源开
发，2013：17.

［50］ 刁婧文，张正堂. 企业构建人力资源共享服务中心的关键要素［J］.中国人力
资源开发，2016（12）.

［51］ 郭允晰. 辉瑞中国人力资源业务伙伴职能发展战略研究［D］.北京：对外经
济贸易大学，2015：14-15.

［52］ 龚焱. DD公司HRBP机制建设［D］.北京：首都经贸大学，2015.

［53］ 韩烨. 施耐德电气财务共享服务中心管理问题对策研究［D］.哈尔滨：哈尔
滨工业大学，2015.

［54］ 解海美，陈进. 传统人力资源管理到战略人力资源管理的转型路径——基于

人力资源共享服务中心模式 [J].财务与金融，2014（4）：46-50.

[55] 李羿 . 共享服务中心研究 [D].天津：南开大学，2004.

[56] 梁淑巍 . DHL 公司人力资源共享服务中心建立研究 [D].长春：吉林大学，2012.

[57] 林明泉 . 跨国公司人力资源共享服务中心构建研究 [D].上海：上海外国语大学，2013.

[58] 马海刚，彭剑锋，西楠.HR+ 三支柱：人力资源管理转型升级与实践创新 [M].北京：中国人民大学出版社，2017.

[59] 宋晓波 . HRBP 人力资源管理新模式案例研究 [D].广州：广东工业大学，2012.

[60] 杨雁 . S 公司人力资源共享服务模式研究 [D].上海：华东理工大学，2012.

[61] 杨国安 . 组织能力的杨三角：企业持续成功的秘诀 [M].2 版 . 北京：机械工业出版社，2015.

[62] 章森 . 基于 GAPS 模型的呼叫中心绩效改进 [J].客户世界，2014（4）.

[63] 葛明磊 . 项目 HRBP 后备人才培养的探索性研究——以华为公司为例 [J].中国人力资源开发，2015（18）：11-20.

[64] 张一弛，张正堂 . 人力资源管理教程 [M].2 版 . 北京：北京大学出版社，2010.

[65] 张正堂，潘晓庆 . 人力资源业务合作伙伴角色转变策略探究——以 A 公司为例 [J].南京邮电大学学报（社会科学版），2017（1）：35-43.

[66] 石美玲 . C 公司人力资源共享服务中心构建研究 [D].上海：上海交通大学，2011.

[67] 杨磊 . 基于 HR 共享服务模式的企业集团人力资源管理流程再造研究 [D].青岛：中国海洋大学，2012.

[68] 吴孝健，寇卫豪 . 基于 HRBP 管理模式下的招聘体系优化：以 X 公司为例 [J].中国人力资源开发，2015（20）：11-15.

[69] 于雅 . 完美世界公司人力资源共享服务中心构建模式研究 [D].北京：北京信息科技大学，2015.

[70] 阳习芳 . 跨国公司共享服务管理模式研究 [D].北京：北京交通大学，2008.